kochen & genießen
Grundkurs Backen

kochen & genießen

Grundkurs Backen

MOEWIG

Die Ratschläge in diesem Buch wurden von Autoren
und Verlag sorgfältig erwogen und geprüft, dennoch
kann eine Garantie nicht übernommen werden.
Eine Haftung der Autoren bzw. des Verlags für Personen-,
Sach- und Vermögensschäden ist ausgeschlossen.

Moewig ist ein Imprint der Edel Germany GmbH

www.moewig.de | www.edel.de

Redaktion kochen & genießen
Gertraud Schwillo (Chefredaktion)
Irene Rüter (Konzeption und Text)
Angela Berger, Monika Lamping, Sophie Mehrkens,
Dörte Petersen, Hanne Tauscher

Grafisches Konzept: Marion Müller „mal 3“
Layout: Sybille Friese

Fotos: City Food & Foto, Hamburg
S. 8/9: Dr. Oetker (2); Le Creuset (2); Römertopf Keramik GmbH (1); Rösle (2);
Schott , Jenaer Glas (1); Silit (1); Soehnle (1); Zenker (1)
S. 32/33: Aurora (1); Dr. Oetker (3); GMF (2)
S. 36: Le Creuset (2); Toppits (1)
S. 46/47: CMA Butterschmalz (1); CMA Milchprodukte (1); CMA Zucker (1);
Langnese Honig (1); Soja Öl (1)
S. 64/65: CMA Eier (3); CMA Milchprodukte (2);
S. 80/81: Dr. Oetker (2); Fuchs Gewürze (3); Schwartauer Werke (1)
S.101: Schwartauer Werke (2)
S.182: Tefal (1)
S.201: Imperial (1); Römertopf Keramik GmbH (1); Severin (1)
S.212: Schwartauer Werke (1); Toppits (1)
S.230/231: Rösle (1); Toppits (2)

Info zur Seite 226
Pralinen-Set & Schoko-Schalen können Sie bestellen bei:
Marita-Wohlers-Versand
Fliegenmoor 28a
21629 Neu Wulmstorf
Telefon: 04168 911 440
Fax: 04168 911 441

Printed in Germany

ISBN 978-3-86803-401-1

Kreativ, köstlich & voll im Trend!

Selbstgebackenes steht hoch im Kurs und selber backen macht großen Spaß. Ob saftige Rührkuchen, frisches Hefegebäck oder sahnige Torten – in diesem Buch finden Sie alles, was das Herz begehrt. Aber auch Trendiges ist mit dabei: schnelle Kühlschranktorten, unkomplizierte Muffins oder kleine Kunstwerke zum Verschenken.
Und nur keine Angst! Denn ausführliche Backschulen zu Beginn jedes Kapitels vermitteln Anfängern die nötigen Grundkenntnisse. Aber auch erfahrene Hobbybäckerinnen können sich hier sicher eine Menge abgucken.
Für alle Rezepte können wir eine Geling-Garantie geben, denn sie wurden in unserer Versuchsküche gründlich ausprobiert. Zudem wird alles Schritt für Schritt mit Foto erklärt. Viele Warenkunden und Tipps erleichtern Einkauf und Zubereitung.
Und noch eine Hilfe: Die Rezepte, die sich zum Einfrieren eignen, sind mit einem blauen Sternchen am Ende des Rezeptes gekennzeichnet. Bei den anderen ist es nicht zu empfehlen. Aber natürlich schmeckt's frisch am besten. Und wenn der Duft von Selbstgebackenem durchs Haus zieht, sieht die Welt gleich etwas freundlicher aus.

Also: Lassen Sie es sich schmecken!

Ihre Redaktion
kochen & genießen

Inhalt

1x1 der Backgeräte

In Heißluft-Backöfen kann man auf mehreren Ebenen gleichzeitig backen

Die wichtig Back

Damit Torten, Kuchen, Plätzchen und Brot perfekt gelingen, brauchen Sie nicht nur hochwertige Zutaten, sondern auch das richtige Handwerkszeug. Hier ein kleiner Überblick

GRUNDAUSSTATTUNG FÜR HOBBY-BÄCKER

Genaues Abmessen ist beim Backen oberstes Gebot. Deshalb ist eine Küchenwaage unentbehrlich, z. B. eine digitale mit 3 kg Tragkraft und mind. 10 g Feineinteilung. Praktisch ist eine Waage mit Rührschüssel (1). Für Flüssigkeiten sollte ein Messbecher mit mind. 500 ml Fassungsvermögen vorhanden sein. Hinzu kommen ein Mehlsieb (2) sowie ein bis zwei Kunststoff-Rührschüsseln mit abgerundetem Boden und rutschhemmendem Gummiring. Für das Aufschlagen feiner Cremes und zum Schmelzen von Kuvertüre sind Schneekessel aus Edelstahl (3) eine gute Hilfe. Sie lassen sich von ihrem Fuß abnehmen und problemlos in ein Wasserbad hängen.

1

2

3

4

Gerührt wird heute meist mit dem Handrührgerät oder einer leistungsstarken Küchenmaschine (ideal für schwere Teige), aber auch Rührlöffel werden gebraucht. Wichtige kleine Helfer sind Schneebesen, Backpinsel, Teigschaber, -rädchen, -karte, Kuchenmesser & Palette (4).

Beim Teigausrollen tut das gute alte Nudelholz zwar seine Dienste, aber leichter geht es mit modernen Teigrollen. Es gibt antihaftbeschichtete Modelle und solche mit hochklappbaren Griffen, die das Ausrollen auf dem Blech erleichtern. Robust und so glatt, dass der Teig nicht kleben bleibt, sind Rollen aus Edelstahl.

Nach dem Backen müssen Kuchen und Kekse auf einem Kuchengitter auskühlen. Für das Verzieren von Torten sollte ein Spritzbeutel mit verschiedenen Tüllen im Haus sein.

KLEINE BACKFORM-KUNDE

Backgeschirre sind in verschiedenen Materialien erhältlich, die unterschiedliche Backeigenschaften und Pflegeansprüche haben.

Traditionelle Formen aus Weißblech werden aus dünnem, verzinntem Feinstblech hergestellt. Sie sind preiswert und gut für Gasherde geeignet. Im E-Herd sollte das Gebäck auf die untere Leiste geschoben bzw. 10 Minuten nur mit Unterhitze gebacken werden. Das Lösen aus der Form setzt ein wenig Backerfahrung voraus.

Auf schwarz lackierten Blechen (das preisgünstigste oberflächenversiegelte Material) bräunen Kuchen sehr gut. Gegenüber Weißblech verringert sich die Backzeit um ca. 10 Prozent. Diese Bleche/Formen sind ideal für E-Herde. Im Gasherd sollte man sie weiter oben einschieben bzw. die Temperatur verringern. Sie sind weit-

sten

geräte

1x1 der Backgeräte

RUND UM DEN BACKOFEN

Konventionelle Backöfen mit Ober- und Unterhitze sind für alle Teige geeignet. Sie sollten, wenn im Rezept nicht anders angegeben, ca. 15 Minuten vorgeheizt werden.

Bei Backöfen mit Umluft wird die erhitzte Luft von einem Ventilator ständig umgewälzt. Heißluft-Systeme haben eine zusätzliche Ringheizung bzw. eine spezielle Luftführung. Abhängig vom Hersteller kann bei beiden Systemen auf mehreren Ebenen gleichzeitig gebacken werden. Vorheizen ist nicht erforderlich. Die Backtemperatur liegt 20–30 °C unter der von Ober- und Unterhitze. Moderne Elektro-Backöfen verfügen meist über Ober-/ Unterhitze sowie Umluft und/oder Heißluft, evtl. auch über Auftau- und Brotbackstufe. Bei Umluft/Heißluft kann man alle Backformen nutzen.

Gas-Backöfen liefern sofort Wärme. Auch sie gibt es mit Umluft/Heißluft.

Stellen Sie Backformen immer auf den Rost. Die Mitte des Gebäcks sollte sich in der Mitte des Backofens befinden: hohe Napfkuchen-Formen also auf der untersten bzw. auf der 2. Schiene von unten einschieben, flache Böden, Kleingebäck und Plätzchen auf der mittleren Einschubleiste. Beachten Sie aber stets die Hersteller-Angaben, auch bezüglich der Backtemperatur. Abweichungen können sich durch spezielle Konstruktionsmerkmale des Backofens ergeben.

gehend säurebeständig, d. h. sie eignen sich für Obstkuchen. Bei Sauerteiggebäck Backpapier unterlegen.

In Glasbackformen und -schalen (1) hergestelltes Gebäck hat oft keine starke Kruste, ist aber ideal durchgebacken. Plattenkuchen kann man direkt in der Form servieren. Das hitzebeständige Glas ist spülmaschinenfest und mikrowellengeeignet.

Formen mit Spezial-Emaillierung (2) haben eine gute Wärmeleitung und garantieren eine gleichmäßige intensive Bräunung des Kuchens. Sie sind absolut säurebeständig, spülmaschinen-, kratz- und schnittfest. Das Gebäck lässt sich daraus gut lösen (gehobene Preisklasse).

Backformen mit PTFE-Antihaftbeschichtung (3), z. B. Top-Silver, Teflon 2, Silverstone, Hostaflon, sind ideal für Gebäck mit viel Zucker, Eiern und Früchten. Nichts haftet an, trotzdem bräunt alles intensiv und gleichmäßig. Die Formen sind leicht zu reinigen (gehobene Preisklasse). Bei doppelter Antihaftbeschichtung sind ebene Formböden schnittfest.

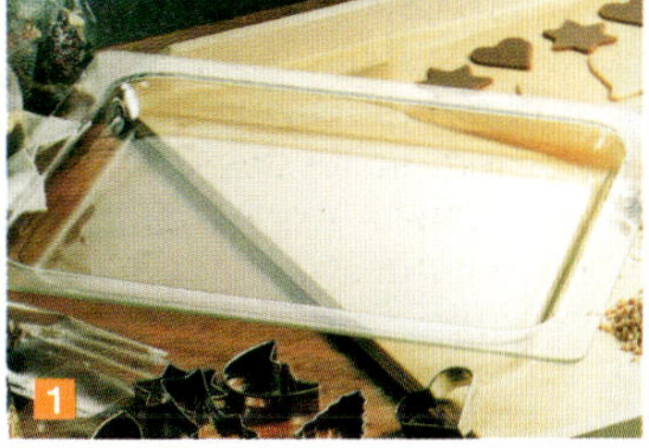

1

2

3

4

Backformen aus Ton (4) eignen sich für alle Backöfen, sollten aber gut gefettet und mit Paniermehl ausgestreut werden, damit sich der Kuchen problemlos daraus löst. Spülmaschinenfest.

Neu sind Backformen aus 100 % Silikon. Sie sind hitzebeständig bis 280 °C, halten aber auch - 40 °C in der Tiefkühltruhe aus. Da das Material sehr weich ist, zum Befüllen auf den Backrost stellen und damit in den Ofen schieben. Kuchen gleiten spielend aus der Form. Spülmaschinenfest (gehobene Preisklasse).

Ausziehbare Backbleche, die in jeden Backofen passen, und Bleche mit extra hohem Rand für saftige Obstkuchen werden aus verschiedenen Materialien angeboten.

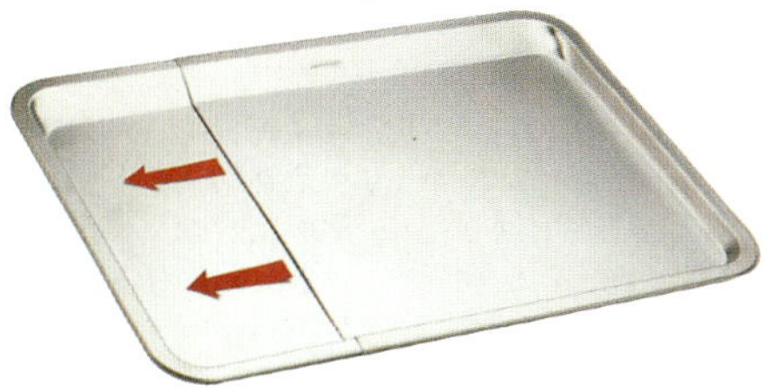

Vielseitig: Rühr

Gelingt leicht, passt sich jeder Backform an und lässt sich mit wenigen Zutaten immer wieder variieren. Die Palette reicht von Kranz- und Blechkuchen über Torten bis hin zum Kleingebäck

teig

Eierlikör-Gugelhupf mit Knusperfülle Seite 17

Ein Evergreen für alle Fälle: Gespickter Rehrücken. Mit reichlich Eiern und viel Schokolade zubereitet ist er schlichtweg unwiderstehlich. Seite 15

Dieser Saftige Aprikosenkuchen zaubert die Sommersonne auf den Kaffeetisch. Früchte einfach auf den Teig legen und mitbacken. Seite 21

Exotisches vom Backblech: Ein guter Schuss Kokoslikör gibt den Jamaica-Schnitten mit Kokos eine raffinierte Note. Seite 30

Grundrezept für Rührteig

Zutaten für 1 Form:
(ca. 2½ l Inhalt; 26 cm Ø)

- **250 g weiche Butter/Margarine**
- **250 g Zucker**
- **1 Prise Salz**
- **3 Eier (Gr. M)**
- **500 g Mehl**
- **1 Päckchen Backpulver**
- **4–8 EL Milch**
- **Fett und Paniermehl für die Form**

Vorbereitungszeit: **20–30 Minuten**
Backzeit: **ca. 1 Stunde**
Backtemperatur: **E-Herd: 175–200 °C/ Umluft: 150–175 °C/Gas: Stufe 2–3**
Auskühlzeit: **2–4 Stunden**

Rund um den Teig

- Alle Zutaten für den Teig sollten Zimmertemperatur haben.
- Gerinnt der Teig, etwa durch ein zu kaltes Ei, den Teig in der Schüssel im warmen Wasserbad cremig rühren.
- So wird der Teig besonders locker: Eier trennen. Nur das Eigelb unter die Fett-Zucker-Masse rühren. Zuletzt Eiweiß steif schlagen und unterheben.
- Gerade bei großen Mengen sind Küchenmaschinen eine gute Hilfe, denn sie arbeiten gleichmäßig und zeitsparend. Bitte Anleitung beachten!
- Das Grundrezept können Sie prima abwandeln, z. B. mit Vanille- oder Rum-Aroma, geriebener Orangen- oder Zitronenschale, gehackter Schokolade, Rosinen oder Sukkade.

1 Das weiche Fett, Zucker und Salz mit den Schneebesen des Handrührgerätes cremig rühren, bis sich der Zucker gelöst hat

2 Die Eier einzeln zur Fett-Zucker-Masse geben und jeweils ca. ½ Minute mit dem Handrührgerät sorgfältig unterrühren

3 Die Masse dann noch so lange weiterrühren, bis sie hellcremig ist und sich alle Zutaten gleichmäßig verbunden haben

4 Mehl und Backpulver vorher mischen und evtl. sieben, damit es sich beim Einrühren schneller verteilt und die Krume feinporig wird

5 Mehlmischung portionsweise kurz und zügig unter die Eiermasse rühren. Denn zu langes Schlagen macht den Teig „zäh"

6 Der klassische Teig ist genau richtig, wenn er schwerreißend von den Schneebesen fällt. Ist er zu fest, löffelweise Milch zufügen

7 Damit sich Rührkuchen leicht stürzen lassen, die Backformen gut einfetten und evtl. mit Mehl oder Paniermehl ausstreuen

8 Für Blechkuchen: Blech fetten oder mit Backpapier auslegen. Teig mit einem Teigschaber oder Spatel darauf glatt streichen

9 Bei Kastenkuchen- und anderen Backformen: Rührteig nur zu ⅔ Höhe einfüllen, damit er beim Aufgehen nicht überläuft

10 Bei Kastenkuchen bricht die Kruste schön auf, wenn Sie den Teig nach ca. 30 Minuten Backzeit längs einschneiden

11 Garprobe: Holzstäbchen in die Kuchenmitte stecken und herausziehen. Klebt feuchter Teig daran, kurz weiterbacken

12 Fertigen Kuchen ca. 10 Minuten in der Form ruhen lassen. Dann aus der Form stürzen und auskühlen lassen

... UND NOCH MEHR BACK-TIPPS

- *Möglichst feinkörnigen Zucker (Raffinade) verwenden, denn er löst sich schneller auf.*
- *Ein Teil des Mehls kann durch Speisestärke ersetzt werden. Sie macht das Gebäck feinporiger.* ***Sandkuchen*** *wird ausschließlich mit Speisestärke gebacken.*
- *Geben Sie keinen Zitrussaft direkt in den Teig. Er vermindert die Triebkraft von Eiern und Backpulver. Stattdessen geriebene Zitronenschale (gibt es auch fertig zu kaufen) oder Backaroma verwenden.*
- *Die zugefügte Flüssigkeit sollte nicht warm oder gar heiß sein, denn sonst verliert das Backpulver seine Wirkung.*
- *Die Milch im Teig kann auch durch Buttermilch, Joghurt, saure Sahne oder Saft ersetzt werden.*

Ottilien-Kuchen

Zutaten für ca. 18 Scheiben:

- Fett und Mehl für die Form
- 100 g Blockschokolade oder Zartbitter-Schokolade
- 250 g weiche Butter/Margarine
- 200 g Zucker
- 1 Päckchen Vanillin-Zucker
- 1 Prise Salz
- 4 Eier (Gr. M)
- 200 g Mehl
- 50 g Speisestärke
- 1 TL Backpulver
- 100 g gehackte Mandeln
- Puderzucker zum Bestäuben

1 Eine Kastenform (ca. 25 cm lang; mind. 1 ½ l Inhalt) fetten und mit Mehl ausstäuben.

2 Schokolade grob hacken. Fett, Zucker, Vanillin-Zucker und Salz mit den Schneebesen des Handrührgerätes cremig rühren. Eier einzeln darunter rühren. Mehl, Stärke und Backpulver mischen und portionsweise kurz unterrühren. Mandeln und gehackte Schokolade unterheben.

3 Teig in die Kastenform streichen. Im vorgeheizten Backofen (E-Herd: 175 °C/Umluft: 150 °C/Gas: Stufe 2) ca. 50 Minuten backen. Herausnehmen und ca. 10 Minuten in der Form ruhen lassen. Dann stürzen und vollständig auskühlen lassen. Mit Puderzucker bestäuben.

Zubereitungszeit ca. 1 ¼ Std.
Scheibe ca. 290 kcal / 1210 kJ
E 4 g, F 18 g, KH 26 g

❄ *lässt sich prima einfrieren*

EXTRA-TIPPS

So kommt Ihr Kuchen garantiert super aus der Form:

- *Form nach dem Einfetten für kurze Zeit ins Gefrierfach stellen.*
- *Nach dem Backen Form in ein feuchtes Tuch hüllen, einige Zeit stehen lassen und dann stürzen.*

Gespickter Rehrücken

Zutaten für ca. 15 Scheiben:

- **Fett und Mehl für die Form**
- **50 g + 150 g Halbbitter-Kuvertüre**
- **5 Eier (Gr. M)**
- **125 g weiche Butter/Margarine**
- **125 g Zucker**
- **1 Päckchen Bourbon-Vanille-Zucker**
- **Salz**
- **100 g gemahlene Mandeln**
- **50 g Mehl**
- **1 gehäufter EL Kakao**
- **1 Würfel (25 g) weißes Plattenfett (z. B. Palmin)**
- **50 g Mandelstifte**

1 Eine Rehrücken- oder Kastenform (30 cm lang) fetten und gut mit Mehl ausstäuben. 50 g Kuvertüre grob hacken, im heißen Wasserbad schmelzen und etwas abkühlen lassen.

2 Eier trennen. Fett, Zucker, Vanille-Zucker und 1 Prise Salz mit den Schneebesen des Handrührgerätes cremig rühren. Kuvertüre unterrühren. Eigelb einzeln darunter rühren und ca. 5 Minuten cremig rühren. Mandeln, Mehl und Kakao mischen, portionsweise kurz darunter rühren. Eiweiß mit 1 Prise Salz steif schlagen, mit einem Schneebesen oder Teigschaber portionsweise darunter heben.

3 Teig in die Form streichen und im vorgeheizten Backofen (E-Herd: 175 °C/Umluft: 150 °C/Gas: Stufe 2) 40–50 Minuten backen. Ca. 10 Minuten abkühlen lassen. Dann aus der Form stürzen, vollständig auskühlen lassen.

4 150 g Kuvertüre und weißes Fett grob hacken. Im heißen Wasserbad schmelzen. Den Kuchen mit Kuvertüre überziehen und mit Mandelstiften „spicken". Trocknen lassen.

Zubereitungszeit ca. 1¾ Std.
Scheibe ca. 380 kcal / 1590 kJ
E 7 g, F 26 g, KH 26 g

❄ *lässt sich prima einfrieren*

Klassischer Marmorkuchen

Zutaten für ca. 20 Stücke:

- **Fett und Paniermehl für die Form**
- **250 g weiche Butter/Margarine**
- **250 g Zucker**
- **1 Päckchen Vanillin-Zucker**
- **1 Prise Salz**
- **4 Eier (Gr. M)**
- **400 g Mehl**
- **100 g Speisestärke**
- **1 Päckchen Backpulver**
- **100 ml + 2 EL Milch**
- **2–3 gehäufte EL (20–30 g) Kakao**
- **Puderzucker zum Bestäuben**

1 Eine Napfkuchenform (ca. 22 cm Ø; ca. 2 ½ l Inhalt) fetten und mit Paniermehl ausstreuen. Fett, Zucker, Vanillin-Zucker und Salz mit den Schneebesen des Handrührgerätes cremig rühren. Eier einzeln darunter rühren. Mehl, Stärke und Backpulver mischen, im Wechsel mit 100 ml Milch portionsweise kurz darunter rühren.

2 ⅔ Teig in die Form füllen. Kakao und 2 EL Milch kurz unter den restlichen Teig rühren. Dunklen Teig auf den hellen Teig streichen. Beide Teige mit einer Gabel spiralförmig durchziehen und glatt streichen. Im vorgeheizten Backofen (E-Herd: 175 °C/ Umluft: 150 °C/ Gas: Stufe 2) ca. 1 Stunde backen.

3 Kuchen aus dem Ofen nehmen und ca. 10 Minuten abkühlen lassen. Aus der Form stürzen und auskühlen lassen. Mit Puderzucker bestäuben.

Zubereitungszeit ca. 1½ Std.
(ohne Wartezeit)
Stück ca. 260 kcal / 1090 kJ
E 4 g, F 12 g, KH 32 g

❄ *lässt sich prima einfrieren*

Eierlikör-Gugelhupf mit Knusperfülle

Zutaten für ca. 20 Stücke:

- **Fett und Paniermehl für die Form**
- **1 Packung (150 g) „Daim" (Mandel-Karamell-Pralinen in Vollmilch-Schokolade)**
- **250 g weiche Butter/Margarine**
- **250 g Zucker**
- **1 Prise Salz**
- **4 Eier (Gr. M)**
- **⅛ l Eierlikör**
- **250 g Mehl**
- **1 TL Backpulver**
- **Puderzucker zum Bestäuben**

1 Eine Gugelhupfform (ca. 22 cm Ø; ca. 2½ l Inhalt) fetten und mit Paniermehl ausstreuen.

2 Pralinen grob hacken. Fett, Zucker und Salz mit den Schneebesen des Handrührgerätes cremig rühren. Nacheinander die Eier und dann den Eierlikör darunter rühren. Mehl und Backpulver mischen und portionsweise kurz darunter rühren. Zuletzt die Pralinen unterheben.

3 Rührteig in die Gugelhupfform füllen und glatt streichen. Im vorgeheizten Backofen (E-Herd: 175 °C/ Umluft: 150 °C/Gas: Stufe 2) ca. 1 Stunde backen. Herausnehmen.

4 Kuchen ca. 10 Minuten in der Form abkühlen lassen, dann stürzen und vollständig auskühlen lassen. Mit Puderzucker bestäuben.

Zubereitungszeit ca. 1½ Std.
Stück ca. 260 kcal / 1090 kJ
E 3 g, F 12 g, KH 31 g

❄ *lässt sich prima einfrieren*

Getränkter Cognac-Kuchen

Zutaten für ca. 24 Stücke:

- **Fett und Paniermehl für die Form**
- **400 g weiche Butter/Margarine**
- **400 g + 50 g Zucker**
- **4 Päckchen Vanillin-Zucker**
- **1 Prise Salz**
- **8 Eier (Gr. M)**
- **400 g Mehl**
- **1 Päckchen Backpulver**
- **100 ml Cognac oder Weinbrand**
- **Puderzucker zum Bestäuben**
- **1 Holzstäbchen**

1 Springform mit Rohrbodeneinsatz (26 cm Ø) fetten und mit Paniermehl ausstreuen. Fett, 400 g Zucker, Vanillin-Zucker und Salz mit den Schneebesen des Handrührgerätes cremig rühren. Eier nacheinander darunter rühren. Mehl und Backpulver mischen und portionsweise kurz darunter rühren.

2 Teig in die Form füllen und glatt streichen. Im vorgeheizten Backofen (E-Herd: 175 °C/ Umluft: 150 °C/ Gas: Stufe 2) 50–60 Minuten backen. Kranzkuchen in der Form ca. 10 Minuten abkühlen lassen, dann stürzen und vollständig auskühlen lassen.

3 Kuchen evtl. in eine große Schüssel setzen. Mit einem Holzstäbchen mehrmals einstechen. 100 ml Wasser, 50 g Zucker und Cognac kurz aufkochen und rühren, bis der Zucker ganz gelöst ist. Den Kuchen damit beträufeln. Ca. 5 Stunden ziehen lassen. Den Kuchen mit Puderzucker bestäuben. Dazu schmeckt Schlagsahne.

Zubereitungszeit ca. 1 ½ Std.
Wartezeit mind. 6 Std.
Stück ca. 330 kcal / 1380 kJ
E 4 g, F 16 g, KH 35 g

Glasierter Mandarinen-Kranz

Zutaten für ca. 24 Stücke:

- Fett für die Form
- 6 Mandarinen
- 250 g weiche Butter/Margarine
- 250 g Zucker
- 1 Päckchen Vanillin-Zucker
- 1 Prise Salz
- 4 Eier (Gr. M)
- 200 g Mehl
- 100 g Speisestärke
- 1 Päckchen Backpulver
- 3 EL Milch
- evtl. 6 EL Orangenlikör
- 2–3 gehäufte EL Orangen-Marmelade oder Aprikosen-Konfitüre
- evtl. 1 Holzstäbchen; evtl. Alufolie

1 Eine Springform mit Rohrbodeneinsatz (26 cm Ø) gut fetten. Mandarinen schälen und in Scheiben schneiden. Den Boden und äußeren Rand der Springform damit auslegen.

2 Fett, Zucker, Vanillin-Zucker und Salz mit den Schneebesen des Handrührgerätes cremig rühren. Eier einzeln darunter rühren. Mehl, Stärke und Backpulver mischen und im Wechsel mit der Milch portionsweise kurz darunter rühren.

3 Teig auf die Mandarinenscheiben füllen und glatt streichen. Im vorgeheizten Backofen (E-Herd: 175 °C/ Umluft: 150 °C/Gas: Stufe 2) ca. 1 Stunde backen (evtl. 10 Minuten vor Ende der Backzeit mit Alufolie abdecken). Kuchen herausnehmen und in der Form vollständig auskühlen lassen.

4 Kuchen vorsichtig aus der Form stürzen. Evtl. mit einem Holzstäbchen oben mehrmals einstechen, mit Likör beträufeln. Marmelade erwärmen und durch ein Sieb streichen. Den Kuchen damit einstreichen. Dazu schmeckt Schlagsahne.

Zubereitungszeit ca. 1½ Std.
Wartezeit ca. 1½ Std.
Stück ca. 200 kcal / 840 kJ
E 2 g, F 10 g, KH 25 g

❄ *lässt sich prima einfrieren*

Versunkener Johannisbeerkuchen

Zutaten für ca. 12 Stücke:

- Fett und Paniermehl für die Form
- 125 g schwarze Johannisbeeren
- 250 g rote Johannisbeeren
- 150 g weiche Butter/Margarine
- 125 g Zucker
- 1 Päckchen Vanillin-Zucker
- 1 Prise Salz
- 3 Eier (Gr. M)
- 250 g Mehl
- 75 g Speisestärke
- ½ Päckchen Backpulver
- 5 EL Milch
- Puderzucker zum Bestäuben
- evtl. Zitronenmelisse
- evtl. Alufolie

1 Eine Springform (ca. 26 cm Ø) fetten und mit Paniermehl ausstreuen. Johannisbeeren waschen und abtropfen lassen. Bis auf ca. 2 Rispen zum Verzieren von den Stielen streifen.

2 Fett, Zucker, Vanillin-Zucker und Salz cremig rühren. Eier einzeln darunter rühren. Mehl, Stärke und Backpulver mischen, im Wechsel mit der Milch portionsweise kurz darunter rühren. Johannisbeeren mit einem Teigschaber unter den Teig heben.

3 In die Form füllen, glatt streichen. Im vorgeheizten Backofen (E-Herd: 200 °C/Umluft: 175 °C/ Gas: Stufe 3) ca. 1 Stunde backen. Kuchen evtl. in den letzten 20 Minuten mit Alufolie abdecken. Ca. 10 Minuten abkühlen lassen. Dann aus der Form lösen, ganz auskühlen lassen.

4 Kuchen mit Puderzucker bestäuben. Mit übrigen Johannisbeeren und evtl. Zitronenmelisse verzieren.

Zubereitungszeit ca. 1½ Std.
(ohne Wartezeit)
Stück ca. 270 kcal / 1130 kJ
E 5 g, F 13 g, KH 32 g

❄ *lässt sich prima einfrieren*

Saftiger Aprikosenkuchen

Zutaten für ca. 12 Stücke:

- Fett und Paniermehl für die Form
- 500 g frische oder
  1 Dose (850 ml) Aprikosen
- 2 Eier (Gr. M)
- 150 g weiche Butter/Margarine
- 150 g Zucker
- 1 Prise Salz
- abgeriebene Schale von
  1 unbehandelten Zitrone
- 150 g Mehl
- 5 EL Milch
- 4 EL Aprikosen-Konfitüre
- Puderzucker zum Bestäuben

1 Eine Springform (26 cm Ø) fetten und mit Paniermehl ausstreuen. Aprikosen waschen, abtropfen lassen und halbieren. Die Steine entfernen. (Aprikosen aus der Dose in einem Sieb abtropfen lassen.)

2 Für den Rührteig Eier trennen. Fett, Zucker, Salz und Zitronenschale mit den Schneebesen des Handrührgerätes cremig rühren. Eigelb einzeln darunter rühren. Mehl im Wechsel mit der Milch portionsweise kurz darunter rühren. Eiweiß steif schlagen und darunter heben.

3 Teig in die Springform füllen und glatt streichen. Aprikosenhälften mit der Wölbung nach oben dicht an dicht auf den Teig legen.

4 Die Konfitüre erwärmen, durch ein Sieb streichen und die Aprikosen damit bestreichen. Kuchen im vorgeheizten Backofen (E-Herd: 175 °C/ Umluft: 150 °C/Gas: Stufe 2) ca. 1 Stunde backen. Ca. 10 Minuten in der Form ruhen lassen, dann aus der Form lösen und auskühlen lassen. Mit Puderzucker bestäuben.

Zubereitungszeit ca. 1½ Std.
Stück ca. 240 kcal / 1000 kJ
E 3 g, F 12 g, KH 29 g

❄ *lässt sich prima einfrieren*

Schwarz-Weiß-Kuchen mit Birnen

Zutaten für ca. 16 Stücke:

- **Fett und Paniermehl für die Form**
- **125 g weiche Butter/Margarine**
- **125 g Zucker**
- **1 Päckchen Vanillin-Zucker**
- **1 Prise Salz**
- **2 Eier (Gr. M)**
- **250 g Mehl**
- **½ Päckchen Backpulver**
- **7 EL (70 ml) Milch**
- **1 gehäufter EL (10 g) Kakao**
- **5 kleine Birnen (ca. 750 g)**
- **ca. 4 EL Hagelzucker**
- **3 EL Aprikosen-Konfitüre**

1 Eine Springform (26 cm Ø) fetten und mit Paniermehl ausstreuen. Fett, Zucker, Vanillin-Zucker und Salz mit den Schneebesen des Handrührgerätes cremig rühren. Eier einzeln darunter rühren. Mehl und Backpulver mischen, im Wechsel mit der Milch kurz darunter rühren.

2 ⅔ Teig in die Springform füllen. Kakao kurz unter den restlichen Teig rühren. Dunklen Teig auf den hellen streichen. Beide Teige mit einer Gabel spiralförmig durchziehen und glatt streichen.

3 Birnen schälen und halbieren. Hälften entkernen und der Länge nach mehrmals ca. 1 cm tief einschneiden. Birnen mit der Wölbung nach oben in den Teig setzen. Mit 2 EL Hagelzucker bestreuen. Im vorgeheizten Backofen (E-Herd: 175 °C/Umluft: 150 °C/Gas: Stufe 2) 40–50 Minuten backen.

4 Kuchen ca. 10 Minuten in der Form ruhen lassen, dann aus der Form lösen. Konfitüre erwärmen, durch ein Sieb streichen und den warmen Kuchen damit bestreichen. Auskühlen lassen. Den Kuchen mit dem Rest Hagelzucker bestreuen.

Zubereitungszeit ca. 1¼ Std.
Stück ca. 180 kcal / 750 kJ
E 3 g, F 7 g, KH 26 g

❄ *lässt sich prima einfrieren*

Apfelkuchen mit Aprikosen-Glasur

Zutaten für ca. 12 Stücke:

- Fett und Paniermehl für die Form
- 7–8 kleine Äpfel (ca. 1 kg)
- 2–3 EL Zitronensaft
- 125 g weiche Butter/Margarine
- 100 g Zucker
- 1 Päckchen Vanillin-Zucker
- 1 Prise Salz
- 3 Eier (Gr. M)
- 250 g Mehl
- 1 TL Backpulver
- 4–5 EL (50 ml) Milch
- 2 EL Aprikosen-Konfitüre

1 Eine Springform (26 cm Ø) fetten und mit Paniermehl ausstreuen. Äpfel schälen und halbieren. Kerngehäuse herausschneiden. Die runde Oberseite der Apfelhälften mit einem Messer mehrmals der Länge nach einschneiden und sofort mit Zitronensaft beträufeln.

2 Fett, Zucker, Vanillin-Zucker und Salz mit den Schneebesen des Handrührgerätes 3–5 Minuten cremig rühren. Eier einzeln darunter rühren. Mehl und Backpulver mischen, dann im Wechsel mit der Milch kurz darunter rühren.

3 Den Teig in die Form füllen und glatt streichen. Die Apfelhälften mit der gewölbten Seite nach oben dicht an dicht auf dem Teig verteilen. Den Kuchen im vorgeheizten Backofen (E-Herd: 175 °C/Umluft: 150 °C/ Gas: Stufe 2) 45–50 Minuten goldbraun backen. Konfitüre erwärmen und durch ein Sieb streichen. Den Kuchen ca. 15 Minuten vor Ende der Backzeit mit der Konfitüre bestreichen und fertig backen.

4 Kuchen herausnehmen, in der Form ca. 10 Minuten ruhen lassen. Dann aus der Form lösen und auskühlen lassen. Dazu schmeckt Schlagsahne.

Zubereitungszeit ca. 1 ½ Std.
Stück ca. 230 kcal / 960 kJ
E 4 g, F 11 g, KH 28 g

❄ *lässt sich prima einfrieren*

Choco-Crossies-Torte mit Pfirsichen

Zutaten für ca. 16 Stücke:

- **100 g weiche Butter/Margarine**
- **100 g Zucker**
- **3 Päckchen Vanillin-Zucker, 1 Pr. Salz**
- **2 Eier (Gr. M), 150 g Mehl**
- **1 TL Backpulver, 4 EL Milch**
- **1 Dose (850 ml) Pfirsiche**
- **1 Packung (200 g) Choco Crossies**
- **4–5 EL (50 g) Mandelblättchen**
- **500 g + 375 g Schlagsahne**
- **2 Päckchen Sahnefestiger**
- **evtl. Melisse zum Verzieren**
- **Backpapier**

1 Eine Springform (26 cm Ø) am Boden mit Backpapier auslegen. Fett, Zucker, 1 Päckchen Vanillin-Zucker und Salz mit den Schneebesen des Handrührgerätes cremig rühren. Eier einzeln darunter rühren.

2 Mehl und Backpulver mischen, im Wechsel mit der Milch kurz unter die Ei-Fett-Masse rühren. Teig in die Form füllen, glatt streichen. Im vorgeheizten Backofen (E-Herd: 175 °C/Umluft: 150 °C/Gas: Stufe 2) ca. 20 Minuten backen. In der Form auskühlen lassen.

3 Pfirsiche in einem Sieb gut abtropfen lassen. Die Choco Crossies grob hacken. Mandelblättchen ohne Fett goldbraun rösten. Hälfte der Pfirsiche fein würfeln. Übrige Früchte in grobe Spalten schneiden.

4 500 g Sahne steif schlagen, dabei 2 Päckchen Vanillin-Zucker und Sahnefestiger einrieseln lassen. Je 1 EL Pfirsichwürfel und Choco Crossies zum Verzieren beiseite legen. Restliche Pfirsichwürfel und Choco Crossies vorsichtig unter die Sahne heben.

5 Pfirsich-Choco-Crossies-Sahne auf den Tortenboden streichen. Ca. 30 Minuten kalt stellen. 375 g Sahne steif schlagen. Torte aus der Form lösen und die Torte mit ⅔ der Sahne einstreichen.

6 Rest Sahne in einen Spritzbeutel mit Sterntülle füllen und Tuffs auf die Torte spritzen. Die Torte mit Pfirsichspalten und Melisse verzieren. Restliche Pfirsichwürfel und Choco Crossies darauf streuen. Tortenrand mit Mandeln bestreuen.

Zubereitungszeit ca. 1¼ Std.
(ohne Wartezeit)
Stück ca. 410 kcal / 1720 kJ
E 5 g, F 29 g, KH 30 g

❄ *lässt sich ohne Verzierung prima einfrieren*

Obsttorte mit Mascarpone

Zutaten für ca. 12 Stücke:

- **Fett und Paniermehl für die Form**
- **100 g weiche Butter/Margarine**
- **100 g + 75 g Zucker**
- **2 Päckchen Vanillin-Zucker, 1 Pr. Salz**
- **3 Eier (Gr. M)**
- **125 g Mehl**
- **2 gestrichene TL Backpulver**
- **3–4 EL Milch**
- **ca. 700 g gemischtes Obst (z. B. 250 g Erdbeeren, 100 g Heidelbeeren, 1 Nektarine und 3 kleine Aprikosen)**
- **500 g Magerquark**
- **250 g Mascarpone (ital. Frischkäse)**
- **3–4 EL Zitronensaft**

1 Eine Obstbodenform (28 cm Ø) fetten und mit Paniermehl ausstreuen. Fett, 100 g Zucker, 1 Päckchen Vanillin-Zucker und Salz mit den Schneebesen des Handrührgerätes cremig rühren. Eier einzeln darunter rühren. Mehl und Backpulver mischen, im Wechsel mit der Milch portionsweise kurz darunter rühren.

2 In die Form streichen. Im heißen Backofen (E-Herd: 175 °C/Umluft: 150 °C/Gas: Stufe 2) 20–25 Minuten backen. Ca. 10 Minuten in der Form abkühlen lassen, dann stürzen und vollständig auskühlen lassen.

3 Erdbeeren waschen, putzen und je nach Größe halbieren oder vierteln. Heidelbeeren verlesen, evtl. waschen und trockentupfen. Nektarine und Aprikosen waschen, halbieren und jeweils den Stein entfernen. Die Früchte in Spalten schneiden.

4 Quark, Mascarpone, Zitronensaft, 75 g Zucker und 1 Päckchen Vanillin-Zucker mit den Schneebesen des Handrührgerätes kurz verrühren. Ca. 4 EL Creme in einen Spritzbeutel mit Sterntülle füllen. Übrige Creme auf den Obstboden streichen. Obst darauf verteilen, mit Cremetuffs verzieren. Ca. 1 Stunde kalt stellen.

Zubereitungszeit ca. 1 Std.
Wartezeit ca. 2 Std.
Stück ca. 330 kcal / 1380 kJ
E 10 g, F 18 g, KH 30 g

Erdbeer-Sahne-Torte mit Krokant

Zutaten für ca. 12 Stücke:

- **Fett für die Form**
- **100 g weiche Butter/Margarine**
- **100 g + 1 EL Zucker**
- **4 Päckchen Vanillin-Zucker, 1 Pr. Salz**
- **2 Eier (Gr. M), 150 g Mehl**
- **1 TL Backpulver, 2–3 EL Milch**
- **500 g mittelgroße Erdbeeren**
- **600 g + 150 g Schlagsahne**
- **3 Päckchen Sahnefestiger**
- **4 EL Haselnuss-Krokant**

1 Springform (26 cm Ø) fetten. Fett, 100 g Zucker, 1 Päckchen Vanillin-Zucker und Salz cremig rühren. Eier einzeln darunter rühren. Mehl und Backpulver mischen, im Wechsel mit der Milch kurz darunter rühren.

2 Teig in die Form streichen. Im vorgeheizten Ofen (E-Herd: 175 °C/ Umluft: 150 °C/Gas: Stufe 2) ca. 20 Minuten backen. Herausnehmen, auf einem Kuchengitter auskühlen lassen.

3 Erdbeeren waschen, putzen und abtupfen. Von 12 etwa gleich großen Früchten oben ⅔ abschneiden und zum Verzieren beiseite legen. Untere Erdbeer-Drittel, 200 g Erdbeeren und 1 EL Zucker pürieren. Rest Erdbeeren in Würfel schneiden.

4 Boden auf eine Tortenplatte setzen. Tortenring darumlegen. 600 g Sahne steif schlagen, dabei 2 Päckchen Vanillin-Zucker und Sahnefestiger einrieseln lassen. Die pürierten und die gewürfelten Erdbeeren sowie 3 EL Krokant unterheben. Auf den Boden streichen. Ca. 1 Stunde kalt stellen.

5 Formrand lösen. 150 g Sahne steif schlagen und dabei 1 Päckchen Vanillin-Zucker einrieseln lassen. In einen Spritzbeutel mit Sterntülle füllen. Ca. 12 Sahnetuffs auf die Torte spritzen. Dabei für gleiche Abstände auf gegenüberliegenden Seiten beginnen, dann die Lücken auffüllen. Je 1 Erdbeere darauf setzen. Torte mit 1 EL Krokant bestreuen.

Zubereitungszeit ca. 1 Std.
Wartezeit ca. 2 Std.
Stück ca. 410 kcal / 1720 kJ
E 5 g, F 29 g, KH 30 g

Rhabarber-Streusel-Kuchen

Zutaten für ca. 12 Stücke:

- ca. 750 g Rhabarber
- 125 g + 175 g Mehl
- 75 g + 75 g Zucker
- 75 g + 50 g weiche Butter/Margarine
- 50 g Marzipan-Rohmasse, 1 Prise Salz
- 2 Eier (Gr. M)
- ½ Päckchen Backpulver
- 3 EL zarte Haferflocken
- 3–4 EL Milch
- Puderzucker zum Bestäuben
- Backpapier

1 Eine Springform (26 cm Ø) mit Backpapier auslegen. Rhabarber putzen, waschen und in kleine Stücke schneiden. Ca. 500 g abwiegen.

2 Für die Streusel 125 g Mehl und 75 g Zucker mischen. 75 g Fett schmelzen, etwas abkühlen lassen und dazugeben. Alles mit den Knethaken des Handrührgerätes zu Streuseln verkneten und dann beiseite stellen.

3 Für den Rührteig Marzipan grob reiben. Mit 50 g Fett, 75 g Zucker und Salz mit den Schneebesen des Handrührgerätes cremig rühren. Eier nacheinander darunter rühren. 175 g Mehl, Backpulver und Haferflocken mischen. Im Wechsel mit der Milch portionsweise kurz darunter rühren.

4 Teig in die Springform füllen und den Rhabarber darauf verteilen. Mit Streuseln bestreuen und im vorgeheizten Backofen (E-Herd: 175 °C/ Umluft: 150 °C/Gas: Stufe 2) ca. 1 Stunde backen. Kuchen ca. 10 Minuten in der Form ruhen lassen. Dann aus der Form lösen und auskühlen lassen. Kuchen mit Puderzucker bestäuben.

Zubereitungszeit ca. 1 ½ Std.
(ohne Wartezeit)
Stück ca. 290 kcal / 1210 kJ
E 6 g, F 12 g, KH 38 g

❄ *lässt sich prima einfrieren*

Amerikaner mit Schokostückchen

Zutaten für ca. 8 Stück:

- **75 g Zartbitter-Schokolade**
- **100 g weiche Butter/Margarine**
- **100 g Zucker**
- **1 Päckchen Vanillin-Zucker**
- **1 Prise Salz**
- **2 Eier (Gr. M)**
- **250 g Mehl**
- **1 Päckchen Puddingpulver „Vanille-Geschmack“ (zum Kochen; für ½ l Milch)**
- **3 gestrichene TL Backpulver**
- **3 EL Milch**
- **100 g Halbbitter-Kuvertüre**
- **100 g Puderzucker**
- **1 EL Zitronensaft**
- **Backpapier**

1 Ein Backblech mit Backpapier auslegen. Schokolade hacken. Fett, Zucker, Vanillin-Zucker und Salz mit den Schneebesen des Handrührgerätes cremig rühren. Eier einzeln darunter rühren. Mehl, Pudding- und Backpulver mischen und im Wechsel mit der Milch portionsweise kurz darunter rühren. Gehackte Schokolade darunter heben.

2 Mit Hilfe von 2 Esslöffeln ca. 8 Teighäufchen mit etwas Abstand auf das Backblech setzen. Im vorgeheizten Backofen (E-Herd: 200 °C/ Umluft: 175 °C/Gas: Stufe 3) 15–20 Minuten backen. Auf einem Kuchengitter auskühlen lassen.

3 Kuvertüre grob hacken und im heißen Wasserbad schmelzen. Puderzucker, Zitronensaft und 1–2 EL Wasser zu einem glatten Guss verrühren. Amerikaner auf der flachen Unterseite mit Guss bzw. Kuvertüre oder mit beidem bestreichen. Nach Belieben mit einem Tortenkamm Muster durchziehen. Trocknen lassen.

Zubereitungszeit ca. 1 ¼ Std.
(ohne Wartezeit)
Stück ca. 480 kcal / 2010 kJ
E 7 g, F 20 g, KH 64 g

Jamaica-Schnitten mit Kokos

Zutaten für ca. 24 Stücke:

- Fett für die Fettpfanne
- 250 g weiche Butter/Margarine
- 200 g Zucker
- 5 Päckchen Vanillin-Zucker, 1 Pr. Salz
- 7 Eier (Gr. M)
- 500 g Mehl, 1 Päckchen Backpulver
- 100 ml Milch, 200 g Kokosraspel
- 150 ml Ananassaft + 3–4 Ananasscheiben (aus der Dose)
- 150 ml Kokoslikör (z. B. Batida de Coco)
- 800 g Schlagsahne
- 3–4 EL Puderzucker
- ca. 24 Cocktailkirschen (Glas)
- evtl. Kokos-Chips (gibt's z. B. im Reformhaus) oder -raspel und Melisse zum Verzieren

1 Fettpfanne (ca. 32 x 39 cm) fetten. Fett, Zucker, 1 Päckchen Vanillin-Zucker und Salz mit den Schneebesen des Handrührgerätes cremig rühren. Eier einzeln darunter rühren. Mehl und Backpulver mischen, im Wechsel mit der Milch kurz darunter rühren. Kokosraspel kurz darunter rühren.

2 Teig auf die Fettpfanne streichen. Im vorgeheizten Backofen (E-Herd: 175 °C/Umluft: 150 °C/Gas: Stufe 2) ca. 20 Minuten backen.

3 Ananassaft und Likör verrühren. Kuchen herausnehmen. Sofort mit einer Gabel mehrmals einstechen und mit der Likör-Mischung tränken. Kuchen auskühlen lassen.

4 Die Ananasscheiben in ca. 24 Stücke schneiden. Danach die Sahne in 2 Portionen steif schlagen, dabei je 2 Päckchen Vanillin-Zucker einrieseln lassen. Auf den Kuchen streichen. Evtl. mit einem Messer Rauten durch die Sahne ziehen. Den Kuchen mit Puderzucker bestäuben, in ca. 24 Stücke schneiden. Mit Kirschen, Ananasstücken und evtl. mit Kokos-Chips und Melisse verzieren.

Zubereitungszeit ca. 1 Std.
(ohne Wartezeit)
Stück ca. 400 kcal / 1680 kJ
E 6 g, F 27 g, KH 30 g

❄ *lässt sich prima einfrieren*

Mandarinen-Baiser-Kuchen

Zutaten für ca. 20 Stücke:

- **Fett und Mehl für die Fettpfanne**
- **4 Dosen (à 314 ml) Mandarinen**
- **9 Eier (Gr. M)**
- **250 g weiche Butter/Margarine**
- **250 g + 350 g Zucker**
- **1 Päckchen Vanillin-Zucker**
- **1 Prise Salz**
- **abgeriebene Schale von 1 unbehandelten Zitrone**
- **450 g Mehl**
- **1 Päckchen Backpulver**
- **3 EL Kakao**
- **5–8 EL Milch**
- **3 EL Rum**
- **50 g gehackte Mandeln**
- **1 TL Zitronensaft**

1 Eine Fettpfanne (ca. 32 x 39 cm) fetten und mit Mehl ausstäuben. Mandarinen abtropfen lassen. 8 Eier trennen. Fett, 250 g Zucker, Vanillin-Zucker, Salz und Zitronenschale mit den Schneebesen des Handrührgerätes cremig rühren. 8 Eigelb und 1 Ei einzeln darunter rühren. Mehl, Backpulver und Kakao mischen und im Wechsel mit Milch und Rum kurz darunter rühren.

2 Teig auf die Fettpfanne streichen. Mandarinen darauf verteilen und mit Mandeln bestreuen. Im vorgeheizten Backofen (E-Herd: 175 °C/ Umluft: 150 °C/Gas: Stufe 2) ca. 45 Minuten backen.

3 8 Eiweiß steif schlagen, dabei den Zitronensaft zufügen. Unter weiterem Schlagen 350 g Zucker einrieseln lassen. So lange weiterschlagen, bis sich der Zucker vollständig gelöst hat. Auf den Kuchen streichen und bei gleicher Temperatur weitere ca. 12 Minuten backen. Auskühlen lassen. Dazu schmecken Schlagsahne und Mandarinen.

Zubereitungszeit ca. 1 ¼ Std.
Stück ca. 410 kcal / 1720 kJ
E 7 g, F 16 g, KH 54 g

Warenkunde Mehl & Stärke

Wer backen will, braucht vor allem Mehl. Aber welches? Alles über Sorten und Typenzahlen erfahren Sie hier. Erklärt wird auch, welche Rolle Speisestärke beim Backen spielt und was Gebäck locker macht

Ohne Mehl geht nichts

Wichtigstes Backgetreide in Mitteleuropa ist der Weizen, da er die besten Backeigenschaften aufweist. Er verfügt über einen hohen Anteil an Kleber. Diese Eiweißstoffe lassen das Mehl gut quellen und betten beim Aufgehen die Kohlensäurebläschen ein. Dadurch wird der Teig schön locker, hält aber dennoch gut zusammen. Bei Brot spielt auch der Roggen eine große Rolle.

Ob Weizen- oder Roggenmehl – am Anfang ist das Korn. Es besteht aus drei Teilen: Innen liegt der stärke- und eiweißhaltige Mehlkörper. Daran haftet der Keimling. Er besteht überwiegend aus Eiweiß und Fett, enthält aber auch Vitamine (vor allem E). Beides wird von der Frucht- und Samenschale umhüllt. Sie ist reich an Vitaminen der B-Gruppe, Ballast- und Mineralstoffen. Aber nicht jedes Mehl enthält alle wertvollen Nährstoffe des Korns.

KLEINE TYPEN-LEHRE

Nur für Vollkornmehl und -schrot (grob zerkleinerte Körner) wird das ganze Korn vermahlen. Darunter gibt es Abstufungen. Je mehr Schalenanteile ein Mehl enthält, desto dunkler ist es und umso höher ist sein Gehalt an Vitalstoffen. Die Mineralstoffe bestimmen die Mehltype, die auf der Packung steht. Dabei gibt die Typenzahl an, wie viel Milligramm Mineralien in 100 Gramm Mehl enthalten sind. Beispiel: 100 g Weizenmehl Type 405 hat etwa 405 mg Mineralstoffe, Type 1050 ca. 1050 mg. In Vollkornmehl steckt das ganze Korn. Deshalb muss es keine Typenzahl haben. Im Einzelhandel erhältlich sind bei Weizenmehl die Typen 405, 550 und 1050, bei Roggenmehl 997 und 1150. Andere Getreidesorten, z. B. Hafer, werden ohne Typenbezeichnung angeboten.

WELCHE TYPE WOFÜR?

Weizenmehl Type 405 ist das klassische Haushalts- und Kuchenmehl, das für feine, lockere Teige unverzichtbar ist. Type 550 hat einen hohen Anteil an backfähigem Eiweiß, das Hefeteig sehr gut aufgehen lässt und Gebäck besonders locker macht. Auch ideal für Brötchen und helle Brote. Die mittleren Mehltypen, z. B. Weizen 1050 und Roggen 1150, eignen sich prima für pikante Kuchen und Mischbrote. Weizen-Vollkornmehl ist gut für Vollkornbrot, pur oder mit hellem Mehl gemischt auch für Vollwert-Kuchen.

SPEZIALMEHLE

Instantmehl verteilt sich sofort in Flüssigkeit, ohne zu klumpen, es muss also nicht gesiebt werden (ideal für Waffelteige). Allerdings verlangt es ca. 10 % mehr Flüssigkeit als Type 405.

Doppelgriffiges Mehl liegt in der Körnung zwischen Mehl und Grieß. Es nimmt langsamer, aber mehr Flüssigkeit auf. Dadurch wird der Teig besonders elastisch. Gut geeignet für Strudel- und Hefeteige.

PRAKTISCHE TIPPS

- Kühl, trocken und dunkel gelagert hält sich Mehl 12 bis 15 Monate. Vor Fremdgerüchen schützen. Vollkornmehl wird leicht ranzig, da es den fetthaltigen Keim enthält. Deshalb möglichst rasch verbrauchen.
- Dunkle Mehle und Vollkornmehle benötigen bei der Teigzubereitung mehr Flüssigkeit. Hier zwei Richtwerte: Wenn Sie in einem Backrezept Type 405 durch Type 1050 ersetzen wollen, müssen Sie ca. 10 % mehr Flüssigkeit verwenden. Nehmen Sie jeweils zur Hälfte Type 1050 und Weizen-Vollkornmehl, sind etwa 15 % mehr Flüssigkeit erforderlich.

Treibende Kraft für lockeres Gebäck

Lockeres Gebäck ist nicht nur angenehmer zu kauen, es ist auch leichter verdaulich. Hier kommen die Backtriebmittel ins Spiel. Für das Aufgehen des Teiges ist das Gas Kohlendioxid verantwortlich. Es entsteht entweder durch biologische Gärung, wie bei Hefe- und Sauerteig, oder durch eine chemische Reaktion wie bei Teigen mit Backpulver, Pottasche und Hirschhornsalz.

Backpulver ist universell einsetzbar; meist wird es für fett- und zuckerreiche Teige verwendet. Es besteht aus Natron, welches das Kohlendioxid liefert, einem Säuerungsmittel, das die Entwicklung des Gases unterstützt, und einem Trennmittel, das die vorzeitige Reaktion (in der Tüte) von beiden verhindert. Backpulver entfaltet die höchste Treibkraft beim Backen. Ein Päckchen reicht für 500 Gramm Mehl. Nicht überdosieren, sonst wird das Gebäck seifig und fällt nach dem Backen zusammen. Teige, die schon Säure enthalten, z. B. durch Buttermilch, können auch mit purem Natron zubereitet werden.

Zwei chemische Backtriebmittel sorgen dafür, dass flache, trockene Gebäcke wie Honig- und Lebkuchen aufgehen: Pottasche und Hirschhornsalz. Pottasche entwickelt ihre Triebkraft schon im ruhenden Teig, braucht aber immer etwas Säure, um wirksam zu werden. Hirschhornsalz lässt Teige erst bei Backofenhitze aufgehen.

Hefe ist ein natürliches und lebendiges Backtriebmittel. Wenn sich die Zellen mit Hilfe von Wärme, Zucker und Feuchtigkeit vermehren, setzen sie Kohlendioxid und Alkohol frei, die den Teig aufgehen lassen. Frische Hefe gibt es in 42-g-Würfeln. Diese Menge reicht für Teige mit bis zu 1 Kilogramm Weizenmehl. Frische Hefe sollte seidig schimmern, frisch-säuerlich duften und mit glatten Bruchstellen zerbröckeln. Im Kühlschrank ist sie ca. 2 Wochen haltbar.

Bis zu 18 Monate hält sich Trockenbackhefe, die in Päckchen à 7 g für Teige mit bis zu 500 Gramm Weizenmehl im Handel ist.

Hefeteig Garant ist eine Mischung aus Backpulver und Trockenbackhefe, die Teige mit bis zu 375 Gramm Weizenmehl lockert. Die Zubereitung erfolgt mit kalten Zutaten. Der Teig muss nicht gehen, sondern vor dem Backen nur 15 Minuten ruhen.

Für eine lockere Krume von Roggen- und Mischbroten sorgt Sauerteig. Hier wirken Hefen und Milchsäurebakterien zusammen (s. Seite 203).

SPEISESTÄRKE

Speisestärke wird aus Mais, Reis, Weizen oder Kartoffeln her-gestellt und als Bindemittel für Pudding und Cremes verwendet. Bei der Teigzubereitung kann sie das Mehl ganz oder teilweise ersetzen. Dabei bringt Weizenstärke das beste Backergebnis.

Biskuit, der zur Hälfte mit Stärke gebacken wird, wird schön zart.

Bei Mürbeteig darf der Stärkeanteil bis zu ⅓ betragen. Das macht ihn besonders mürbe.

Echter Sandkuchen wird nur mit Speisestärke hergestellt. Sie macht ihn festporig, zart schmelzend und lässt ihn etwas „sandig“ wirken.

Auch bei anderen Rührteigen kann das Mehl bis zur Hälfte durch Stärke ersetzt werden. Der Kuchen wird dann besonders feinporig.

Total im Trend:

Die kleinen Kuchen sind nicht nur ruck, zuck gebacken. Mit Früchten, Nüssen und vielen anderen Zutaten können Sie immer neue Varianten kreieren. Nur Mut, Probieren geht über Studieren!

Muffins

Himbeer-Buttermilch-Muffins Seite 41

Originell: Für die Snickers-Muffins wird der Rührteig mit gehackten Erdnuss-Schokoriegeln aufgepeppt. Das Gebäck finden nicht nur Kids super. Seite 39

Eine Variante mit Biss: Das A und O der saftigen Rübli-Muffins sind geraspelte Möhren. Gemahlene Haselnüsse runden den Teig ab. Seite 43

Diese lustig verzierten Clown-Muffins sind mit geriebener Schokolade verfeinert und treffen damit genau den Geschmack kleiner Naschkatzen. Seite 44

Grundregeln für Muffins

- Am bekanntesten sind bei uns die amerikanischen Muffins aus Rührteig. Dabei wird als Fettzugabe häufig Öl verwendet. Traditionell mischt man in einer Schüssel die trockenen Zutaten, in einer zweiten die flüssigen. Dann wird beides ganz schnell miteinander verrührt. Rührt man zu lange, wird der Teig zäh und das Gebäck löchrig.
- Als Flüssigkeit können Sie Milch, (Frucht-)Buttermilch, Joghurt, Sahne oder Saft an den Teig geben.
- Die ursprüngliche Variante aus England ist ein Hefegebäck. Ähnlich im Geschmack, aber schneller fertig sind Muffins aus Quark-Öl-Teig.
- Wenn im Rezept nicht anders angegeben, füllt man die Mulden des Muffinblechs mit Rührteig nur zu 2/3, damit nichts überläuft.
- In den USA liebt man nicht nur süße, sondern auch herzhafte Muffins, z. B. mit Zwiebeln und Speck, verschiedenen Käsesorten oder Gemüse.

EINFRIER-TIPPS

Frisch gebacken schmecken Muffins am allerbesten. Deshalb sollten Sie den rohen Teig einfrieren. Wenn Sie ihn gleich portioniert verpacken, können Sie die Muffins bei Bedarf schnell abbacken. Und so geht's:

- *Papier-Backförmchen ins Muffin-Backblech setzen. Muffin-Teig einfüllen und im Backblech ca. 3 Stunden vorfrieren.*
- *Die Muffins samt Papier-Backförmchen aus dem Backblech nehmen, in gut verschließbare Plastikdosen oder Gefrierbeutel füllen. Dann fertig einfrieren.*
- *Max. Lagerdauer: 2 Monate.*
- *Und so werden sie gebacken: den Teig unaufgetaut mitsamt den Papier-Backförmchen wieder in das Muffin-Backblech setzen. In den vorgeheizten Backofen schieben. Die Backzeit ist dann 5–10 Minuten länger.*

Muffins gut in Form gebracht

Damit sie nicht zu breit auseinanderlaufen, je 3 Papier-Backförmchen ineinander auf ein Backblech setzen und den Teig einfüllen. Die beiden äußeren Förmchen kann man nach dem Backen ein zweites Mal verwenden

Beim Muffin-Backblech 1 Papier-Backförmchen in jede Mulde setzen oder die Vertiefung gut fetten. Rührteig löffelweise einfüllen, Hefe- oder Quark-Öl-Teig zu Kugeln formen und hineinlegen

Muffinformen aus Silikon gibt es mit je 6 oder 12 Backmulden, zum Backen herzförmiger Küchlein mit 8 Vertiefungen. Nach dem Backen lösen sich die Muffins spielend leicht aus der Form

Aus antihaft-beschichteter Back-Alufolie können Sie Muffinformen auch selbst herstellen: runde Folienblätter von 16–18 cm Ø ausschneiden, über einem umgedrehten Joghurtbecher oder Glas formen und ohne Becher aufs Backblech stellen

Frühstücks-Muffins

Zutaten für ca. 12 Stück:

- 450 g Magerquark
- 1 Ei (Gr. M)
- 8 EL Milch
- 8 EL Öl
- 100 g Zucker
- 1 Päckchen Vanillin-Zucker
- 1 Prise Salz
- 500 g Mehl
- 1 Päckchen Backpulver
- 100 g Rosinen
- 12 bzw. 36 Papier-Backförmchen (5 cm Ø)

1 Je 1 Papierförmchen in die Vertiefungen eines Muffin-Backblechs (für 12 Stück) setzen (oder: jeweils 3 Papier-Backförmchen ineinander setzen). Quark, Ei, Milch, Öl, Zucker, Vanillin-Zucker und Salz mit den Schneebesen des Handrührgerätes verrühren. Mehl und Backpulver mischen, auf die Quarkmasse geben und alles mit den Knethaken des Handrührgerätes verkneten.

2 Rosinen waschen und trockentupfen. Teig halbieren. Unter eine Hälfte die Rosinen kneten. Auf wenig Mehl zu je einem Strang rollen. Jeden Strang in 6 gleich große Stücke schneiden und zu Kugeln formen.

3 In jede Mulde des Muffin-Backblechs eine Kugel legen. Oder die Kugeln in die vorbereiteten Papierförmchen legen. Im vorgeheizten Backofen (E-Herd: 175 °C/Umluft: 150 °C/Gas: Stufe 2) ca. 25 Minuten backen. Abkühlen lassen. Dazu Butter und Konfitüre reichen.

Zubereitungszeit ca. 1 ¼ Std.
Stück ca. 280 kcal / 1170 kJ
E 10 g, F 5 g, KH 46 g

❄ *lassen sich prima einfrieren*

Zitronen-Aprikosen-Küchlein

Zutaten für ca. 20 Stück:

- 1 Dose (850 ml) Aprikosenhälften
- 250 g weiche Butter/Margarine
- 200 g Zucker
- 1 Päckchen Bourbon-Vanille-Zucker
- 1 Prise Salz
- abgeriebene Schale und Saft von ½ unbehandelten Zitrone
- 4 Eier (Gr. M)
- 250 g Mehl
- 50 g Speisestärke
- ½ Päckchen Backpulver
- 100 g Puderzucker
- ca. 60 Papier-Backförmchen (5 cm Ø)

1 Aprikosen in einem Sieb abtropfen lassen. Für den Teig Fett, Zucker, Vanille-Zucker und Salz cremig rühren. Zitronenschale darunter rühren. Eier einzeln darunter rühren. Mehl, Stärke und Backpulver mischen, portionsweise kurz unter den Teig rühren.

2 Je 3 Papier-Backförmchen ineinander setzen. Teig jeweils zu ⅔ hineinfüllen und dann glatt streichen. Jeweils 1 Aprikosenhälfte mit der gewölbten Seite nach oben darauf legen.

3 Im vorgeheizten Backofen (E-Herd: 175 °C/Umluft: 150 °C/Gas: Stufe 2) ca. 20 Minuten goldgelb backen. Küchlein auf einem Kuchengitter auskühlen lassen.

4 Puderzucker nach und nach mit dem Zitronensaft zu einem dickflüssigen Guss verrühren. Jeweils um die Aprikose streichen. Den Guss gut trocknen lassen.

Zubereitungszeit ca. 50 Min.
(ohne Wartezeit)
Stück ca. 260 kcal / 1090 kJ
E 3 g, F 12 g, KH 32 g

❄ *lassen sich ohne Guss prima einfrieren*

Snickers-Muffins mit Erdnüssen

Zutaten für ca. 12 Stück:

- 3 EL (30 g) ungesalzene Erdnusskerne
- 2 Schokoriegel mit Erdnüssen (à 60 g; z. B. „Snickers“)
- 125 g weiche Butter/Margarine
- 75 g brauner Zucker
- 1 Päckchen Vanillin-Zucker
- 1 Prise Salz
- 3 Eier (Gr. M)
- 225 g Mehl
- 2 gehäufte TL Backpulver
- 1–2 EL Milch
- 12 bzw. 36 Papier-Backförmchen (5 cm Ø)

1 Erdnüsse und Schokoriegel grob hacken. Fett, Zucker, Vanillin-Zucker und Salz cremig rühren. Eier einzeln darunter rühren. Mehl und Backpulver mischen und portionsweise im Wechsel mit der Milch kurz darunter rühren. Schokoriegel-Stückchen und Erdnüsse unter den Teig heben.

2 Je 1 Papier-Backförmchen in die Vertiefungen eines Muffin-Backblechs (für 12 Stück) setzen (oder: jeweils 3 Papier-Backförmchen ineinander setzen). Teig jeweils zu ³⁄₄ hineinfüllen.

3 Im vorgeheizten Backofen (E-Herd: 175 °C/Umluft: 150 °C/Gas: Stufe 2) ca. 25 Minuten backen. Auf einem Kuchengitter auskühlen lassen.

Zubereitungszeit ca. 50 Min.
Stück ca. 270 kcal / 1130 kJ
E 5 g, F 16 g, KH 25 g

❄ *lassen sich prima einfrieren*

Zitronen-Muffins mit Äpfeln

Zutaten für ca. 12 Stück:

- **2 kleine Äpfel (ca. 250 g)**
- **1–2 TL Zitronensaft**
- **250 g Mehl**
- **1 geh. EL (15 g) Speisestärke**
- **2 gestrichene TL Backpulver**
- **½ TL Natron**
- **1 Päckchen geriebene Zitronenschale**
- **1 Ei (Gr. M)**
- **150 g Zucker**
- **100 ml Sonnenblumenöl**
- **200 ml Zitronen-Buttermilch**
- **30 g Rosinen**
- **Puderzucker zum Bestäuben**
- **evtl. Streifen von Zitronenschale und Melisse zum Verzieren**
- **12 bzw. 36 Papier-Backförmchen (ca. 5 cm Ø)**

1 Äpfel schälen, halbieren entkernen, fein würfeln und sofort mit Zitronensaft beträufeln. Mehl, Speisestärke, Backpulver und Natron in einer Rührschüssel mischen. Zitronenschale zufügen. In einer zweiten Schüssel das Ei verschlagen. Zucker, Öl und Buttermilch darunter rühren. Portionsweise kurz in die Mehl-Mischung einrühren. Apfelstücke und Rosinen darunter heben.

2 Je 1 Papier-Backförmchen in die Vertiefungen eines Muffin-Backblechs (für 12 Stück) setzen, (oder: jeweils 3 Papier-Backförmchen ineinander setzen). Teig jeweils zu ¾ in die Förmchen füllen. Im heißen Backofen (E-Herd: 175 °C/Umluft: 150 °C/Gas: Stufe 2) 20–25 Minuten backen. Auskühlen lassen.

3 Die Apfel-Muffins mit Puderzucker bestäuben. Evtl. mit Zitronenschale und Melisse verzieren.

Zubereitungszeit ca. 40 Min.
(ohne Wartezeit)
Stück ca. 230 kcal / 960 kJ
E 3 g, F 9 g, KH 32 g

❄ *lassen sich prima einfrieren*

Himbeer-Buttermilch-Muffins

Zutaten für ca. 12 Stück:

- **1 Ei (Gr. M)**
- **150 g Zucker**
- **1 Päckchen Vanillin-Zucker**
- **1 Prise Salz**
- **7–8 EL (75 ml) Öl**
- **300 g Buttermilch**
- **275 g + 2 EL (25 g) Mehl**
- **2 gehäufte TL Backpulver**
- **½ TL Natron**
- **150 g TK-Himbeeren**
- **Puderzucker zum Bestäuben**
- **12 bzw. 36 Papier-Backförmchen (5 cm Ø)**

1 Ei, Zucker, Vanillin-Zucker und Salz mit den Schneebesen des Handrührgerätes cremig rühren. Öl und Buttermilch unter Rühren nach und nach zufügen. 275 g Mehl, Backpulver und Natron mischen, portionsweise kurz darunter rühren.

2 Himbeeren unaufgetaut mit 2 EL Mehl bestäuben, unter den Teig heben. Je 1 Papier-Backförmchen in die Vertiefungen eines Muffin-Backblechs (für 12 Stück) setzen. (oder: jeweils 3 Papier-Backförmchen ineinander setzen). Teig zu ¾ einfüllen.

3 Im vorgeheizten Backofen (E-Herd: 200 °C/Umluft: 175 °C/Gas: Stufe 3) ca. 25 Minuten backen. 5–10 Minuten abkühlen lassen und dann stürzen. Auskühlen lassen. Muffins mit Puderzucker bestäuben.

Zubereitungszeit ca. 1 Std.
Stück ca. 220 kcal / 920 kJ
E 4 g, F 7 g, KH 34 g

❄ *lassen sich prima einfrieren*

Vanille-Heidelbeer-Muffins

Zutaten für ca. 12 Stück:

- 250 g frische oder TK-Heidelbeeren
- 175 g weiche Butter/Margarine
- 150 g brauner oder weißer Zucker
- 2 Päckchen Vanillin-Zucker
- 1 Prise Salz
- 4 Eier (Gr. M)
- 330 g Mehl
- 1 Päckchen Backpulver
- 5 EL Milch
- Puderzucker zum Bestäuben
- 12 bzw. 36 Papier-Backförmchen (5 cm Ø)

1 Je 1 Papier-Backförmchen in die Vertiefungen eines Muffin-Backblechs (für 12 Stück) setzen (oder: jeweils 3 Papier-Backförmchen ineinander setzen). Heidelbeeren verlesen, vorsichtig waschen und abtropfen lassen.

2 Fett, Zucker, Vanillin-Zucker und Salz mit den Schneebesen des Handrührgerätes cremig rühren. Eier einzeln darunter rühren. Mehl und Backpulver mischen, im Wechsel mit der Milch portionsweise kurz darunter rühren. Heidelbeeren mit einem Teigschaber darunter heben.

3 Teig zu ¾ in die Papier-Backförmchen füllen und im vorgeheizten Backofen (E-Herd: 200 °C/Umluft: 175 °C/Gas: Stufe 3) ca. 25 Minuten backen. Auskühlen lassen. Mit Puderzucker bestäuben. Dazu schmecken Walnuss-Eis, Ahornsirup und Heidelbeeren.

Zubereitungszeit ca. 45 Min.
Stück ca. 310 kcal / 1300 kJ
E 6 g, F 15 g, KH 35 g

❄ *lassen sich prima einfrieren*

EXTRA-TIPP

Diese Muffins schmecken auch mit herb-süßen Cranberries (amerikanischen Moosbeeren), die von Oktober bis Januar frisch, das ganze Jahr über getrocknet oder tiefgekühlt im Handel sind.

Rübli-Muffins mit Haselnüssen

Zutaten für ca. 18 Stück:

- 250 g große Möhren
- 175 g weiche Butter/Margarine
- 125 g Zucker
- 1 Päckchen Vanillin-Zucker
- 1 Prise Salz
- 4 Eier (Gr. M)
- 300 g Mehl
- 1 Päckchen Backpulver
- 100 g gemahlene Haselnüsse
- 5–7 EL Milch
- 100 g Marzipan-Rohmasse
- 25 g + 100 g Puderzucker
- einige Tropfen rote und gelbe Speisefarbe
- ca. 30 Pistazienkerne
- ca. 1 EL gehackte Pistazien
- ca. 54 Papier-Backförmchen (5 cm Ø)

1 Möhren putzen, schälen, waschen und grob raspeln. Fett, Zucker, Vanillin-Zucker und Salz cremig rühren. Eier einzeln darunter rühren. Mehl, Backpulver und Nüsse mischen, im Wechsel mit der Milch portionsweise darunter rühren. Möhrenraspel darunter heben.

2 Jeweils 3 Papier-Backförmchen ineinander setzen. Zu ⅔ mit Teig füllen. Im vorgeheizten Backofen (E-Herd: 175 °C/Umluft: 150 °C/ Gas: Stufe 2) 25–30 Minuten backen. Muffins auskühlen lassen.

3 Marzipan grob reiben und mit 25 g Puderzucker verkneten. Mit Lebensmittelfarbe orange färben. Daraus ca. 30 kleine Möhren formen. An die Enden je 1 Pistazienkern als „Grün“ drücken.

4 100 g Puderzucker und 2 EL Wasser glatt rühren. Die Muffins damit bestreichen und etwas antrocknen lassen. 1–2 Marzipan-Möhren darauf setzen und mit gehackten Pistazien bestreuen. Ganz trocknen lassen.

Zubereitungszeit ca. 1 Std.
(ohne Wartezeit)
Stück ca. 300 kcal / 1260 kJ
E 5 g, F 16 g, KH 31 g

❄ *lassen sich ohne Verzierung prima einfrieren*

Lustige Clown-Muffins

Zutaten für ca. 12 Stück:

- 100 g Vollmilch-Schokolade
- 175 g weiche Butter/Margarine
- 150 g brauner oder weißer Zucker
- 1 Päckchen Vanillin-Zucker
- 1 Prise Salz
- 4 Eier (Gr. M)
- 325 g Mehl
- 1 Päckchen Backpulver
- 5 EL Milch
- 125 g Puderzucker
- 1–2 EL Zitronensaft
- bunte Süßigkeiten zum Verzieren
- 12 bzw. 36 bunte Papier-Backförmchen (5 cm Ø)

1 Jeweils 1 Papier-Backförmchen in die Mulden eines Muffin-Backblechs (für 12 Stück) setzen (oder: je 3 Papier-Backförmchen ineinander setzen). Schokolade reiben.

2 Fett, Zucker, Vanillin-Zucker und Salz mit den Schneebesen des Handrührgerätes cremig rühren. Eier einzeln darunter rühren. Mehl und Backpulver mischen. Abwechselnd mit der Milch portionsweise kurz darunter rühren. Die Schokolade darunter heben.

3 Teig in die Förmchen füllen. Im vorgeheizten Backofen (E-Herd: 200 °C/Umluft: 175 °C/Gas: Stufe 3) ca. 25 Minuten backen. Auskühlen lassen.

4 Puderzucker und Zitronensaft verrühren. Muffins mit Zuckerguss und Süßigkeiten als Clowngesichter verzieren. Den Guss trocknen lassen.

Zubereitungszeit ca. 1 Std.
(ohne Wartezeit)
Stück ca. 390 kcal / 1630 kJ
E 6 g, F 18 g, KH 48 g

❄ *lassen sich ohne Verzierung prima einfrieren*

Faschings-Muffins „Caramelita“

Zutaten für ca. 6 Stück:

- **100 g weiche Sahne-Toffee-Bonbons (Rahm-Karamellen)**
- **150 g weiche Butter/Margarine**
- **75 g Zucker**
- **1 Päckchen Vanillin-Zucker, 1 Pr. Salz**
- **2 Eier (Gr. M)**
- **200 g Mehl**
- **1 gehäufter EL Speisestärke**
- **2 gestrichene TL Backpulver**
- **5 EL Milch**
- **250 g Puderzucker**
- **2–4 EL Zitronensaft**
- **Speisefarbe (rot, gelb, grün und blau), große Liebesperlen**
- **braune Zuckerschrift**
- **6 bzw. 18 Papier-Backförmchen (5 cm Ø), 4 kleine Gefrierbeutel**

1 Bonbons grob würfeln. Fett, Zucker, Vanillin-Zucker und Salz cremig rühren. Eier einzeln darunter rühren. Mehl, Stärke und Backpulver mischen, im Wechsel mit der Milch portionsweise kurz darunter rühren. Jeweils 1 Papier-Backförmchen in die Mulden einer Muffin-Backform (für 6 Stück) setzen (oder: je 3 Papier-Backförmchen ineinander setzen).

2 Je ½ EL Teig in die Förmchen füllen. Gehackte Bonbons unter den übrigen Teig heben und einfüllen. Im vorgeheizten Backofen (E-Herd: 175 °C/Umluft: 150 °C/Gas: Stufe 2) ca. 30 Minuten backen. Auskühlen lassen.

3 Puderzucker und Zitronensaft glatt rühren. Muffins obenauf mit der Hälfte Guss bestreichen. Trocknen lassen. Übrigen Guss sofort auf 4 kleine Schälchen verteilen, mit Speisefarbe rot, gelb, grün und blau färben. Sofort in je einen kleinen Gefrierbeutel füllen. Die Beutel verschließen.

4 Von jedem Gefrierbeutel eine kleine Ecke abschneiden. Muffins mit farbigem Guss, Liebesperlen und Zuckerschrift als lustige Faschingsgesichter verzieren, z. B. als Clown, Pirat, Teufel, König, Indianer-Mädchen, Prinzessin etc. Alles trocknen lassen.

Zubereitungszeit ca. 1½ Std.
Wartezeit 2–3 Std.
Stück ca. 380 kcal / 1590 kJ
E 16 g, F 20 g, KH 31 g

❄ *lassen sich ohne Verzierung prima einfrieren*

Seit Gründung der ersten Rübenzuckerfabrik vor gut 200 Jahren, steht Zucker in vielen Sorten zum Süßen von Gebäck zur Verfügung

Zucker & Co.

Zucker spielt beim Backen eine wichtige Rolle. Er süßt nicht nur den Teig, er verleiht ihm auch Struktur und Fülle. Man unterscheidet zwei Qualitäten:

Weißzucker ist die einfache Grundsorte. Sie ist nicht ganz weiß, löst sich nicht so gut auf und wird heute fast nur noch industriell verarbeitet.

Raffinade, die beste Qualität, wird aus sehr reiner Zuckerlösung gewonnen und ist besonders weiß. Sie wird in verschiedenen Körnungen als Haushaltszucker angeboten. Ideal zum Backen ist feinste Raffinade.

SPEZIALSORTEN

Zum Backen werden auch folgende Spezialsorten verwendet:

Puderzucker ist staubfeine Raffinade. Er wird dort verwendet, wo Zucker schnell gelöst werden soll oder eine besonders feine Struktur gewünscht ist: zum Bestäuben von Gebäck, für Glasuren, Eiweißgebäck, Sandkuchen und zum Verkneten mit Marzipan.

Dekorierzucker aus Puderzucker und Reisstärke kann auf warmes Gebäck gestreut werden, ohne zu schmelzen.

Hagelzucker ist ein grobkörniger Zucker, dessen Körner aus einer Vielzahl kleiner, zusammengeballter Kristalle bestehen. Er löst sich beim Backen nicht. Zum Verzieren von Hefezöpfen, Obstkuchen, Plätzchen.

Brauner Zucker (Kandisfarin) ist ein feinkörniger Zucker aus braunem Kandissirup. Seine Karamell- und Bräunungsstoffe verstärken das Aroma, verbessern Bräunung und Porung z. B. von Topfkuchen, Mürbeteiggebäck und Gewürzkuchen.

Grümmel-Kandis ist gebrochener brauner Kandis mit starkem Karamellgeschmack. Er verfeinert Lebkuchen und Printen.

Brauner Rohrzucker (Rohzucker aus Zuckerrohr): Noch anhaftende Sirupanteile rufen die Farbe und das typische kräftig malzige Aroma hervor.

Vollrohrzucker, auch unter den Namen Sucanat und Ursüße erhältlich, ist getrockneter Zuckerrohrsaft. Er enthält Vitamine und Mineralstoffe.

ZUCKER MIT AROMA

Bourbon-Vanillezucker ist eine Mischung aus Zucker und 5% echter Vanille. Man erkennt ihn unschwer an den schwarzen Punkten.

Vanillin-Zucker besteht aus Zucker und 1 % Vanillin, einem naturidentischen Aromastoff.

SÜSSE ALTERNATIVEN

Fruchtzucker wird hauptsächlich in Diabetiker-Rezepten verwendet, da er den Blutzuckerspiegel kaum belastet. Wer Zucker durch Fruchtzucker ersetzt, muss Folgendes beachten: Fruchtzucker hat eine höhere Süßkraft (100 g Zucker entsprechen ca. 75 g Fruchtzucker) und bräunt intensiver. Deshalb sollten Sie die Backtemperatur etwas niedriger halten und dafür die Backzeit verlängern.

Mit **Honig** wird heute vor allem in der Vollwert- und Weihnachts-Bäckerei gesüßt. Er kann fest oder flüssig sein, die Farbpalette reicht von wasserhell bis schwarz – je nachdem, wo die Bienen Blütennektar bzw. Honigtau gesammelt haben. Entsprechend groß ist auch die Bandbreite der Geschmacksnuancen. Honig süßt nicht so stark wie Zucker. 100 g entsprechen etwa 80 g Zucker. Da er Fruchtzucker enthält, bräunt er stärker als Zucker. Also auch hier Temperatur reduzieren und die Backzeit verlängern.

Rübensirup, auch Zuckerrübensirup oder Rübenkraut genannt, ist der naturreine, eingedickte Saft frischer Zuckerrüben. Der schwarze, zähflüssige Sirup enthält reichlich Kalium und Magnesium sowie Eisen. Gibt man beim Backen von dunklem Brot etwas Rübensirup zum Teig, verbessern sich Geschmack, Krume und Haltbarkeit des Brotes. Rübenkraut schmeckt auch prima zu Waffeln.

Fast jedes Gebäck bekommt sein Fett weg. Dabei sind die einzelnen Arten nicht immer beliebig austauschbar

Backfette

Fett sorgt dafür, dass das Gebäck je nach Rezept saftig, mürbe oder zart wird und sich nach dem Backen leicht aus der Form bzw. vom Blech löst. Außerdem ist Fett ein Geschmacksträger, der viele Aromen verstärkt. Für die meisten Teige wird Butter oder Margarine verwendet.

BUTTER

Butter ist eine Emulsion aus mind. 82 % Milchfett und höchstens 16 % Wasser, die bei Kühlschranktemperatur fest ist. Für Teige, bei denen sie cremig gerührt wird, muss sie also zunächst Zimmertemperatur annehmen. Der Verbraucher kann zwischen drei Grundsorten wählen: **Süßrahmbutter** wird aus ungesäuertem Rahm hergestellt und hat einen feinen, milden Geschmack. **Sauerrahmbutter** wird aus gesäuerter Sahne gewonnen und ist kräftiger im Geschmack. **Mildgesäuerte Butter** liegt geschmacklich dazwischen. Sie wird erst beim Buttern gesäuert.

MARGARINE

Margarine besteht heute zu 80 % aus Öl und Fett pflanzlicher Herkunft und ca. 19 % Milch, Molke bzw. Wasser. Hinzu kommen Vitamin A und D, etwas Zitronensäure, Salz und Lecithin. Das auch im Palmöl enthaltene Karotin gibt der Margarine die zartgelbe Farbe. Die wichtigsten pflanzlichen Grundstoffe sind Raps, Sojabohnen, Sonnenblumenkerne, Erdnüsse, Färberdistel, Kokos- und Ölpalme. Je nach Zusammensetzung unterscheiden sich die Sorten in ihrer Konsistenz. Stangen- und Würfelmargarine ist weniger streichfähig als in Becher abgefüllte. Anders als Butter bleibt Margarine auch bei Kühlschranktemperatur geschmeidig. Spezielle Backmargarine lässt sich leicht cremig rühren, verbindet sich gut mit den übrigen Zutaten und ist fest genug zum Kneten von Mürbeteig.

Tipp: Backformen nur mit Margarine oder Butter fetten, nie mit Öl. Der Fettfilm muss fest sein, damit er sich nicht zu schnell mit dem Teig verbindet. Gefettete Form evtl. kurz kühlen.

BUTTERSCHMALZ

Wenn man Butter Eiweiß, Wasser und Milchzucker entzieht, erhält man Butterschmalz. Es ist ideal zum Frittieren von Backwaren, denn es hat einen besonders hohen Rauchpunkt. Dadurch bildet das Gebäck rasch eine Kruste und bräunt, innen bleibt es aber saftig. Außerdem erhalten Berliner & Co. einen feinen Buttergeschmack. Auch alle fetthaltigen Teige können mit Butterschmalz hergestellt werden. Es ist ergiebiger als andere Backfette, da es zu fast 100 % aus reinem Fett besteht. Deshalb muss die im Rezept angegebene Fettmenge um 20 Prozent verringert und durch Flüssigkeit ersetzt werden. Beispiel: Statt 100 g Butter/Margarine nimmt man 80 g Butterschmalz und z. B. 20 ml Milch.

Mit Butterschmalz zubereitete Rühr- und Hefeteige werden besonders locker, Streusel zart und mürbe.

SPEISEÖL

Mit Öl kann man ebenfalls prima backen. Allen voran ist hier der Quark-Öl-Teig zu nennen. Aber auch in Hefe- und Rührteigen (z. B. Muffins) liefert Öl gute Backergebnisse. Meist wählt man geschmacksneutrale Sorten wie Raps-, Soja- oder Sonnenblumenöl. In Nusskuchen kann man den typischen Geschmack durch Hasel- oder Walnussöl noch intensivieren. Brote schmecken gut mit Olivenöl.

SCHWEINESCHMALZ

Für bestimmte Gebäcke wird auch Schweineschmalz verarbeitet, z. B. für Schmalznüsse, Tartes, Pies oder zum Brotbacken.

WEISSES SPEISEFETT

Als weißes Speisefett bezeichnet man Pflanzenfette aus Kokos- oder Palmöl, die bei 20 °C fest oder pastös sind. Man kann sie hoch erhitzen, weshalb sie sich bestens zum Frittieren eignen. Mit dem geschmacksneutralen, festen Fett stellt man auch Kuchen-Glasuren her.

Multitalent.

Ein Teig, den Sie ganz fix aus wenigen Zutaten kneten können. Als Boden für Torten, Obst- und Käsekuchen zeigt er seine starke, als Plätzchen seine zarte Seite

Mürbeteig

So liebt man Obstkuchen in Frankreich: Pfirsich-Tarte. Ein hauchdünner Mürbeteig ohne Zucker wird mit Fruchtspalten belegt und gebacken. Seite 56

Das Richtige zum Knuspern: Für diesen Prassel-Kuchen wird Mürbeteig mit Crème fraîche, Marmelade und Streuseln auf dem Blech gebacken. Seite 61

Die schmecken nicht nur zu Weihnachten: Linzer Mandelplätzchen, mit verschiedenen Konfitüren gefüllt und dick mit Puderzucker bestreut. Seite 62

Gedeckter Apfel-Calvados-Kuchen

Seite 53

Grundrezept für Mürbeteig

Zutaten für 1 Springform (26 cm Ø):

- **300 g Mehl**
- **100 g Zucker**
- **1 Päckchen Vanillin-Zucker**
- **1 Prise Salz**
- **1 Ei (Gr. M)**
- **200 g kalte Butter/Margarine**
- **Fett für die Form**

Vorbereitungszeit: **ca. 15 Minuten**
Ruhezeit: **mind. 30 Minuten**
Backdauer: **20–25 Minuten (Obstkuchen)**
Backtemperatur:
E-Herd: 200 °C/Umluft: 175 °C/
Gas: Stufe 3
Auskühlzeit: **30–60 Minuten**

Rund um den Teig

- Mürbeteig mag es gerne kalt. Fett und Eier sollten direkt aus dem Kühlschrank kommen. Mit kalten Händen arbeiten (evtl. vorher unter kaltes Wasser halten). Ideal ist als Unterlage eine Marmor-Arbeitsplatte.
- Mürbeteig enthält reichlich Fett. Formen und Backbleche müssen daher nicht unbedingt gefettet werden.
- Damit Obstböden, die mit vielen saftigen Früchten belegt werden sollen, nicht aufweichen: vor dem Belegen mit gemahlenen Nüssen bestreuen bzw. mit erwärmter Marmelade oder Kuvertüre bestreichen.
- Roher Mürbeteig lässt sich gut einfrieren. Am besten als flachgedrückte Kugel in Gefrierbeutel verpacken.

1 In das Mehl eine Mulde drücken. Zucker, Salz und Ei(er) in die Mulde geben. Fett in Stückchen auf dem Rand verteilen

2 Alles mit einem langen Messer gründlich durchhacken, sodass sich flüssige und feste Zutaten zu kleinen Krümeln verbinden

3 Dann den Mürbeteig mit den Händen schnell glatt verkneten. Bitte nicht länger kneten, sonst wird er brüchig

4 Man kann auch alle Zutaten in einer Rührschüssel mit den Knethaken des Handrührgerätes grobkrümelig verkneten

5 Den Teig aus der Rührschüssel nehmen, zügig mit den Händen durchkneten und zu einer Kugel formen

6 Teigkugel in Klarsichtfolie wickeln oder in einer Schüssel zudecken. Dann mind. 30 Minuten im Kühlschrank ruhen lassen

7 So klebt der Teig beim ausrollen nicht fest: entweder zwischen zwei Lagen Klarsichtfolie oder auf wenig Mehl ausrollen

8 Obere Folie abziehen, Teig mit Hilfe der unteren in die Form legen. Oder über die Teigrolle schlagen und in der Form entrollen

9 Für Teigränder ca. ⅓ Teig ausrollen und in 2–3 breite Streifen schneiden oder zur Rolle formen und an den Formrand drücken

10 Beim Backblech den Mürbeteig direkt darauf ausrollen. Teigrolle mit Mehl bestäuben, damit der Teig nicht daran klebt

11 Den ausgerollten Teig mit den Händen vorsichtig in die Ecken drücken, damit er dabei nicht auseinander reißt

12 So gibt's beim Backen keine Buckel: Teig mit einer Gabel öfter einstechen. Durch die Löcher kann Dampf entweichen

Für Kuchen mit saftiger Füllung den Boden mit Rand vorher „blindbacken“: Teig in die Form geben, mit Backpapier belegen, getrocknete Erbsen darauf füllen. Die Hülsenfrüchte verhindern, dass der Teigrand herunterrutscht. Kurz vorbacken, dann Backpapier samt Erbsen entfernen. Füllung hineingeben und fertig backen

... UND NOCH MEHR BACK-TIPPS

- Mit Puderzucker zubereitet, wird Mürbeteig besonders zart.
- Ersetzen Sie 60 g Mehl durch geriebene Mandeln oder Nüsse, wird er besonders mürbe.
- Ist der Mürbeteig zu weich, etwas Mehl darunter kneten.
- Zu fester Mürbeteig wird geschmeidiger, wenn Sie etwas eiskaltes Wasser oder Eiweiß darunter arbeiten.
- Beim Ausrollen nicht zu viel Mehl auf die Arbeitsfläche geben, sonst wird der Teig trocken.
- Frisch gebackener Mürbeteig zerbricht leicht. Deshalb etwas abkühlen lassen, bevor Sie ihn aus der Form lösen.
- Biskuitschnitten werden standfester, wenn Sie als unterste Schicht einen Mürbeteigboden in passender Größe backen.

Multivitamin Buttermilch-Torte

Zutaten für ca. 16 Stücke:

- **Fett für die Form, 250 g Mehl**
- **2½ EL (25 g) gemahlene Mandeln**
- **1 gestr. TL Backpulver, 1 Prise Salz**
- **50 g + 75 g + 1 EL Zucker**
- **2 Päckchen Vanillin-Zucker**
- **125 g kalte Butter/Margarine**
- **1 Ei (Gr. M), 12 Blatt weiße Gelatine**
- **500 g Multivitamin-Buttermilch**
- **500 g Magerquark**
- **250 g Schlagsahne, 500 g Erdbeeren**
- **1 Päckchen klarer Tortenguss**
- **¼ l Multivitamin-Mehrfruchtsaft**
- **1 EL Mandelblättchen**

1 Boden einer Springform (26 cm Ø) fetten. Mehl, gemahlene Mandeln, Backpulver, Salz, 50 g Zucker, 1 Päckchen Vanillin-Zucker, Fett in Stückchen und Ei erst mit den Knethaken des Handrührgerätes, dann kurz mit den Händen verkneten. Zugedeckt ca. 30 Minuten kalt stellen. Auf dem Formboden ausrollen. Mit der Gabel mehrmals einstechen. Im vorgeheizten Ofen (E-Herd: 200 °C/Umluft: 175 °C/Gas: Stufe 3) ohne den Formrand ca. 20 Minuten backen. Auskühlen.

2 Gelatine kalt einweichen. Buttermilch, Quark, 75 g Zucker und 1 Päckchen Vanillin-Zucker verrühren. Gelatine ausdrücken, bei milder Hitze auflösen. 3 EL Quarkcreme einrühren, dann unter den Rest Creme rühren. Kalt stellen, bis sie zu gelieren beginnt.

3 Boden auf eine Tortenplatte legen, Formrand darumschließen. Sahne steif schlagen. Unter die Creme heben und auf den Boden streichen. Mind. 4 Stunden kalt stellen.

4 Erdbeeren waschen, putzen, halbieren oder vierteln. Auf die Creme legen. Gusspulver und 1 EL Zucker mischen. Mit Multivitamin-Saft verrühren. Unter Rühren aufkochen. Auf den Erdbeeren verteilen. Ca. 1 Stunde kalt stellen. Mandeln ohne Fett rösten, auskühlen. Torte damit verzieren.

Zubereitungszeit ca. 1½ Std.
Wartezeit mind. 7 Std.
Stück ca. 300 kcal / 1260 kJ
E 10 g, F 14 g, KH 31 g

Gedeckter Apfel-Calvados-Kuchen

Zutaten für ca. 16 Stücke:

- **100 g gemahlene Mandeln**
- **300 g + etwas Mehl**
- **200 g kalte + etwas Butter/Margarine**
- **120 g + 100 g Zucker**
- **1 Päckchen Vanillin-Zucker**
- **1 Prise Salz**
- **1 Ei + 1 frisches Eiweiß (Gr. M)**
- **1,5 kg säuerliche Äpfel**
- **3 EL Zitronensaft, ¼ l Apfelsaft**
- **10 EL Calvados (franz. Apfelbrand)**
- **60 g Stärke**
- **75 g Mandelblättchen**
- **150 g + 1 EL Puderzucker**
- **evtl. Apfelscheiben und Minze**
- **evtl. Alufolie**

1 Gemahlene Mandeln, 300 g Mehl, 200 g Fett in Stückchen, 120 g Zucker, Vanillin-Zucker, Salz und 1 Ei erst mit den Knethaken des Handrührgerätes und dann kurz mit den Händen glatt verkneten. Zugedeckt ca. 1 Stunde kalt stellen.

2 Äpfel schälen, vierteln, entkernen, klein schneiden. Mit Zitronensaft beträufeln. Mit der Hälfte Apfelsaft, 100 g Zucker und 8 EL Calvados aufkochen. Zugedeckt 2–3 Minuten kochen. Öfter umrühren. Stärke mit Rest Apfelsaft verrühren, ins Kompott rühren, aufkochen. Abkühlen lassen.

3 Springform (26 cm Ø) fetten. Ca. ⅔ Teig auf Mehl rund (ca. 36 cm Ø) ausrollen. In die Form legen, am Rand andrücken. Kompott darauf verteilen. Teigränder darüber schlagen. Rest Teig rund (26 cm Ø) ausrollen. In die Form legen und andrücken. Im vorgeheizten Ofen (E-Herd: 200 °C/ Umluft: 175 °C/Gas: Stufe 3) ca. 1 Stunde backen (evtl. nach ca. 30 Minuten abdecken). Auskühlen lassen.

4 Mandelblättchen ohne Fett rösten. Eiweiß leicht schaumig schlagen, 150 g Puderzucker dabei einrieseln lassen. 2 EL Calvados einrühren. Kuchen damit bestreichen. Mandeln darüber streuen. Guss trocknen lassen. Mit 1 EL Puderzucker bestäuben, mit Apfel und Minze verzieren.

Zubereitungszeit ca. 1¾ Std.
Wartezeit ca. 3 Std.
Stück ca. 410 kcal / 1720 kJ
E 5 g, F 17 g, KH 51 g

❄ *lässt sich ohne Guss prima einfrieren*

Erdbeer-Mandel-Törtchen

Zutaten für ca. 8 Stück:

- **Fett und Paniermehl für die Förmchen**
- **250 g Mehl**
- **125 g kalte Butter/Margarine**
- **100 g Puderzucker**
- **1 Prise Salz**
- **1 Eigelb (Gr. M)**
- **3 EL Milch**
- **Mehl für die Arbeitsfläche**
- **100 g Mandelblättchen**
- **500 g Erdbeeren**
- **ca. 150 g Erdbeer-Konfitüre**

1 Torteletttförmchen (ca. 10 cm Ø) fetten und mit Paniermehl ausstreuen. Mehl, Fett in Stückchen, Puderzucker, Salz, Eigelb und Milch erst mit den Knethaken des Handrührgerätes und dann kurz mit den Händen zu einem glatten Teig verkneten. Zugedeckt ca. 30 Minuten kalt stellen.

2 Teig auf einer leicht bemehlten Arbeitsfläche ca. ½ cm dick ausrollen. Etwa 8 Kreise (à ca. 12 cm Ø) ausstechen. Torteletttförmchen damit auslegen. Im vorgeheizten Backofen (E-Herd: 200 °C/Umluft: 175 °C/Gas: Stufe 3) 12–15 Minuten backen. Böden auf einem Kuchengitter etwas abkühlen lassen, dann vorsichtig stürzen.

3 Mandelblättchen in einer Pfanne ohne Fett goldbraun rösten. Auskühlen lassen. Erdbeeren waschen, putzen und halbieren. Konfitüre erhitzen. Tortelettts jeweils mit ca. 1 TL Konfitüre bestreichen und mit Erdbeeren belegen. Erdbeeren und die Ränder mit restlicher Konfitüre bestreichen. Ränder mit Mandelblättchen bestreuen, etwas andrücken.

Zubereitungszeit ca. 1¼ Std.
(ohne Wartezeit)
Stück ca. 430 kcal / 1800 kJ
E 7 g, F 21 g, KH 50 g

Orangen-Trüffel-Torteletts

Zutaten für ca. 12 Stück:

- **200 g Zartbitter-Schokolade**
- **350 g Schlagsahne**
- **150 g Mehl**
- **50 g Zucker**
- **1 Prise Salz**
- **100 g kalte Butter/Margarine**
- **abgeriebene Schale von 1 unbehandelten Zitrone**
- **Fett und Paniermehl für die Form**
- **1 Orange (ca. 250 g)**
- **Puderzucker zum Bestäuben**
- **Klarsichtfolie**

1 Schokolade in Stücke brechen. Sahne erhitzen und Schokolade darin unter Rühren schmelzen. Auskühlen lassen. Zugedeckt mind. 6 Stunden kalt stellen.

2 Mehl, Zucker, Salz, 100 g Fett in Stückchen, 2–3 EL eiskaltes Wasser und Zitronenschale erst mit den Knethaken des Handrührgerätes und dann kurz mit den Händen glatt verkneten. Den Teig zugedeckt ca. 30 Minuten kalt stellen.

3 Brioche- oder Torteletteförmchen (7 cm Ø, 3 cm hoch) fetten, mit Paniermehl ausstreuen. Teig zwischen 2 Lagen Folie ca. ½ cm dick ausrollen. Ca. 12 Kreise (ca. 12 cm Ø) ausstechen. In die Förmchen legen, am Rand in die Rillen drücken, Boden mit einer Gabel mehrmals einstechen.

4 Im vorgeheizten Backofen (E-Herd: 200 °C/Umluft: 175 °C/Gas: Stufe 3) ca. 15 Minuten backen. Kurz abkühlen lassen, dann stürzen und auskühlen.

5 Orange schälen, sodass die weiße Haut vollständig entfernt wird. Die Filets zwischen den Trennhäuten herausschneiden. Schokosahne aufschlagen und in einen Spritzbeutel mit Sterntülle füllen. In die Torteletts spritzen. Orangenfilets darauf legen und mit Puderzucker bestäuben.

Zubereitungszeit ca. 1¼ Std.
Wartezeit mind. 6 Std.
Stück ca. 310 kcal / 1300 kJ
E 3 g, F 22 g, KH 23 g

❄ *lassen sich prima einfrieren*

Französische Pfirsich-Tarte

Zutaten für ca. 12 Stücke:

Für den Teig:

- **100 g kalte Butter**
- **25 g weißes Plattenfett (z. B. Palmin)**
- **160 g Mehl**
- **1 Prise Salz**
- **Fett für die Form**
- **Mehl zum Ausrollen**

Für den Belag:

- **1 große (850 ml) und 1 kleine (425 ml) Dose Pfirsichhälften**
- **6 EL Pfirsich- oder Aprikosen-Konfitüre**
- **Puderzucker zum Bestäuben**

1 Butter und weißes Fett in kleine Würfel schneiden. Mit Mehl und Salz in einer Schüssel mischen. Mit den Knethaken des Handrührgerätes zuerst sehr feinkrümelig verkneten. Nach und nach etwa 4 EL eiskaltes Wasser zufügen, alles rasch zum glatten Teig verkneten. Zugedeckt ca. 1 Stunde kalt stellen.

2 Pfirsiche in einem Sieb abtropfen lassen. Die Früchte in ca. 1 cm dicke Spalten schneiden.

3 Tarte- oder Springform (28 cm Ø) fetten. Teig auf wenig Mehl rund (ca. 32 cm Ø) ausrollen. Teigplatte etwa zur Hälfte um die Teigrolle rollen. Anheben, in die Form legen, abrollen. Teig an den Rand drücken, überstehende Ränder abschneiden. (In der Springform einen ca. 3 cm hohen Rand formen.) Boden mit der Gabel mehrmals einstechen.

4 Pfirsichspalten fächerartig auf dem Teig verteilen. Tarte im vorgeheizten Backofen (E-Herd: 225 °C/ Umluft: 200 °C/Gas: Stufe 4) auf der untersten Schiene (Gas: s. Herdhersteller) ca. 30 Minuten goldbraun backen.

5 Konfitüre erwärmen, durch ein Sieb streichen. Früchte damit bestreichen. Bei gleicher Temperatur ca. 10 Minuten weiterbacken. Tarte auskühlen, mit Puderzucker bestäuben.

Zubereitungszeit ca. 1¼ Std.
Wartezeit ca. 1 Std.
Stück ca. 240 kcal / 1000 kJ
E 2 g, F 9 g, KH 35 g

❄ *lässt sich prima einfrieren*

Vanille-Joghurt-Tarte

Zutaten für ca. 16 Stücke:

- **150 g + etwas Mehl, 1 TL Backpulver**
- **125 g + 125 g + 2 gehäufte EL (40 g) Zucker, 1 Prise Salz**
- **75 g kalte Butter/Margarine**
- **4 Eier (Gr. M)**
- **Fett für die Form**
- **1 Glas (500 g) Joghurt mit echter Vanille**
- **250 g Sahnequark**
- **100 ml Öl**
- **1 Päckchen Puddingpulver „Vanille" (zum Kochen; für ½ l Milch)**
- **abgeriebene Schale von 1 unbehandelten Zitrone**
- **Puderzucker zum Bestäuben**
- **evtl. Himbeeren und Melisse zum Verzieren**

1 150 g Mehl, Backpulver, 125 g Zucker, Salz, Fett in Stückchen und 1 Ei erst mit den Knethaken des Handrührgerätes und danach kurz mit den Händen glatt verkneten. Zugedeckt ca. 30 Minuten kalt stellen.

2 Tarteform mit herausnehmbarem Boden oder Springform (26 cm Ø) fetten. 2 Eier trennen. 2 Eigelb, 1 Ei und 125 g Zucker schaumig schlagen. Joghurt, Quark, Öl, Puddingpulver und Zitronenschale unterrühren.

3 Den Teig auf wenig Mehl rund (ca. 30 cm Ø) ausrollen. In die Form legen und am Rand 2–3 cm hochdrücken. Mit einer Gabel mehrmals einstechen. Joghurtmasse einfüllen. Im vorgeheizten Backofen (E-Herd: 175 °C/Umluft: 150 °C/Gas: Stufe 2) ca. 45 Minuten backen.

4 2 Eiweiß steif schlagen, dabei 2 gehäufte EL Zucker einrieseln lassen. Eischnee auf die heiße Tarte streichen und bei gleicher Temperatur ca. 10 Minuten weiterbacken.

5 Tarte ca. 10 Minuten in der Form abkühlen lassen. Dann aus der Form nehmen und vollständig auskühlen lassen. Mit Puderzucker bestäuben und mit Himbeeren und Melisse verzieren.

Zubereitungszeit ca. 1½ Std.
(ohne Wartezeit)
Stück ca. 280 kcal / 1170 kJ
E 5 g, F 15 g, KH 29 g

❄ *lässt sich prima einfrieren*

Käsekuchen vom Blech

Zutaten für ca. 24 Stücke:

Für den Teig:

- 300 g + etwas Mehl
- 2 TL Backpulver
- 140 g Zucker
- 1 Prise Salz
- 140 g kalte Butter/Margarine
- 2 Eier (Gr. M)
- Fett für die Fettpfanne
- Klarsichtfolie

Für Käse-Masse und Guss:

- 6 Eier (Gr. M)
- 200 g + 2 geh. EL (40 g) Zucker
- 2 EL Zitronensaft
- ¾ l Milch
- 1 kg Magerquark
- 350 ml Öl
- 2 Päckchen Puddingpulver „Vanille-Geschmack" (zum Kochen; für ½ l Milch)
- evtl. Puderzucker zum Bestäuben

1 300 g Mehl, Backpulver, Zucker, Salz, Fett in Stückchen und Eier erst mit den Knethaken des Handrührgerätes und dann kurz mit den Händen zu einem glatten Teig verkneten. Teig in Folie wickeln und ca. 30 Minuten kalt stellen.

2 Eine Fettpfanne (ca. 32 x 39 cm) fetten. Den Teig mit bemehlten Händen gleichmäßig darauf verteilen oder mit einer Teigrolle darauf ausrollen.

3 Für die Käse-Masse 4 Eier trennen. 4 Eigelb, 2 Eier, 200 g Zucker und Zitronensaft verrühren. Milch, Quark, Öl und Puddingpulver nacheinander unterrühren.

4 Käse-Masse auf den Teig gießen und verstreichen. Im vorgeheizten Backofen (E-Herd: 200 °C/Umluft: 175 °C/Gas: Stufe 3) auf der 2. Schiene von oben ca. 30 Minuten backen. In der Zwischenzeit 4 Eiweiß steif schlagen. Unter weiterem Schlagen 2 geh. EL Zucker einrieseln lassen. Weiterschlagen, bis sich der Zucker vollständig gelöst hat.

5 Eischnee auf den Kuchen streichen. Kuchen dann auf der 2. Schiene von unten bei gleicher Temperatur ca. 10 Minuten weiterbacken. Auskühlen lassen. Evtl. vor dem Servieren mit Puderzucker bestäuben.

Zubereitungszeit ca. 1¼ Std.
(ohne Wartezeit)
Stück ca. 380 kcal / 1590 kJ
E 10 g, F 23 g, KH 31 g

❄ *lässt sich prima einfrieren*

Quark-Krümel-Kuchen mit Äpfeln

Zutaten für ca. 16 Stücke:

- **Fett für die Form**
- **125 g + 125 g weiche Butter/Margarine**
- **250 g Mehl**
- **125 g + 250 g Zucker**
- **2 Päckchen Vanillin-Zucker**
- **1 Prise Salz**
- **½ Päckchen Backpulver**
- **1 Eigelb + 5 Eier (Gr. M)**
- **12 EL Zitronensaft (2–3 Zitronen)**
- **500 g Äpfel**
- **750 g Magerquark**
- **3 EL (ca. 50 g) Grieß**
- **Puderzucker zum Bestäuben**
- **evtl. Alufolie**

1 Eine Springform (26 cm Ø) fetten. 125 g Fett schmelzen, abkühlen lassen. Mehl, 125 g Zucker, 1 Päckchen Vanillin-Zucker, Salz und Backpulver mischen. 1 Eigelb und 5 EL Zitronensaft zufügen. Das geschmolzene Fett zugießen. Alles mit den Knethaken des Handrührgerätes zu Streuseln verarbeiten.

2 Äpfel schälen, vierteln, entkernen, in kleine Würfel schneiden und mit 2 EL Zitronensaft beträufeln. 5 Eier trennen. 125 g Fett, 250 g Zucker und 1 Päckchen Vanillin-Zucker mit den Schneebesen des Handrührgerätes cremig rühren. 5 EL Zitronensaft, Quark, 5 Eigelb und Grieß darunter rühren. 5 Eiweiß steif schlagen. Mit einem Schneebesen unter die Quarkmasse heben. Apfelwürfel vorsichtig unterheben.

3 Hälfte des Streuselteiges in der Form verteilen, etwas andrücken. Quarkmasse darauf streichen. Rest Streusel darauf streuen.

4 Im vorgeheizten Backofen (E-Herd: 200 °C/Umluft: 175 °C/Gas: Stufe 3) ca. 70 Minuten backen. Evtl. nach 35–40 Minuten mit Alufolie abdecken. Auskühlen lassen und mit Puderzucker bestäuben.

Zubereitungszeit ca. 1¾ Std.
Stück ca. 360 kcal / 1510 kJ
E 11 g, F 16 g, KH 40 g

❄ *lässt sich prima einfrieren*

Prassel-Kuchen mit Crème fraîche

Zutaten für ca. 20 Stücke:

- **375 g + 200 g kalte Butter/ Margarine**
- **500 g + 300 g Mehl**
- **250 g + 100 g Zucker**
- **Salz**
- **1 Päckchen Vanillin-Zucker**
- **1 Ei (Gr. M)**
- **Fett fürs Blech**
- **Mehl zum Ausrollen**
- **300 g Erdbeer-Konfitüre**
- **150 g Crème fraîche**
- **125 g Puderzucker**

1 Für die Streusel 375 g Fett schmelzen, ca. 5 Minuten abkühlen. 500 g Mehl, 250 g Zucker und 1 Prise Salz mischen. Das flüssige Fett langsam mit den Knethaken des Handrührgerätes darunter kneten. Streusel zugedeckt ca. 45 Minuten kalt stellen.

2 300 g Mehl, 200 g Fett in Stückchen, 100 g Zucker, Vanillin-Zucker, Salz und Ei erst mit den Knethaken des Handrührgerätes und dann kurz mit den Händen glatt verkneten. Zugedeckt ca. 30 Minuten kalt stellen.

3 Ein Backblech (ca. 35 x 40 cm) fetten. Teig mit einer leicht bemehlten Teigrolle darauf ausrollen. Konfitüre, bis auf 2 EL, darauf streichen. Crème fraîche auf die Konfitüre streichen. Streusel als dicke Schicht darauf verteilen. Im vorgeheizten Backofen (E-Herd: 200 °C/Umluft: 175 °C/Gas: Stufe 3) ca. 40 Minuten backen. Den Kuchen auskühlen lassen.

4 Puderzucker und 3–4 EL Wasser glatt rühren. Zuckerguss und Rest Konfitüre großzügig auf dem Kuchen verteilen. Guss trocknen lassen. Kuchen in ca. 20 Rauten schneiden.

Zubereitungszeit ca. 1 ¼ Std.
Wartezeit ca. 2 ½ Std.
Stück ca. 430 kcal / 1800 kJ
E 4 g, F 22 g, KH 51 g

❄ *lässt sich prima einfrieren*

Linzer Mandelplätzchen

Zutaten für ca. 30 Stück:

- **250 g + etwas Mehl**
- **50 g gemahlene Mandeln (ohne Haut)**
- **100 g Zucker**
- **1 Prise Salz**
- **1 Päckchen Vanillin-Zucker**
- **125 g kalte Butter/Margarine**
- **1 Ei + 1 Eigelb (Gr. M)**
- **evtl. Pinienkerne, Mandelblättchen und Hagelzucker zum Verzieren**
- **je ca. 150 g Aprikosen- und Kirsch-Konfitüre**
- **Puderzucker zum Bestäuben**
- **Klarsichtfolie, Backpapier**

1 250 g Mehl, Mandeln, Zucker, Salz, Vanillin-Zucker, Fett in Stückchen und 1 Ei erst mit den Knethaken des Handrührgerätes und dann kurz mit den Händen glatt verkneten. In Folie wickeln und ca. 30 Minuten kalt stellen.

2 Backbleche mit Backpapier auslegen. Teig auf wenig Mehl ca. 3 mm dick ausrollen. Insgesamt ca. 60 runde, eckige und herzförmige Plätzchen mit Wellenrand (4–6 cm Ø) ausstechen. Aus ca. 30 davon weihnachtliche Motive (Tannenbäume, Sterne etc.) ausstechen und als Teigreste weiterverarbeiten.

3 Eigelb verquirlen. Die Plätzchen mit Loch damit bestreichen und mit Pinienkernen etc. bestreuen. Plätzchen auf die Backbleche legen. Im vorgeheizten Backofen (E-Herd: 175 °C/ Umluft: 150 °C/Gas: Stufe 2) ca. 12 Minuten backen. Auskühlen lassen.

4 Konfitüren getrennt erhitzen und durch ein Sieb streichen. Plätzchen ohne Loch mit Konfitüre bestreichen. Übrige Plätzchen mit Puderzucker bestäuben und darauf setzen. Mit gleicher Konfitüre etwas auffüllen.

Zubereitungszeit ca. 1¾ Std.
Wartezeit ca. 1½ Std.
Stück ca. 90 kcal / 370 kJ
E 1 g, F 4 g, KH 13 g

Nuss-Nougat-Kringel

Zutaten für ca. 50 Stück:

- 175 g + etwas Mehl, 50 g Puderzucker
- 1 TL Zimt, 1 Prise Salz
- 75 g kalte Butter, 1 Ei (Gr. M)
- ca. 150 g Haselnusskerne (mit oder ohne Haut)
- 2 Packungen (à 200 g) Nussnougat (schnittfest)
- 300 g Halbbitter-Kuvertüre
- 300 g Vollmilch-Kuvertüre
- 75 g weiße Kuvertüre
- Backpapier, 1 kleiner Gefrierbeutel

1 175 g Mehl, Puderzucker, Zimt und Salz, Butter in Stückchen und Ei erst mit den Knethaken des Handrührgerätes und dann kurz mit den Händen glatt verkneten. Den Mürbeteig zugedeckt ca. 30 Minuten kalt stellen.

2 Backbleche mit Backpapier auslegen. Teig auf wenig Mehl ca. 3 mm dick ausrollen. Daraus insgesamt ca. 50 Ringe (außen ca. 5 cm Ø; Loch innen ca. 2 cm Ø) ausstechen und auf die Backbleche legen. Im vorgeheizten Backofen (E-Herd: 175 °C/Umluft: 150 °C/Gas: Stufe 2) 10–12 Minuten backen. Die Ringe auskühlen lassen.

3 Haselnüsse ohne Fett rösten und auskühlen lassen. Nougat würfeln, im heißen Wasserbad schmelzen. Abkühlen lassen. Dann kalt stellen, bis die Masse spritzfähig ist. In einen Spritzbeutel mit mittelgroßer Lochtülle füllen. Auf jeden Ring einen Nougatring spritzen und ca. 7 Haselnüsse darauf setzen. Mind. 3 Stunden an einen kalten Ort stellen.

4 Halbbitter- und Vollmilch-Kuvertüre hacken, zusammen im heißen Wasserbad schmelzen. Kringel damit überziehen und trocknen lassen.

5 Weiße Kuvertüre grob hacken, im heißen Wasserbad schmelzen. In einen Gefrierbeutel geben. Eine kleine Ecke abschneiden. Kringel mit Streifen verzieren, trocknen lassen.

Zubereitungszeit ca. 2 Std.
Wartezeit ca. 5 Std.
Stück ca. 160 kcal / 670 kJ
E 2 g, F 10 g, KH 15 g

Warenkunde Eier

Ob Biskuit oder Rührteig, für die meisten Feingebäcke sind Eier ein Muss. Warum das so ist und worauf Sie beim Einkauf von Eiern achten sollten, verraten wir hier

Frische Eier

Das Ei ist eines der ältesten Teiglockerungsmittel. Es gibt Hinweise, dass damit schon zur Zeit Karls des Großen (768–814) Feingebäcke und Weißbrot hergestellt wurden.

Aber Eier lockern den Teig nicht nur, sie sorgen auch für die nötige Bindung. Beim Erhitzen gerinnen ihre Eiweißstoffe Albumin und Globulin, wobei sie bis zum Doppelten ihres Gewichts an Flüssigkeit binden können. Nach dem Aufgehen bleibt die Struktur z. B. von Rührteig erhalten, weil sich das Eiweiß durch das Erhitzen verfestigt. Besonders stark lockert steif geschlagenes Eiweiß, das unter den Teig gehoben wird. Beim Backen dehnt sich die Luft in den Eiweißbläschen aus. Die Eiweißhülle wird in der Wärme fest, die Luft kann nicht mehr entweichen.

Eigelb ist durch das in ihm enthaltene Lecithin ein guter Emulgator. Das heißt, verrührt mit anderen Zutaten sorgt es für die gleichmäßige Verteilung der Rohstoffe im Teig. Ein hoher Eigelbanteil macht Kuchen fest und saftig.

QUALITÄT & FRISCHE

Neben den Gewichtsklassen (s. rechts) finden Sie auf der Verpackung auch die Güteklasse. „A" steht für unverletzte, saubere (nicht gewaschene) Eier, die älter als 7 Tage sind. „Extra frische" Eier sind maximal 9 Tage alt.

Wenn Sie nicht sicher sind, wie alt Ihr Ei ist, können Sie die Frische so testen: In einem Glas mit kaltem Wasser bleiben frische Eier am Boden liegen, 1–2 Wochen alte Eier richten sich auf, weil sich die Luftkammer inzwischen vergrößert hat, noch ältere schwimmen oben. Bei der „Aufschlag-Probe" zeigt sich bei frischen Eiern das Eiweiß klar und dickflüssig, das Eigelb ist stark gewölbt. Bei älteren Eiern wird der Dotter flacher, das Eiklar zerfließt.

Aber aufgepasst, wenn Sie die Eier frisch vom Bauer kaufen: Erst ab dem dritten Tag nach dem Legen erreichen Eier ihren optimalen Geschmack. Außerdem machen legefrische Eier Probleme bei der Verarbeitung: Das Eiweiß lässt sich nur mit Mühe zu Eischnee schlagen, und gekochte Eier lassen sich nur sehr schwer schälen.

HERKUNFT

Innerhalb der EU müssen Eier ab Januar 2004 offen und eindeutig mit der Angabe von Haltungsform und Herkunft gekennzeichnet sein.

PRAKTISCHE TIPPS

Eier nie unmittelbar in den Teig geben, sondern einzeln über einer Tasse aufschlagen. Ein schlechtes Ei verdirbt das ganze Gebäck.

Beim Steifschlagen von Eiweiß den Zucker erst zufügen, wenn der Eischnee fest genug ist. Sonst entzieht der Zucker den Eiweißbausteinen das Wasser und das Eiklar lässt sich nur noch schwer aufschlagen.

Den Eischnee nicht zu lange schlagen, sonst zerfällt er in einen festen und einen flüssigen Bestandteil.

Werden Plätzchen und anderes Gebäck, bevor sie in den Ofen kommen, mit Eigelb bestrichen, erhalten sie eine glänzende, goldgelbe Oberfläche.

Deutsche Betriebe tun dies schon seit Oktober 2002 (s. unten): Die Ziffer 0 steht für ökologische Erzeugung, 1 für Freiland-, 2 für Boden- und 3 für Käfighaltung. Bei den Länderzeichen bedeutet DE Deutschland, NL Niederlande, FR Frankreich. Die Ziffern nach den Länderzeichen sind Betriebs-Kennnummern.

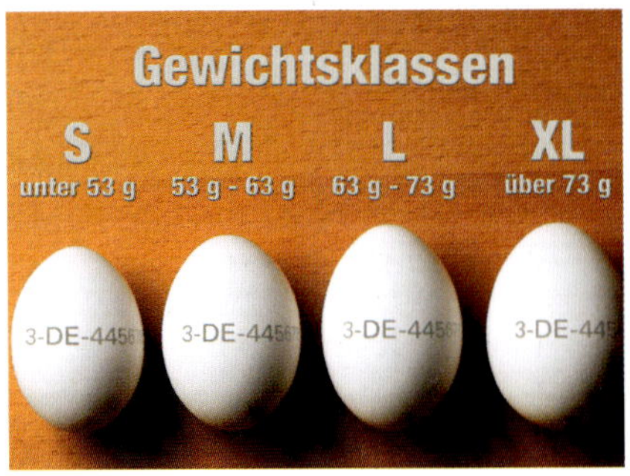

Eier werden in 4 Größen eingeteilt. Die gängigste ist „M". Sie ist das Maß für alle Back- und Kochrezepte, wenn nichts anderes angegeben wird

Vom Napfkuchen über Quark-Krapfen, Käsekuchen und Joghurt-Torte bis hin zum Buttermilchbrot – die „Milchfrischen" mischen überall mit. Grund genug, das Angebot einmal näher unter die Lupe zu nehmen

Milchprodukte

DIE MILCH MACHT'S

Die meisten Teige brauchen Flüssigkeit, um ein lockeres Teiggerüst bilden zu können. Milch steht hier an erster Stelle. Auch Sauermilchprodukte und Sahne können diese Funktion übernehmen. Hier ein Blick ins Kühlregal der „weißen Linie":

Vollmilch gibt es mit „natürlichem Fettgehalt" von mind. 3,5 % (meist 3,7 %) oder mit auf 3,5 % eingestelltem Fettgehalt. Teilentrahmte (fettarme) Milch hat 1,5–1,8 % Fett und kann mit Eiweiß angereichert sein. Entrahmte Milch hat nur noch 0,3 % Fett. Zum Backen eignet sich auch H-Milch (haltbare ultrahocherhitzte Milch). Sauermilch entsteht, wenn man Milch mit Hilfe von Milchsäurebakterien gerinnen lässt. Es gibt sie in den gleichen Fettgehaltsstufen wie normale Milch. Dickmilch ist die stichfeste Variante der Sauermilch.

Buttermilch fällt bei der Butterherstellung an und enthält max. 1 % Fett. Steht nur „Buttermilch" auf der Packung, darf sie – anders als „Reine Buttermilch" – bis zu 10 % Wasser oder 15 % Magermilch enthalten.

FEINES AUS SAUERMILCH

Eine ideale Basis für erfrischende Sommertorten ist das bei uns beliebteste Sauermilchprodukt Joghurt.

Joghurt gibt es in vier Fettgehaltsstufen: Magerjoghurt (max. 0,3 %), fettarmer Joghurt (1,5–1,8 %), Vollmilch-Joghurt (3,5 %) und Sahnejoghurt (mind. 10 %). Auch gerührte Fruchtjoghurts lassen sich zu köstlichen Tortenfüllungen verarbeiten.

Kefir ist eine spritzige Sauermilch-Spezialität mit leichtem Kohlensäure- und Alkoholgehalt. Beides entsteht, wenn die zugesetzten Hefepilze den Milchzucker vergären. Ein gewölbter Becherdeckel ist übrigens kein Zeichen für verdorbene Ware, sondern für die optimale Reife des Kefirs.

ABER BITTE MIT SAHNE

Ob als Topping für Obstkuchen oder Füllung für Torten, Rollen und Schnitten: Sahne spielt auf dem Kuchen-Buffet eine ganz große Rolle.

Süße Sahne wird schon mit einem Fettgehalt von 24 % angeboten. Schlagsahne hat mind. 30 %, Schlagsahne extra mind. 35 %. Crème double, das jüngste Kind der Sahnefamilie, ist eine hochprozentige (40–42 % Fett) süße Sahne. Je fetter die süße Sahne, desto leichter und fester lässt sie sich schlagen.

Saure Sahne wird mit einem Fettgehalt zwischen 10 und 30 % angeboten. Schmand ist ein löffelfester Sauerrahm mit 20–29 % Fett. Die aus Frankreich stammende mildgesäuerte Crème fraîche hat mind. 30 % Fett.

FRISCHKÄSE

Für Kuchenbeläge und Füllungen ist Frischkäse, oft mit Sauermilchprodukten oder Sahne gemischt, unentbehrlich. Am beliebtesten ist Quark. In Quark-Öl-Teig sorgt er dafür, dass das Gebäck saftig wird.

Quark wird durch Zentrifugieren aus gesäuerter, mit Lab dickgelegter entrahmter Milch hergestellt und evtl. mit Sahne gemischt, um den Fettgehalt zu erhöhen. Die Standardsorten sind Magerquark, der unter 10 % Fett i.Tr. hat, und Speise-quark in den Fettgehaltsstufen 10, 20 und 40 %.

Schichtkäse (Schöpfkäse) ist ein naher Verwandter des Speisequarks. Dafür schöpft man dickgelegte Milch unterschiedlicher Fettstufen in quadratische Formen und lässt die Molke ablaufen. Dabei entstehen die Schichten. Schöpfkäse hat mind. 10 % Fett und ist fester als Quark. Er eignet sich prima für Käsekuchen.

Rahm- und Doppelrahm-Frischkäse stellt man wie Quark aus dickgelegter Milch und Sahne her. Sie sind aber fester. Rahm-Frischkäse enthalten mind. 50 %, Doppelrahm-Frischkäse 60–85 % Fett i.Tr. Zu Letzteren gehört auch der Mascarpone aus Italien.

Ofenfrisch:

Ob als Kuchen, Stuten, Zopf oder Teilchen, Hefeteig schmeckt auf vielerlei Art. Aber er braucht Zeit zum „Gehen“, damit er Volumen und seinen typischen Geschmack bekommt

Große Apfelschnecke

Seite 74

Hefeteig

Förtchen sind eine Spezialität aus Schleswig-Holstein, die nicht nur zum Nachmittagskaffee prima schmecken, sondern auch als Dessert. Seite 71

Mmmh! Lecker wie aus Großmutters Backstube: Marzipan-Zopf, mit würzigem Pflaumenmus gefüllt. Da bleibt garantiert kein Krümel übrig. Seite 72

Ein herbstliches Highlight, das von vielen sehnlichst erwartet wird: Gedeckter Zwetschenkuchen. Frisch vom Blech schmeckt er am besten. Seite 76

Grundrezept für Hefeteig

Zutaten für 1 Backblech:

- 500 g Mehl
- 1 Würfel (42 g) frische Hefe oder 2 Beutel (à 7 g) Trockenhefe
- 75–100 g Zucker
- ⅛–¼ l Milch
- 50–100 g weiche Butter/Margarine
- 1 Ei (Gr. M)
- 1 Prise Salz
- Fett für die Form

Vorbereitungszeit: ca. 20 Minuten
Gehzeit: 50–120 Minuten
Backdauer: 12–60 Minuten
Backtemperatur: E-Herd: 175–200 °C/ Umluft: 150–175 °C/Gas: Stufe 2–3
Auskühlzeit: 2–3 Stunden

Rund um den Teig

- Frische Hefe ist glatt und hat einen seidigen Schimmer. Sie duftet angenehm säuerlich und lässt sich gut zerbröckeln.
- Hefe mag es warm: Deshalb muss die Milch zum Anrühren lauwarm (nicht heiß!) sein. Alle anderen Zutaten sollten Zimmertemperatur haben. Also das Fett, Eier etc. immer rechtzeitig aus dem Kühlschrank nehmen.
- Der Teig braucht Sauerstoff zum „Gehen“. Die Teigschüssel deshalb nicht verschließen, sondern mit einem sauberen Geschirrtuch abdecken.
- Keine Glas- oder Marmorplatten als Arbeitsfläche verwenden, sie sind zu kalt für die empfindliche Hefe. Geeigneter ist ein Backbrett oder eine Arbeitsfläche aus Kunststoff bzw. Holz.

1 Vorteig: Mehl in eine Schüssel geben, eine Mulde hineindrücken. Frische Hefe hineinbröckeln. Zucker u. lauwarme Milch zufügen

2 So geht's auch: Hefe in die lauwarme Milch bröckeln. Mit etwas Zucker verrühren und danach in die Mehlmulde gießen

3 Hefemilch mit etwas vom Mehl verrühren. Am warmen Ort (ca. 25 °C) zugedeckt 10–20 Minuten zum Vorteig gehen lassen

4 Dann das weiche Fett in Flöckchen auf dem Mehlrand um den Hefe-Vorteig verteilen. Zuletzt Ei und Salz zufügen

5 Alles mit den Knethaken des Handrührgerätes oder mit bemehlten Händen zum glatten, geschmeidigen Teig verkneten

6 Ohne Vorteig geht's mit Trockenhefe: Hefe erst mit dem Mehl mischen und dann mit allen übrigen Zutaten verkneten

7 Teig in eine große bemehlte Schüssel legen, damit er genügend Platz hat. Denn beim Gehen verdoppelt er in etwa sein Volumen

8 Hefeteig mit einem sauberen Geschirrtuch locker abdecken. Am warmen Ort je nach Rezept noch weiter gehen lassen

9 Teig nach dem zweiten Gehen auf einer bemehlten Arbeitsfläche kräftig durchkneten und schlagen, bis er Blasen wirft

10 Da sich der Teig beim Ausrollen immer wieder leicht zusammenzieht, stets diagonal in alle Richtungen ausrollen

11 Zuletzt den Teig mit leicht bemehlten Händen in alle Ecken des Blechs oder der Form schieben und fest andrücken

12 Vor dem Backen Hefeteig nochmals kurz gehen lassen. Für Butterkuchen dann kalte Fettflöckchen hineindrücken

... NOCH MEHR BACK-TIPPS

- Bei der „Kühlschrank-Methode“ bereitet man den Hefeteig wie gewohnt zu. Teig dann mit einem feuchtenTuch bedecken oder mit Öl bepinseln und über Nacht im Kühlschrank gehen lassen.
- Salz, Zucker und Fett dürfen nicht direkt auf die Hefe gegeben werden, denn das bremst ihre Entwicklung.
- Hefeteig ist gut aufgegangen, wenn man ihn mit der Fingerkuppe eindrückt und die Delle sofort wieder verschwindet.
- Zutaten wie Trockenfrüchte, Belegkirschen, Orangeat, Zitronat, Mandeln und Nüsse erst unter den bereits gegangenen, glatten Teig kneten.
- Hefekuchen nach dem Backen nicht zu lange im Backofen stehen lassen, da sie sonst austrocknen.
- Frische Hefe wird meist in 42-g-Würfeln angeboten. Reste kann man einige Tage im Kühlschrank aufbewahren oder bis zu 3 Monate einfrieren.

Nektarinen-Teilchen mit Vanillecreme

Zutaten für ca. 8 Stück:

- ¼ l + ¼ l Milch
- 500 g Mehl, 2 Päckchen Trockenhefe
- 1 Ei (Gr. M), 75 g + 2 EL Zucker
- 1 Päckchen Vanillin-Zucker
- 1 Prise Salz
- 50 g weiche Butter/Margarine
- ½ Päckchen Puddingpulver „Vanille“ (zum Kochen; für ½ l Milch)
- 200 g Mascarpone (ital. Frischkäse)
- 3 Nektarinen (à ca. 150 g)
- Saft von ½ Zitrone
- Puderzucker zum Bestäuben
- evtl. Melisse z. Verzieren, Backpapier

1 ¼ l Milch lauwarm erwärmen. Mehl und Trockenhefe in einer Schüssel mischen. Mit der lauwarmen Milch, Ei, 75 g Zucker, Vanillin-Zucker, Salz und Fett mit den Knethaken des Handrührgerätes zum glatten Teig verkneten. Zugedeckt am warmen Ort ca. 30 Minuten gehen lassen.

2 Teig nochmals gut durchkneten. Hälfte auf wenig Mehl ca. ½ cm dick (ca. 30 x 30 cm) ausrollen und in 4 Quadrate schneiden. Teigecken zur Mitte hin umklappen. Mit der übrigen Hälfte ebenso verfahren. Teilchen auf mit Backpapier ausgelegte Backbleche legen. Im vorgeheizten Backofen (E-Herd: 200 °C/Umluft: 175 °C/Gas: Stufe 3) 12–15 Minuten backen. Auskühlen lassen.

3 5 EL von ¼ l Milch mit Puddingpulver verrühren. Rest Milch und 2 EL Zucker aufkochen, Puddingpulver einrühren. Unter Rühren nochmals aufkochen. Vom Herd nehmen, Mascarpone darunter rühren. Creme abkühlen, dabei ab und zu umrühren.

4 Nektarinen waschen, trockentupfen, halbieren, entsteinen und in Spalten schneiden. Mit Zitronensaft beträufeln. Creme glatt rühren, auf den Teilchen verteilen. Mit Nektarinen belegen, mit Puderzucker bestäuben. Evtl. mit Melisse verzieren.

Zubereitungszeit ca. 2 Std.
Stück ca. 520 kcal / 2180 kJ
E 11 g, F 19 g, KH 73 g

Holsteiner Förtchen

Zutaten für ca. 30 Stück:

- **100 ml + 200 ml Milch**
- **½ Würfel (ca. 20 g) frische Hefe**
- **2 Eiweiß + 4 Eigelb (Gr. M)**
- **250 g Mehl**
- **abgeriebene Schale von 1 unbehandelten Zitrone**
- **1 Prise Salz**
- **Fett für die Förtchen-Pfanne**
- **Zucker oder Puderzucker zum Wenden**

1 100 ml Milch lauwarm erwärmen. Die Hefe zerbröckeln und darin auflösen. Ca. 10 Minuten stehen lassen.

2 Eiweiß kalt stellen. 200 ml Milch erwärmen, in eine Schüssel geben. Eigelb mit 2 EL der erwärmten Milch verrühren, dann unter die übrige Milch rühren. Mit dem Handrührgerät schaumig schlagen. Mehl, Zitronenschale, Salz und Hefemilch darunter rühren. Zugedeckt an einem warmen Ort ca. 45 Minuten gehen lassen.

3 Eiweiß steif schlagen und unter den Teig heben. Die Vertiefungen einer Förtchen-Pfanne fetten. Die Pfanne erhitzen. Teig jeweils bis zum Rand in die Mulden füllen und hellbraun backen. Wenn die Förtchen an den Rändern zu bräunen beginnen, mit einer Gabel wenden und von der anderen Seite ebenfalls goldbraun backen. Bevor erneut Teig eingefüllt wird, Form evtl. nachfetten.

4 Die Förtchen noch warm in Zucker wenden oder mit Puderzucker bestäuben. Dazu schmeckt Zuckerrübensirup oder Heidelbeer-Kompott.

Zubereitungszeit ca. 1¾ Std.
Stück ca. 50 kcal / 210 kJ
E 2 g, F 1 g, KH 7 g

Marzipan-Zopf mit Pflaumenmus

Zutaten für ca. 25 Scheiben:

- knapp ¼ l Milch
- 500 g + etwas Mehl
- 1 Würfel (42 g) frische Hefe
- 50 g Zucker
- 50 g weiche Butter/Margarine
- 2 Eier (Gr. M)
- 1 Prise Salz
- 200 g Marzipan-Rohmasse
- 2 EL Puderzucker
- 200 g Pflaumenmus
- 3–4 EL Aprikosen-Konfitüre
- Backpapier

1 Milch, bis auf 1 EL, lauwarm erwärmen. 500 g Mehl in eine Schüssel geben, eine Mulde hineindrücken. Hefe hineinbröckeln. Mit lauwarmer Milch und etwas von dem Mehl zum Vorteig verrühren. Zugedeckt am warmen Ort ca. 15 Minuten gehen lassen. Zucker, Fett, 1 Ei und Salz zugeben und gut verkneten. Zugedeckt am warmen Ort ca. 30 Minuten gehen lassen.

2 1 Ei trennen. Marzipan grob reiben. Mit 1 Eiweiß, Puderzucker und Pflaumenmus verkneten. Teig auf etwas Mehl zum Rechteck (ca. 40 x 50 cm) ausrollen. Marzipan-Füllung darauf streichen. Von der Längsseite her aufrollen und der Länge nach durchschneiden. Beide Teigstränge zu einer Kordel drehen. Auf einem mit Backpapier ausgelegten Backblech weitere ca. 15 Minuten gehen lassen.

3 1 Eigelb und 1 EL Milch verquirlen. Teig damit bestreichen. Im vorgeheizten Backofen (E-Herd: 200 °C/ Umluft: 175 °C/Gas: Stufe 3) ca. 35 Minuten backen. Auskühlen lassen. Aprikosen-Konfitüre erwärmen, durch ein Sieb streichen und den Zopf damit bestreichen.

Zubereitungszeit ca. 2 Std.
Scheibe ca. 180 kcal / 750 kJ
E 4 g, F 6 g, KH 27 g

❄ *lässt sich prima einfrieren*

Plunderstreifen mit Apfelfüllung

Zutaten für ca. 16 Stücke:

- ⅛ l Milch
- ½ Würfel (ca. 20 g) frische Hefe
- 40 g Zucker, 500 g Mehl
- 250 g kalte Butter
- 200 g Marzipan-Rohmasse
- 1 Ei (Gr. M), 4 EL Rosinen
- 1 Glas (370 ml) Apfelkompott
- 100 g Puderzucker
- 2 EL Haselnussblättchen, Backpapier

1 Milch und 200 ml Wasser lauwarm erwärmen. Hefe zerbröckeln und mit Zucker darin auflösen. Mehl in eine Schüssel geben, in die Mitte eine Mulde drücken. Die Hefe-Milch hineingießen, mit etwas von dem Mehl zum Vorteig verrühren. An einem warmen Ort zugedeckt ca. 10 Minuten gehen lassen. Alles glatt verkneten. Zugedeckt ca. 20 Minuten gehen lassen.

2 Butter zum Quadrat (20 x 20 cm) ausrollen. Teig zum Quadrat (ca. 40 x 40 cm) ausrollen. Butter in die Mitte legen, überstehenden Teig darüber schlagen. Zum Rechteck (30 x 40 cm) ausrollen. In 3 Schichten übereinander legen. Teig ca. 20 Minuten kühl stellen. Wieder ausrollen und überschlagen. Den Vorgang 2 x wiederholen. 20 Minuten kalt stellen.

3 Marzipan grob reiben. Mit dem Ei glatt kneten. Aus dem Teig 2 Rechtecke (20 x 40 cm) ausrollen. Je 5 Streifen (à ½ cm) von den kurzen Seiten abschneiden. Rechtecke auf 2 mit Backpapier ausgelegte Backbleche legen. Rosinen waschen, trockentupfen. Marzipan und Apfelkompott in jede Mitte geben. Teigstreifen schräg darauf legen. Ränder etwas einrollen.

4 Nacheinander im heißen Backofen (E-Herd: 175 °C/Umluft: 150 °C/Gas: Stufe 2) ca. 30 Minuten backen. Auskühlen lassen. Puderzucker und 1–2 EL lauwarmes Wasser verrühren. Streifen mit Guss und Nüssen verzieren.

Zubereitungszeit ca. 2¼ Std.
Stück ca. 370 kcal / 1550 kJ
E 6 g, F 19 g, KH 40 g

❄ *lässt sich prima einfrieren*

Goße Apfelschnecke

Zutaten für ca. 12 Stücke:

- 500 g + etwas Mehl
- ¼ l Milch
- 1 Würfel (42 g) frische Hefe
- 4 EL Zucker
- 70 g weiche Butter/Margarine
- 1 Prise Salz, 500 g säuerliche Äpfel
- 3 EL Zitronensaft
- 200 g Aprikosen-Konfitüre
- 100 g Haselnussblättchen
- 150 g Rosinen
- Fett für die Form

1 500 g Mehl in eine Schüssel geben, in die Mitte eine Mulde drücken. Milch erwärmen. Die Hefe hineinbröckeln und mit 2 EL Zucker darin auflösen. In die Mulde gießen, mit etwas von dem Mehl zum Vorteig verrühren. Zugedeckt am warmen Ort ca. 10 Minuten gehen lassen.

2 Fett in Flöckchen auf den Mehlrand geben, 2 EL Zucker und Salz zufügen, alles zum glatten Teig verkneten. Zugedeckt am warmen Ort ca. 30 Minuten gehen lassen.

3 Äpfel waschen, vierteln, entkernen und in Scheiben schneiden. Mit Zitronensaft, Konfitüre, bis auf 2 EL, Nüssen und Rosinen mischen.

4 Eine Springform (26 cm Ø) fetten. Teig nochmals gut durchkneten. Auf wenig Mehl zu einem Rechteck (ca. 30 x 40 cm) ausrollen. Die Füllung darauf verteilen. Längs in 4 Streifen schneiden und zu einer Schnecke aufrollen. In die Springform legen. Zugedeckt an einem warmen Ort weitere ca. 20 Minuten gehen lassen.

5 Im vorgeheizten Backofen (E-Herd: 175 °C/Umluft: 150 °C/Gas: Stufe 2) ca. 50 Minuten backen. Rest Konfitüre erwärmen und durch ein Sieb streichen. Dann die warme Schnecke damit bestreichen.

Zubereitungszeit ca. 2½ Std.
Stück ca. 350 kcal / 1470 kJ
E 7 g, F 11 g, KH 54 g

❄ *lässt sich prima einfrieren*

EXTRA-TIPP

Prima Äpfel zum Kuchenbacken sind z. B. Boskop, Braeburn, Cox Orange, Elstar, Gravensteiner, Jonagold und Ingrid Marie.

Pfirsich-Brombeer-Kuchen

Zutaten für ca. 12 Stücke:

- **Fett und Paniermehl für die Form**
- **250 g + etwas Mehl**
- **⅛ l Milch**
- **1 EL + 2 geh. EL + 75 g Zucker**
- **½ Würfel (ca. 20 g) frische Hefe**
- **30 g + 70 g Butter/Margarine**
- **1 Ei (Gr. M), 1 Prise Salz**
- **2 Päckchen Vanillin-Zucker**
- **4 Pfirsiche (à ca. 150 g)**
- **200 g Brombeeren**
- **50–75 g Mandelblättchen**

1 Eine Springform (26 cm Ø) fetten, mit Paniermehl ausstreuen. 250 g Mehl in eine Schüssel geben und in die Mitte eine Mulde drücken. Hälfte Milch und 1 EL Zucker erwärmen. Hefe zerbröckeln und darin auflösen. Hefemilch in die Mulde gießen und mit etwas von dem Mehl zum Vorteig verrühren. Zugedeckt am warmen Ort ca. 15 Minuten gehen lassen.

2 30 g Fett schmelzen. Übrige Milch zugießen und handwarm erwärmen. Mit Ei, 2 geh.EL Zucker, Salz und 1 Päckchen Vanillin-Zucker zum Vorteig geben und alles mit den Knethaken des Handrührgerätes zu einem geschmeidigen Teig verarbeiten (es entsteht ein recht weicher Teig). Zugedeckt ca. 20 Minuten gehen lassen.

3 Pfirsiche kreuzweise einritzen, mit kochendem Wasser überbrühen, abschrecken und die Haut abziehen. Pfirsiche halbieren und jeweils den Stein entfernen. Brombeeren verlesen, evtl. waschen, trockentupfen.

4 Hefeteig in der Springform verteilen und mit leicht bemehlten Händen gleichmäßig auf den Formboden drücken. Zugedeckt nochmals weitere ca. 20 Minuten gehen lassen.

5 Pfirsiche und Brombeeren auf dem Teig verteilen, etwas andrücken. Mit Mandeln, 75 g Zucker und 1 Päckchen Vanillin-Zucker bestreuen. 70 g Fett in Flöckchen darauf verteilen. Im vorgeheizten Backofen (E-Herd: 200 °C/Umluft: 175 °C/Gas: Stufe 3) ca. 35 Minuten backen. Auskühlen lassen.

Zubereitungszeit ca. 2 Std.
Stück ca. 260 kcal / 1090 kJ
E 5 g, F 12 g, KH 32 g

❄ *lässt sich prima einfrieren*

Gedeckter Zwetschenkuchen

Zutaten für ca. 20 Stücke:

- **375 ml Milch**
- **6 gehäufte EL (à 20 g) + 80 g Zucker**
- **650 g Mehl**
- **1 Prise Salz**
- **1½ Würfel (ca. 60 g) frische Hefe**
- **240 g + 60 g weiche Butter**
- **2 kg Zwetschen/Pflaumen**
- **Fett für die Fettpfanne**
- **Mehl für die Arbeitsfläche**
- **4 EL (40 g) Mandelblättchen**

1 Milch und 1 gehäuften EL Zucker erwär-men. Mehl und Salz in eine Schüssel geben und in die Mitte eine Mulde drücken. Hefe hineinbröckeln. Milch zugießen und mit etwas von dem Mehl zum Vorteig verrühren. Zugedeckt an einem warmen Ort ca. 15 Minuten gehen lassen.

2 80 g Zucker und 240 g Butter in Flöckchen zum Vorteig geben. Alles glatt verkneten. Zugedeckt am warmen Ort 30–40 Minuten gehen lassen.

3 Zwetschen waschen und entsteinen. Eine Fettpfanne (ca. 32 x 39 cm, ca. 3,5 cm tief) fetten. ¾ Teig durchkneten und mit einer leicht bemehlten Teigrolle auf der Fettpfanne ausrollen. Mit Zwetschen belegen und 3 geh. EL Zucker darüber streuen. Rest Teig durchkneten, auf wenig Mehl in Größe der Fettpfanne ausrollen. Auf die Zwetschen legen. Mit den Fingern Mulden in den Teig drücken. Ca. 20 Minuten gehen lassen.

4 Teig mit Mandeln und 2 gehäuften EL Zucker bestreuen. 60 g Fett in Flöckchen darauf verteilen. Im vorgeheizten Backofen (E-Herd: 200 °C/ Umluft: 175 °C/Gas: Stufe 3) auf unterster Schiene (Gas: s. Herdhersteller) 35–40 Minuten backen. Abkühlen lassen. Dazu schmeckt Sahne.

Zubereitungszeit ca. 2½ Std.
Stück ca. 340 kcal / 1420 kJ
E 5 g, F 15 g, KH 44 g

❄ *lässt sich prima einfrieren*

Apfel-Bienenstich

Zutaten für ca. 20 Stücke:

- 250 g Weizen-Vollkornmehl
- 250 g Weizenmehl (Type 550)
- 1 Prise Salz
- 300 ml Milch
- 1 Würfel (42 g) frische Hefe
- 60 g + 150 g flüssiger Honig
- 100 g weiche + 100 g Butter
- Fett für die Fettpfanne
- 200 g Mandelblättchen
- 1,5 kg Äpfel
- 100 g brauner Zucker
- 1 Stück unbeh. Zitronenschale
- 2 geh. EL (30 g) Speisestärke
- 50 g Rosinen

1 Mehle und Salz in einer Schüssel mischen und in die Mitte eine Mulde drücken. Milch lauwarm erwärmen. Hefe zerbröckeln und in der Hälfte der Milch auflösen. 60 g Honig und Hefemilch in die Mulde geben, mit etwas von dem Mehl zum Vorteig verrühren. 15–20 Minuten gehen lassen. Rest Milch und 100 g weiche Butter darunter kneten. Weitere ca. 30 Minuten gehen lassen.

2 Fettpfanne (ca. 32 x 39 cm) fetten. 150 g Honig, 100 g Butter und Mandeln in einem Topf verrühren. Aufkochen, ca. 5 Minuten köcheln lassen.

3 Teig durchkneten. Auf der Fettpfanne ausrollen. Mandeln darauf streichen. Im vorgeheizten Backofen (E-Herd: 200 °C/Umluft: 175 °C/Gas: Stufe 3) ca. 25 Minuten backen.

4 Äpfel schälen, vierteln, entkernen und würfeln. ⅔ Äpfel, 100 ml Wasser, Zucker und Zitronenschale aufkochen. Stärke und 3 EL Wasser glatt rühren. Kompott damit binden. Schale entfernen. Rosinen und Rest Äpfel unterrühren. Auskühlen lassen.

5 Teig in 4 Längsstreifen schneiden und dann waagerecht halbieren. Äpfel auf die unteren Streifen verteilen. Obere Hälften darauf setzen. Jeden Streifen in 5 Stücke schneiden. Dazu schmeckt Schlagsahne.

Zubereitungszeit ca. 2½ Std.
Stück ca. 340 kcal / 1420 kJ
E 7 g, F 15 g, KH 42 g

❄ *lässt sich prima einfrieren*

Rosinen-Mandel-Stuten

Zutaten für ca. 25 Scheiben:

- **500 g Mehl**
- **1½ Würfel (ca. 60 g) frische Hefe**
- **⅛ l Milch**
- **4 EL (60 g) Zucker**
- **250 g Rosinen**
- **125 g Korinthen**
- **250 g weiche Butter/Margarine**
- **½ TL Salz, ½ TL Kardamom**
- **abgeriebene Schale von 1 unbehandelten Zitrone**
- **60 g gemahlene Mandeln**
- **60 g Zitronat**
- **1 EL Puderzucker**
- **Backpapier**

1 Mehl in eine Schüssel geben, in die Mitte eine Mulde drücken. Hefe hineinbröckeln. Milch und 2 EL Zucker lauwarm erwärmen, zufügen und mit etwas von dem Mehl zum Vorteig verrühren. Zugedeckt am warmen Ort ca. 30 Minuten gehen lassen.

2 Rosinen und Korinthen waschen und abtropfen lassen. Fett in Flöckchen, 2 EL Zucker, Salz, Kardamom und Zitronenschale auf den Mehlrand geben. Alles gut verkneten. Mandeln, Zitronat, Rosinen und Korinthen unterkneten. Teig weitere ca. 30 Minuten gehen lassen.

3 Teig durchkneten und zu einem Laib (ca. 15 x 30 cm) formen. Auf ein mit Backpapier ausgelegtes Backblech legen. Nochmals am warmen Ort ca. 20 Minuten gehen lassen.

4 Im vorgeheizten Backofen (E-Herd: 225 °C/Umluft: 200 °C/Gas: Stufe 4) erst ca. 15 Minuten backen. Dann bei 200 °C (Umluft: 175 °C/Gas: Stufe 3) weitere 45–50 Minuten backen, evtl. mit Backpapier abdecken. Mit Puderzucker bestäuben.

Zubereitungszeit ca. 2¾ Std.
Scheibe ca. 230 kcal / 960 kJ
E 4 g, F 10 g, KH 29 g

❄ *lässt sich prima einfrieren*

Mohnkranz mit Pflaumenmus

Zutaten für ca. 18 Stücke:

Für den Teig:

- **225 ml Milch, 100 g Zucker**
- **30 g frische Hefe**
- **500 g Mehl**
- **2 Eier + 1 Eigelb (Gr. M)**
- **100 ml Öl, 1 Prise Salz**
- **Fett für die Form**

Für die Füllungen:

- **6 EL Milch**
- **100 g gemahlener Mohn**
- **2 EL Honig, 2 EL Zucker**
- **½ TL gemahlener Zimt**
- **abgeriebene Schale von 1 unbehandelten Zitrone**
- **200 g Pflaumenmus**
- **Puderzucker zum Bestäuben**

1 Milch und 1 EL Zucker lauwarm erwärmen. Hefe zerbröckeln und darin auflösen. Mehl, Eier, Eigelb, Öl, Salz und restlichen Zucker in eine Schüssel geben. Hefemilch zufügen, alles mit den Knethaken des Handrührgerätes zu einem glatten Teig verkneten. Zugedeckt an einem warmen Ort ca. 30 Minuten gehen lassen.

2 6 EL Milch erhitzen. Mit Mohn, Honig, Zucker, Zimt und Zitronenschale verrühren.

3 Eine Kranzform (2 ½ l Inhalt) fetten. Teig dritteln und zu Strängen formen. Einen Strang in die Form legen. Mohnfüllung darauf geben und den zweiten Strang darüber legen. Das Pflaumenmus darauf verteilen und mit dem letzten Strang bedecken. Dann weitere ca. 15 Minuten gehen lassen.

4 Im vorgeheizten Backofen (E-Herd: 175 °C/Umluft: 150 °C/Gas: Stufe 2) ca. 45 Minuten backen. Auskühlen lassen. Mit Puderzucker bestäuben.

Zubereitungszeit ca. 2¼ Std.
Stück ca. 260 kcal / 1090 kJ
E 6 g, F 10 g, KH 35 g

❄ *lässt sich prima einfrieren*

EXTRA-TIPP

Wenn Sie den Esslöffel zum Abmessen des Honigs vorher mit etwas Öl einstreichen, gleitet die klebrige Masse viel leichter ab.

Mit Mehl, Fett, Zucker und Eiern allein kann man noch kein buntes Kuchen-Buffet zaubern. Alles, was Sie zum Verfeinern und Verzieren von Gebäck brauchen, finden Sie hier

Backzutaten von Anis bis Zitronat

BACKAROMEN

Backaromen sind Geruchs- und Geschmacksstoffe, die in Öl oder Alkohol gelöst bzw. in Zucker und/oder Stärke verteilt sind. Sie sind flüssig bzw. pulver- oder pastenartig. Natürliche Aromen stammen aus natürlichen Grundsubstanzen (z. B. Früchten, Gewürzen). Naturidentische Aromen werden chemisch gewonnen, haben aber die gleiche Struktur wie die natürlichen. Die gängigsten Sorten: Vanille, Rum, Bittermandel, Arrak, Zitrone, Orange.

BACKOBLATEN

Das hauchdünne Dauergebäck aus Mehl bzw. Stärke und Wasser dient als Unterlage für Makronen und Lebkuchen. Es schützt das Gebäck im Backofen vor zu viel Unterhitze, verhindert, dass Eiweißgebäck klebt, und hält Lebkuchen länger frisch. Backoblaten sind rund oder eckig in verschiedenen Größen erhältlich.

DEKOR-ARTIKEL

Zu dem riesigen Angebot gehören z. B. Speisefarbe und Zuckerschrift, Krokant, Schoko- und bunte Zuckerstreusel, Perlen, Herzen und Blüten aus buntem Zucker, Ornamente, Zahlen, Buchstaben und Blätter aus Schokolade, aber auch fertige Zucker- und Marzipan-Figuren.

GELATINE

... gibt Cremes, Sahne und Joghurtfüllungen Stand. Als Blatt-Gelatine und gemahlen erhältlich. 6 Blatt bzw. 1 Päckchen Pulver (10–12 g) lassen ½ l Flüssigkeit gelieren.

GEWÜRZE

Anis: herbsüße Samen der am östlichen Mittelmeer wachsenden Anispflanze. Z. B. für Plätzchen.

Ingwer: Wurzelstock des südostasiatischen Ingwerschilfes. Schmeckt brennend scharf und leicht süßlich. Würzt Kuchen und Weihnachtsgebäck.

Kardamom: feurig-würzige Samen einer Ingwerpflanze. Verfeinert das Aroma anderer Gewürze.

Koriander: süßlich-aromatische Kugelsamen eines Doldengewächses aus dem östlichen Mittelmeerraum. Für Gewürzkuchen, Printen, Spekulatius, Lebkuchen sowie Brot.

Kümmel: ein traditionelles Brotgewürz. Gibt es ganz und gemahlen.

Muskatnuss: kommt z. B. von den Molukken und Antillen, schmeckt feurig-würzig und leicht bitter.

Nelken: getrocknete Blütenknospen eines ostasiatischen Myrtengewächses. Würzig-pikant, leicht süßlich.

Piment: Beeren des Nelkenpfefferbaumes. Schmecken fein-würzig nach einer Mischung aus Zimt, Pfeffer, Muskat und Nelken.

Sternanis: sternförmige Samenhüllen des Sternanisbaums. In jedem Zacken sitzt ein feuriger, anisartig duftender Samen. Beliebt für Weihnachtsgebäck.

Vanille ist die fermentierte, getrocknete Frucht einer Kletterorchidee. Das ausgekratzte Mark gibt Teig, Creme und Sahne ein feines Aroma.

Zimt: Getrocknete Innenrinde des Zimtbaumes. Ceylon-Zimt (Kaneel), die feinste Qualität, gibt es in Stangen. Gemahlener Kassia-Zimt aus China ist herber und intensiver.

Warenkunde Backzutaten

Frisch gemahlene Gewürze sind aromatischer als Pulver. Sehr praktisch sind fertige Gewürzmischungen, z. B. für Lebkuchen, Pfefferkuchen, Spekulatius und Stollen.

MARZIPAN, KUVERTÜRE UND NUSS-NOUGAT

Für Marzipan-Rohmasse werden geschälte Mandeln und Zucker (max. 35 %) zu einer Paste zerrieben. Durch Rösten bei über 100 °C erhält sie ihre Struktur, ihr Aroma und ihre Haltbarkeit. Für Kuchen- und Tortenfüllungen, Verzierungen, Konfekt und als Teigzusatz geeignet.

Kuvertüre ist eine hochwertige Schokolade, die mehr Kakaobutter enthält als Tafelschokolade und deshalb super schmilzt. Sie wird im

Block verkauft und zerkleinert im heißen Wasserbad geschmolzen. Als weiße, Halbbitter- oder Vollmilch-Kuvertüre erhältlich.

Die Grundzutaten für Nuss-Nougat-Rohmasse sind geschälte Nusskerne, Zucker und Kakaoerzeugnisse. Die Verwendungsmöglichkeiten sind ähnlich wie bei Marzipan-Rohmasse. Wenn man Nuss-Nougat im Wasserbad erwärmt, kann man auch Gebäck damit überziehen.

NÜSSE & SAMEN

Haselnüsse, Mandeln und Walnüsse sind beliebte Zutaten für Kuchen, Torten und Plätzchen. Am frischesten sind Nüsse in der Schale aus neuer Ernte. Wer die Mühe nicht scheut, sollte also selbst den Nussknacker zur Hand nehmen. Bequemer geht es aber so: Walnusshälften sind ebenso abgepackt erhältlich wie ganze, gehackte und gemahlene Haselnusskerne. Süße Mandeln gibt es ganz und gemahlen, mit und ohne Schale. Geschälte Mandeln kann man gehackt, gehobelt und als Splitter kaufen.

Eine beliebte Backzutat ist auch die Pistazie. Die grünen Kerne werden gern zum Verzieren verwendet. Ungesalzen sind sie mit und ohne Schale sowie gehackt erhältlich.

Vor allem für amerikanische Gebäcke sind Erdnusskerne eine häufige Zutat, meist ungesalzen und gehackt.

Kokosraspel sind für viele Makronen unentbehrlich, verfeinern auch exotische Torten. Kokos-Chips (Reformhaus) sind hübsch zum Verzieren.

Mohn ist ganz oder gemahlen im Handel. Ganz wird er zum Bestreuen von Brot und Brötchen verwendet. Gemahlener Mohn wird in Teigen und Füllungen verarbeitet. Auch als backfertige Mohn-Füllung mit Zucker im 250-g-Beutel erhältlich.

TORTENGUSS

... ist eine Mischung aus Stärke und Geliermittel (klar oder rot), das mit Wasser, Saft oder Wein zubereitet und aufgekocht wird. Man gibt ihn über Obstbeläge. Beim Erkalten wird er fest.

TROCKENFRÜCHTE

Getrocknete Früchte wie Äpfel, Aprikosen, Datteln, Feigen, Korinthen, Pflaumen und Rosinen werden unter den Teig geknetet, für Füllungen und zum Garnieren verwendet. Nicht alle Produkte sind frei von Konservierungsstoffen.

ZITRONAT & CO.

Zitronat (Sukkade) und Orangeat sind für Tee- und Königskuchen, Lebkuchen und klassische Stollen ein Muss. Zitronat ist die kandierte Schale der Zedrat-Zitrone. Für Orangeat nimmt man die Schale der Bitterorange (Pomeranze). Die Schalen werden blanchiert und in immer stärkere Zuckerlösungen eingelegt, bis sie gleichmäßig davon durchzogen sind. Als halbe Schale und gewürfelt im Handel.

Auf die gleiche Art werden Belegkirschen sowie Ananas und andere tropische Früchte kandiert.

Zart & locker:

Biskuit ist die Basis für exquisite Torten. Als Partner von feinen Cremes, Sahne und Früchten hält er sich dezent im Hintergrund und bringt sie so erst richtig zur Geltung. Aber auch als Rolle und Kleingebäck hat er viele Fans

Biskuit

Käse-Sahne-Torte mit Aprikosen Seite 90

Aus der klassischen, mit Konfitüre gefüllten Biskuitroulade haben sich viele leckere Varianten entwickelt, wie z. B. diese Zitronensahne-Rolle. *Seite 86*

Die Böden der Rhabarber-Pastete werden aus einer Biskuitplatte zugeschnitten und mit der Füllung in eine Kastenform geschichtet. *Seite 93*

Macht wenig Arbeit, aber viel her: Ein zerbröselter Biskuitboden verleiht der Maracuja-Flocken-Torte ihre schnelle, aber dekorative Oberfläche. *Seite 96*

Grundrezept für Biskuit

Zutaten für 1 Springform (26 cm Ø):

- **3 Eier (Gr. M)**
- **125 g Zucker**
- **1 Prise Salz**
- **75 g Mehl**
- **50 g Speisestärke**
- **1 Messerspitze Backpulver**
- **Backpapier**

Vorbereitungszeit: **ca. 20 Minuten**
Backzeit: **25–30 Minuten**
Backtemperatur: **E-Herd: 175–200 °C/ Umluft: 150–175 °C/Gas: Stufe 2–3**
Auskühlzeit: **1–2 Stunden**

Rund um den Biskuit

- Da die Biskuitmasse schnell zusammenfällt, vor dem Schlagen alle Zutaten abgewogen bereit stellen und Form oder Blech fertig vorbereiten. Zügig arbeiten und sofort abbacken.
- Eine gute Schaumbildung beim Schlagen des Biskuits entsteht, wenn Sie anstelle des üblichen Haushaltszuckers feine Raffinade verwenden.
- Mehl kann max. bis zur Hälfte durch Speisestärke ersetzt werden und ein Teil auch durch gemahlene Nüsse oder Mandeln.
- Bei Biskuitplatten das offene Ende des Backbleches evtl. mit mehrfach gefalteter Alufolie als Schiene begrenzen, damit der Biskuit gleichmäßig hoch wird.

1 *Eier sorgfältig trennen. Darauf achten, dass kein Eigelb in die Schüssel mit dem Eiweiß gerät. Sonst wird es nicht steif*

2 *Eiweiß mit den Schneebesen des Handrührgerätes steif schlagen. Dann Zucker und Salz nach und nach einrieseln lassen*

3 *Eiweiß und Zucker auf der höchsten Schaltstufe so lange steif schlagen, bis der Eischnee in Spitzen stehen bleibt*

4 *Eigelbe nacheinander zum Eischnee geben und jeweils mit den Schneebesen des Handrührgerätes darunter schlagen*

5 *Mehl, Stärke und Backpulver auf die Eimasse sieben, damit sich in der Biskuitmasse keine Klümpchen bilden*

6 *Nun alles mit dem Schneebesen vorsichtig darunter heben. Keinesfalls rühren, sonst fällt die Masse zusammen*

7 Nur den Boden der Springform mit Backpapier auslegen/fetten. Nicht den Rand, sonst steigt der Biskuit nur in der Mitte hoch

8 Biskuitmasse mit einem Teigschaber in der Form glatt streichen, damit der Boden eine gerade Oberfläche bekommt

9 Für Biskuitplatten Blech mit Backpapier auslegen oder fetten. Biskuit mit dem Schaber in die Ecken streichen

10 Biskuitplatte sofort vom Backblech auf ein sauberes, mit feinem Zucker bestreutes Geschirrtuch stürzen

11 Das Backpapier evtl. mit kaltem Wasser bestreichen, damit es sich leicht löst. Dann vorsichtig abziehen

12 Noch warme Biskuitplatte mit Hilfe des Tuches aufrollen. So auskühlen lassen. Dann entrollen, füllen und wieder aufrollen

... UND NOCH MEHR BACK-TIPPS

- *So geht's auch: Eigelb mit lauwarmem Wasser (ca. 1 EL pro Ei) schaumig schlagen. Gut die Hälfte Zucker darunter schlagen. Eiweiß mit Rest Zucker steif schlagen, darauf geben. Mehl, Stärke und Backpulver darüber sieben, alles darunter heben.*
- *Für den saftigen, aber nicht so luftigen **Wiener Biskuit** zieht man zuletzt noch 50–75 g flüssige, lauwarme Butter unter die Masse. Diese Variante hält sich 1–2 Tage länger frisch als normaler Biskuit.*
- *Halten Sie sich an die angegebene Backzeit. Besonders für Biskuitrollen darf die Masse nicht zu stark ausgebacken werden, sonst lässt sich die Platte nicht rollen. Biskuit stets in den vorgeheizten Backofen geben, damit die kurzen Backzeiten eingehalten werden.*
- *Garprobe: flache Hand auf den Biskuit legen. Fühlt er sich elastisch an und es bleibt keine Druckstelle zurück, ist er gar.*
- *Damit sich die Biskuitplatte ohne zu brechen rollen lässt, kann man sie auch einfach mit einem feuchten Geschirrtuch bedeckt auskühlen lassen.*

Zitronensahne-Rolle

Zutaten für ca. 12 Stücke:

- **4 Eier (Gr. M), 1 Prise Salz**
- **125 g + 3 EL + 75 g Zucker**
- **100 g Mehl, 50 g Speisestärke**
- **1 TL Backpulver**
- **100 g Haselnuss-Krokant**
- **250 g + 3 EL Himbeer-Konfitüre**
- **8 Blatt weiße Gelatine**
- **375 g Schlagsahne, 500 g Magerquark**
- **abgeriebene Schale und Saft von 2 unbehandelten Zitronen**
- **2 unbehandelte Zitronenscheiben u. 1–2 EL Puderzucker zum Verzieren**
- **Backpapier**

1 Backblech (ca. 35 x 40 cm) mit Backpapier auslegen. Eier trennen. Eiweiß, Salz und 4 EL kaltes Wasser steif schlagen, dabei 125 g Zucker einrieseln. Eigelb einzeln darunter schlagen. Mehl, Stärke und Backpulver darauf sieben, unterheben. Krokant, bis auf 1–2 EL, unterheben. Aufs Blech streichen. Im heißen Backofen (E-Herd: 200 °C/Umluft: 175 °C/Gas: Stufe 3) ca. 10 Minuten backen. Auf ein mit 3 EL Zucker bestreutes Geschirrtuch stürzen, Backpapier sofort abziehen. 250 g Konfitüre glatt rühren, auf den warmen Biskuit streichen. Auskühlen.

2 Gelatine kalt einweichen. 250 g Sahne steif schlagen. Quark, 75 g Zucker und Zitronenschale verrühren. Gelatine ausdrücken und bei milder Hitze auflösen. 3 EL Zitronensaft einrühren und dann unter den übrigen Saft rühren. Unter die Quarkmasse rühren. Sahne sofort unterheben und ca. 10 Minuten kalt stellen.

3 Quarkcreme auf den Biskuit streichen, dabei rundum ca. 1½ cm frei lassen. Biskuit von der Längsseite her aufrollen. Mind. 4 Stunden kalt stellen.

4 3 EL Konfitüre erwärmen, durch ein Sieb streichen. Zitronenscheiben in Ecken schneiden. 125 g Sahne steif schlagen. Rolle in Stücke schneiden und mit Sahne, Konfitüre, Rest Krokant etc. verzieren.

Zubereitungszeit ca. 1¼ Std.
Wartezeit ca. 5 Std.
Stück ca. 400 kcal / 1680 kJ
E 11 g, F 14 g, KH 54 g

❄ *lässt sich prima einfrieren*

Schwarzwälder Rolle

Zutaten für ca. 16 Stücke:

Für den Biskuit:

- **4 Eiweiß + 6 Eigelb (Gr. M)**
- **1 Prise Salz**
- **50 g + 100 g + 1–2 EL Zucker**
- **75 g Mehl, 50 g Speisestärke**
- **2 EL Kakao**
- **Backpapier**

Zum Füllen und Verzieren:

- **75 g Halbbitter-Schokolade**
- **50 g weiße Schokolade**
- **1 Glas (720 ml) Kirschen**
- **3 Blatt weiße Gelatine**
- **evtl. 2–4 EL Kirschwasser**
- **300 g + 300 g Schlagsahne**
- **1 Päckchen Vanillin-Zucker**
- **2 EL Zucker**

1 Backblech (ca. 35 x 40 cm) mit Backpapier auslegen. Eiweiß und Salz steif schlagen, dabei 50 g Zucker einrieseln lassen. Eigelb, 3–4 EL lauwarmes Wasser und 100 g Zucker schaumig schlagen. Eischnee darunter ziehen. Mehl, Stärke und Kakao darauf sieben, vorsichtig darunter heben. Masse auf das Blech streichen, im vorgeheizten Backofen (E-Herd: 200 °C/Umluft: 175 °C/Gas: Stufe 3) 8–10 Minuten backen.

2 Ein Geschirrtuch mit 1–2 EL Zucker bestreuen. Biskuit darauf stürzen. Backpapier sofort abziehen. Biskuit mit einem feuchten Geschirrtuch abdecken und auskühlen lassen.

3 Von der dunklen und der weißen Schokolade mit einem Sparschäler kleine Locken abziehen.

4 Kirschen abtropfen. Gelatine kalt einweichen. Biskuit evtl. mit Kirschwasser beträufeln. 300 g Sahne, Vanillin-Zucker und 1 EL Zucker steif schlagen. Gelatine bei milder Hitze auflösen. 3 EL Sahne einrühren, dann unter die übrige Sahne ziehen. Biskuit damit bestreichen und die Kirschen, bis auf ca. 16, darauf verteilen.

5 Biskuit aufrollen. Mind. 3 Stunden kalt stellen. 300 g Sahne und 1 EL Zucker steif schlagen. Biskuitrolle mit der Hälfte Sahne einstreichen, mit Schokolocken bestreuen. Mit übriger Sahne und Kirschen verzieren.

Zubereitungszeit ca. 1¼ Std.
Wartezeit mind. 4 Std.
Stück ca. 310 kJ / 1300 kcal
E 5 g, F 16 g, KH 34 g

❄ *lässt sich prima einfrieren*

Karibik-Schnitten

Zutaten für ca. 12 Stücke:

- 4 Eier (Gr. M), 1 Prise Salz
- 3 Päckchen Vanillin-Zucker
- 100 g + 2 gestrichene EL Zucker
- 75 g Mehl, 50 g Speisestärke
- 1 TL Backpulver, 2 EL Kokosraspel
- 1 Dose (446 ml) Ananas in Scheiben
- 1 Glas (370 ml) Kirschen
- 1 Dose (425 ml) Mangoscheiben
- 750 g Schlagsahne
- 2 Päckchen Sahnefestiger
- 1 Päckchen klarer Tortenguss
- evtl. Limette und Melisse z. Verzieren
- Backpapier

1 Backblech (ca. 35 x 40 cm) mit Backpapier auslegen. Eier trennen. Eiweiß, Salz und 2 EL kaltes Wasser steif schlagen, dabei 1 Päckchen Vanillin-Zucker und 100 g Zucker einrieseln lassen. Eigelb einzeln darunter schlagen. Mehl, Stärke und Backpulver darauf sieben, unterheben. Auf das Blech streichen. Im vorgeheizten Ofen (E-Herd: 200 °C/Umluft: 175 °C/ Gas: Stufe 3) ca. 12 Minuten backen.

2 Kokosraspel ohne Fett rösten, auskühlen. Ananas abtropfen, Saft dabei auffangen und mit Wasser auf ¼ l auffüllen. Kirschen und Mango getrennt abtropfen. Biskuit auf ein feuchtes Geschirrtuch stürzen. Backpapier sofort abziehen. Biskuit auskühlen. Dann halbieren, sodass 2 kleinere Platten entstehen.

3 Sahne steif schlagen, dabei Sahnefestiger und 2 Päckchen Vanillin-Zucker einrieseln lassen. Gut die Hälfte Sahne auf eine Biskuitplatte streichen. 2. Platte darauf legen. Hälfte der übrigen Sahne darauf streichen.

4 Die Hälfte der Mango in Spalten schneiden (Rest anderweitig verwenden). Mit Ananas und einigen Kirschen auf den Kuchen legen. Gusspulver und 2 gestrichene EL Zucker mischen. Mit Ananassaft verrühren, unter Rühren aufkochen. Auf dem Obst verteilen. Ca. 30 Minuten kalt stellen. In Stücke schneiden, verzieren.

Zubereitungszeit ca. 1 Std.
(ohne Wartezeit)
Stück ca. 390 kcal / 1630 kJ
E 5 g, F 24 g, KH 36 g

Cappuccino-Nougat-Schnitten

Zutaten für ca. 15 Stücke:

- 5 Eier (Gr. M), 1 Prise Salz
- 75 g + 4 EL + 2 TL Zucker
- 1 Päckchen Vanillin-Zucker
- 50 g Mehl, 50 g Speisestärke
- 1 Msp. Backpulver
- 200 g Nuss-Nougat, schnittfest
- 700 g + 150 g + 150 g Schlagsahne
- 3 gestr. EL Espresso-Pulver (Instant)
- 3 Päckchen Sahnefestiger
- 2 TL Kakao und Schoko-Dekor zum Verzieren, Backpapier, Alufolie

1 Fettpfanne (ca. 32 x 39 cm) mit Backpapier auslegen. Eier trennen. Eiweiß und Salz steif schlagen, dabei 75 g Zucker und Vanillin-Zucker einrieseln lassen. Eigelb einzeln darunter schlagen. Mehl, Stärke und Backpulver darauf sieben, unterheben. Auf die Fettpfanne streichen.

2 Im heißen Backofen (E-Herd: 200 °C/Umluft: 175 °C/Gas: Stufe 3) 10–12 Minuten backen. Herausnehmen. Auf ein mit 2 EL Zucker bestreutes Geschirrtuch stürzen. Backpapier sofort abziehen. Biskuit auskühlen.

3 Biskuit quer halbieren. 1. Platte auf ein Tablett legen, mit einer festen Schiene aus mehrfach gefalteter Alufolie (ca. 8 cm hoch) umschließen. Nougat im heißen Wasserbad schmelzen, auf die 1. Platte streichen. Ca. 15 Minuten trocknen.

4 700 g Sahne und Espresso-Pulver verrühren, steif schlagen, dabei Sahnefestiger und 2 EL Zucker einrieseln lassen. Auf den Nougat streichen. 2. Platte darauf legen. 150 g Sahne steif schlagen, dabei 1 TL Zucker einrieseln lassen. Auf die 2. Platte streichen. 2–3 Stunden kalt stellen.

5 Biskuit mit Kakao bestäuben. In ca. 15 Stücke schneiden. 150 g Sahne steif schlagen, dabei 1 TL Zucker einrieseln. Stücke mit Sahne etc. verzieren.

Zubereitungszeit ca. 1¼ Std.
Wartezeit 3–4 Std.
Stück ca. 390 kcal / 1630 kJ
E 6 g, F 27 g, KH 28 g

❄ *lassen sich prima einfrieren*

Käse-Sahne-Torte mit Aprikosen

Zutaten für ca. 12 Stücke:

- **3 Eier (Gr. M), 1 Prise Salz**
- **75 g + 100 g Zucker**
- **50 g Mehl**
- **50 g Speisestärke**
- **1 Dose (850 ml) Aprikosen**
- **8 Blatt weiße Gelatine**
- **750 g Magerquark**
- **2 Päckchen Vanillin-Zucker**
- **Saft von 1 Zitrone**
- **500 g + 100 g Schlagsahne**
- **Puderzucker zum Bestäuben**
- **evtl. Minze zum Verzieren**
- **Backpapier**

1 Springform (26 cm Ø) am Boden mit Backpapier auslegen. Eier trennen. Eiweiß und Salz steif schlagen, dabei 75 g Zucker einrieseln lassen. Eigelb einzeln darunter schlagen. Mehl und Stärke darauf sieben und vorsichtig unterheben.

2 Biskuit in die Springform streichen. Dann im vorgeheizten Backofen (E-Herd: 200 °C/Umluft: 175 °C/Gas: Stufe 3) ca. 20 Minuten backen. Aus der Form lösen, Backpapier abziehen und auskühlen lassen.

3 Biskuit halbieren. Um den unteren Boden einen Tortenring legen. Aprikosen abtropfen lassen und, bis auf 3 Stück, auf dem Boden verteilen.

4 Gelatine kalt einweichen. Quark, 100 g Zucker, Vanillin-Zucker und Zitronensaft verrühren. Gelatine ausdrücken, auflösen und 3 EL Quark unterrühren. Dann unter den restlichen Quark rühren. 500 g Sahne steif schlagen. Unter den Quark heben. Masse auf die Aprikosen streichen. Mind. 3 Stunden kalt stellen.

5 2. Boden in ca. 12 Tortenstücke schneiden, mit Puderzucker bestäuben. Die übrigen Aprikosen in Spalten schneiden. 100 g Sahne steif schlagen. Torte mit Sahnetuffs und Aprikosen verzieren. Tortenstücke auflegen. Evtl. mit Minze verzieren.

Zubereitungszeit ca. 1¼ Std.
Wartezeit mind. 3 Std.
Stück ca. 360 kcal / 1510 kJ
E 13 g, F 17 g, KH 37 g

❄ *lässt sich prima einfrieren*

Himbeer-Sahne-Torte

Zutaten für ca. 16 Stücke:

- 3 Eier (Gr. M)
- 1 Prise Salz
- 100 g + 50 g Zucker
- 2 Päckchen Vanillin-Zucker
- 75 g Mehl
- 50 g Speisestärke
- 1 gehäufter TL Backpulver
- 375 g Himbeeren
- 2 TL geriebene unbehandelte Zitronenschale (gibt's gerieben zu kaufen)
- 2 Päckchen Sahnefestiger
- 500 g + 250–500 g Schlagsahne
- evtl. 3 EL Himbeergeist
- 1 EL gehackte Pistazien
- Backpapier

1 Springform (26 cm Ø) am Boden mit Backpapier auslegen. Eier trennen. Eiweiß, Salz und 3 EL kaltes Wasser steif schlagen, dabei 100 g Zucker und 1 Vanillin-Zucker einrieseln. Eigelb einzeln darunter schlagen. Mehl, Stärke und Backpulver darauf sieben und unterheben. In die Form streichen. Im vorgeheizten Backofen (E-Herd: 175 °C/Umluft: 150 °C/Gas: Stufe 2) 25–30 Minuten backen. Auskühlen lassen.

2 Himbeeren verlesen. 50 g Zucker, Zitronenschale und Sahnefestiger vermischen. 500 g Sahne steif schlagen, Mischung einrieseln lassen. In einen Spritzbeutel füllen.

3 Boden waagerecht halbieren. Einen Tortenring oder den Formrand um den unteren Boden schließen und evtl. mit Himbeergeist beträufeln. Beeren, bis auf ca. 30, als Kreise mit Abstand darauf legen. Sahne in die Zwischenräume spritzen und den 2. Boden darauf legen.

4 250–500 g Sahne steif schlagen. Torte mit etwas davon einstreichen. Rest Sahne in einen Spritzbeutel mit Sterntülle füllen. Die Torte nach Belieben mit Sahnetuffs, Beeren und gehackten Pistazien verzieren.

Zubereitungszeit ca. 2 Std.
(ohne Wartezeit)
Stück ca. 230 kcal / 960 kJ
E 3 g, F 16 g, KH 17 g

❄ *lässt sich prima einfrieren*

Nektarinen-Sahne-Omeletts

Zutaten für ca. 6 Stück:

- **3 Eier (Gr. M), 1 Prise Salz**
- **100 g + 1 EL Zucker**
- **abgerieb. Schale von 1 unbeh. Zitrone**
- **60 g Mehl, 60 g Speisestärke**
- **1 gestr. TL Backpulver**
- **4 Blatt weiße Gelatine**
- **2 Nektarinen (à ca. 150 g)**
- **5 EL Limettensaft**
- **2 EL Mandarinen- oder Orangenlikör**
- **2 Päckchen Vanillin-Zucker**
- **400 g Schlagsahne**
- **1 EL Puderzucker zum Bestäuben**
- **Backpapier, Alufolie**

1 Backblech mit Backpapier auslegen und 6 Quadrate (à ca. 12 x 12 cm) aufzeichnen. Eier trennen. Eiweiß und Salz steif schlagen, dabei 100 g Zucker einrieseln. Eigelb einzeln und Zitronenschale darunter schlagen. Mehl, Stärke und Backpulver darauf sieben, unterheben. Masse auf die Quadrate verteilen. Im heißen Backofen (E-Herd: 200 °C/Umluft: 175 °C/ Gas: Stufe 3) ca. 10 Minuten backen.

2 Backpapier sofort abziehen. Die Omeletts umklappen, dabei aus Alufolie gewickelte Rollen dazwischen legen. Auskühlen lassen.

3 Gelatine kalt einweichen. Nektarinen waschen, entsteinen. Bis auf 1 Hälfte klein schneiden und mit Saft pürieren. Likör und Vanillin-Zucker unterrühren. Gelatine ausdrücken und bei milder Hitze auflösen. Erst 3 EL Püree einrühren, dann unter das übrige Püree rühren. Kalt stellen, bis die Masse zu gelieren beginnt.

4 Sahne und 1 EL Zucker steif schlagen, unter das Püree heben. In einen Spritzbeutel mit großer Lochtülle füllen, in die Omeletts spritzen. Rest Nektarine in Spalten schneiden. Omeletts mit Puderzucker bestäuben, mit Nektarinenspalten verzieren.

Zubereitungszeit ca. 45 Min.
(ohne Wartezeit)
Stück ca. 460 kcal / 1930 kJ
E 8 g, F 24 g, KH 48 g

❄ *lassen sich prima einfrieren*

Rhabarber-Pastete

Zutaten für ca. 15 Stücke:

- **750 g Rhabarber**
- **90 g + 60 g + 2 EL Zucker**
- **2 Päckchen Vanillin-Zucker**
- **2 Eier (Gr. M), 1 Prise Salz**
- **abgeriebene Schale von ½ unbehandelten Zitrone**
- **40 g Speisestärke**
- **40 g Mehl, ½ TL Backpulver**
- **6 Blatt weiße Gelatine**
- **1 Dose (425 ml) Aprikosen**
- **300 g + 100 g Schlagsahne**
- **Backpapier, Alufolie, Klarsichtfolie**

1 Rhabarber putzen, waschen und in Scheiben schneiden. Mit 90 g Zucker und 1 Vanillin-Zucker mischen. Ca. 1 Std. ziehen lassen. Eier trennen. Eiweiß, Salz und 2 EL kaltes Wasser steif schlagen, dabei 60 g Zucker einrieseln. Eigelb einzeln und Zitronenschale darunter schlagen. Stärke, Mehl und Backpulver darauf sieben, unterheben.

2 Backblech mit Backpapier auslegen, quer mit mehrfach gefalteter Alufolie halbieren. Biskuit auf eine Hälfte (ca. 30 x 25 cm) streichen. Im heißen Ofen (E-Herd: 200 °C/Umluft: 175 °C/ Gas: Stufe 3) 12–15 Minuten backen. Auf ein mit 2 EL Zucker bestreutes Geschirrtuch stürzen. Papier abziehen. Biskuit mit einem feuchten Geschirrtuch abdecken, auskühlen lassen.

3 Gelatine kalt einweichen. Rhabarber, bis auf etwas zum Verzieren, 2–3 Minuten dünsten. Etwas abkühlen lassen. Gelatine ausdrücken, unterrühren. Auskühlen. Kalt stellen, bis er zu gelieren beginnt (ca. 2 Stunden).

4 Mit Hilfe einer Kastenkuchenform (30 cm lang) aus der Biskuitplatte je 1 Stück in Größe des Formbodens und des oberen Randes ausschneiden. Form mit Klarsichtfolie auslegen. Kleine Biskuitplatte hineinlegen. Aprikosen abtropfen. 300 g Sahne steif schlagen, unter den Rhabarber heben. In die Form streichen und mit Aprikosen belegen. 2. Biskuitplatte darauf legen. Über Nacht kalt stellen.

5 Auf eine Servierplatte stürzen. Folie abziehen. 100 g Sahne und 1 Vanillin-Zucker steif schlagen. Kuchen mit Sahne und Rest Rhabarber verzieren.

Zubereitungszeit ca. 1½ Std.
Wartezeit ca. 12 Std.
Stück ca. 180 kcal / 750 kJ
E 3 g, F 9 g, KH 21 g

❄ *lässt sich prima einfrieren*

Gefüllte Mohrenköpfe

Zutaten für ca. 6 Stück:

- Fett für die Form
- 150 g Halbbitter-Kuvertüre
- 2 Eier (Gr. M), 1 Prise Salz
- 50 g + 2 geh. EL Zucker, 50 g Mehl
- 1 geh. EL (15 g) Speisestärke
- knapp ½ TL Backpulver, ¼ l Milch
- ½ Päckchen Puddingpulver „Vanille“ (zum Kochen; für ½ l Milch)
- 2 EL Aprikosen-Konfitüre
- 50 g weiße Kuvertüre
- Alufolie, 1 kleiner Gefrierbeutel
- evtl. Papier-Manschetten

1 Eine Mohrenkopfform mit 12 Vertiefungen fetten. Halbbitter-Kuvertüre grob hacken und im heißen Wasserbad schmelzen. Abkühlen lassen. Eier trennen. Eiweiß und Salz steif schlagen, dabei 50 g Zucker einrieseln lassen. Eigelb einzeln darunter schlagen. Mehl, Stärke und Backpulver darauf sieben, vorsichtig unterheben.

2 In jede Vertiefung der Form ca. 1 EL Biskuitmasse füllen. Im vorgeheizten Backofen (E-Herd: 200 °C/Umluft: 175 °C/Gas: Stufe 3) ca. 12 Minuten backen. In die Mitte jeder Halbkugel sofort eine Mulde drücken, dann stürzen und auf einem Kuchengitter auskühlen lassen.

3 200 ml Milch aufkochen. Restliche Milch mit Puddingpulver und 2 geh. EL Zucker verrühren. In die kochende Milch rühren, kurz aufkochen und auskühlen lassen.

4 Aprikosen-Konfitüre erwärmen und durch ein Sieb streichen. Die flachen Seiten der Halbkugeln, in denen sich die Mulden befinden, damit bestreichen. In die Mulden jeweils etwas Pudding füllen und je zwei Hälften zusammensetzen. Ca. 15 Minuten kalt stellen.

5 Mohrenköpfe auf ein Kuchengitter setzen. Alufolie darunter legen. Dunkle Kuvertüre wieder erwärmen und über die Mohrenköpfe gießen. Trocknen lassen.

6 Weiße Kuvertüre hacken und im heißen Wasserbad schmelzen. In einen Gefrierbeutel füllen und eine kleine Ecke abschneiden. Mohrenköpfe mit hellen Kuvertüre-Streifen verzieren. Trocknen lassen. Mohrenköpfe vor dem Servieren evtl. in Papier-Manschetten setzen und den Rest Pudding dazureichen.

Zubereitungszeit ca. 2 Std.
Wartezeit ca. 1 Std.
Stück ca. 190 kcal / 790 kJ
E 4 g, F 8 g, KH 24 g

❄ *lassen sich prima einfrieren*

Maracuja-Flocken-Torte

Zutaten für ca. 12 Stücke:

- 3 Eier (Gr. M), 1 Prise Salz
- 100 g + 50 g Zucker
- 1 Päckchen Vanillin-Zucker
- 75 g Mehl
- 50 g Speisestärke
- 1 TL Backpulver
- 8 Blatt weiße Gelatine
- 2 Dosen (à 314 ml) Mandarin-Orangen
- ½ l Maracuja-Nektar oder -Saft
- 400 g Schlagsahne
- ca. 2 TL Puderzucker, Backpapier

1 Springform (26 cm Ø) am Boden mit Backpapier auslegen. Eier trennen. Eiweiß, Salz und 3 EL kaltes Wasser steif schlagen, dabei 100 g Zucker und Vanillin-Zucker einrieseln lassen. Eigelb einzeln darunter schlagen. Mehl, Stärke und Backpulver darauf sieben und unterheben.

2 Masse in die Springform füllen. Im vorgeheizten Backofen (E-Herd: 175 °C/Umluft: 150 °C/Gas: Stufe 2) 25–30 Minuten backen. Auskühlen.

3 Gelatine kalt einweichen. Mandarinen abtropfen. Maracuja-Saft mit 50 g Zucker verrühren und etwas erwärmen. Gelatine ausdrücken und im Saft auflösen. Kalt stellen, bis der Saft zu gelieren beginnt (dauert 1 ½–2 Stunden).

4 Sahne steif schlagen. ⅔ des angelierten Saftes unter die Sahne rühren. Mandarinen unterheben. Rest Saft als „Schlieren" unter die Sahne ziehen.

5 Den Boden so durchschneiden, dass oben ein dünner und unten ein dicker Boden entsteht. Dünnen Boden zerbröseln. Sahne kuppelartig auf den dicken Boden häufen, Biskuitbrösel darauf verteilen und andrücken. Mind. 3 Stunden kalt stellen. Mit Puderzucker bestäuben.

Zubereitungszeit ca. 1¼ Std.
Wartezeit mind. 5 Std.
Stück ca. 280 kcal / 1170 kJ
E 5 g, F 13 g, KH 33 g

❄ *lässt sich prima einfrieren*

Wachauer Mohn-Sahne-Torte

Zutaten für ca. 16 Stücke:

- **50 g Rosinen oder Sultaninen**
- **10 EL (100 ml) brauner Rum**
- **Fett für den Formboden**
- **5 Eier (Gr. M)**
- **80 g + 80 g + 50 g + 1 TL Zucker**
- **1 Prise Salz, 125 g Mehl**
- **150 g + ½ EL gemahlener Mohn**
- **5 Blatt weiße Gelatine**
- **1 Dose (850 ml) Aprikosen**
- **600 g + 200 g Schlagsahne**
- **¼ TL + 1 Msp. gemahlener Zimt**

1 Rosinen waschen, über Nacht in Rum einweichen. Springform (26 cm Ø) am Boden fetten. Eier trennen. Eigelb und 80 g Zucker cremig schlagen. Eiweiß und Salz steif schlagen. Unter weiterem Schlagen 80 g Zucker einrieseln lassen. Weiterschlagen, bis er gelöst ist. Unter die Eigelbmasse heben.

2 Mehl sieben und mit 150 g Mohn mischen. Vorsichtig unter die Eimasse ziehen. In die Form füllen. Im vorgeheizten Backofen (E-Herd: 175 °C/Umluft: 150 °C/Gas: Stufe 2) ca. 35 Minuten backen. Auskühlen.

3 Gelatine kalt einweichen. Rosinen und Aprikosen getrennt abtropfen lassen, Rum und Saft dabei auffangen. Rum und 7–8 EL Saft mischen. Aprikosen in Spalten schneiden. Einige Aprikosen und 1 TL Rosinen beiseite legen.

4 Boden 2 x teilen, mit Rum-Saft beträufeln. 600 g Sahne leicht anschlagen, dabei 50 g Zucker und ¼ TL Zimt einrieseln. Gelatine bei milder Hitze auflösen. 2 EL Sahne einrühren, langsam unter die übrige Sahne schlagen, weiterschlagen, bis sie steif ist. Rosinen unterheben. Tortenring (ca. 7 cm hoch) um den unteren Boden legen. Aprikosen darauf verteilen. Hälfte Rosinen-Sahne darauf streichen. 2. Boden darauf legen. Mit Rest Rosinen-Sahne bestreichen. 3. Boden darauf legen. Mind. 3 Std. kalt stellen.

5 200 g Sahne, 1 TL Zucker und 1 Msp. Zimt steif schlagen. Torte mit Sahne bestreichen und mit Rest Aprikosen, Rosinen und ½ EL Mohn verzieren.

Zubereitungszeit ca. 1¼ Std.
Wartezeit ca. 15 Std.
Stück ca. 360 kcal / 1510 kJ
E 7 g, F 22 g, KH 30 g

❄ *lässt sich prima einfrieren*

Prachtvolle

Mit Sahne, Schokolade, Marzipan und edlem Back-Dekor verzierte Torten sind die Highlights jeder Kaffeetafel. Dabei genügen manchmal wenige Handgriffe, um ein echtes Schmuckstück zu gestalten

Torten

Erdbeer-Eissplitter-Torte Seite 111

Einfach, aber wirkungsvoll: Die Mandarinen-Eierlikör-Torte besticht durch ihren Rand aus Waffelröllchen. Sahnetuffs mit Pistazien runden die Deko ab. Seite 103

Ein üppiger Mandel-Rand, ein Gitter aus Creme und frische, bunte Früchte machen die Käse-Sahnetorte „Tutti-Frutti“ zum Blickfang. Seite 105

Wie ein riesiges Praliné wirkt die Schoko-Kuppeltorte in ihrem feinen Marzipan-Kuvertüre-Mantel, den ein zartes Muster aus weißer Schokolade ziert. Seite 109

Deko-Schule

Grundregeln & Tipps fürs Verzieren

● Je steifer die Sahne, umso besser lässt sie sich spritzen. Deshalb beim Schlagen evtl. Sahnefestiger zufügen.
● Sahne und Buttercreme vor dem Spritzen kühlen. Spritzbeutel nur unten und oben anfassen, damit die Masse nicht warm wird.
● Spritzbeutel fast senkrecht halten und die Tülle mit einer Hand führen.
● Ist ein Dekor „verunglückt“, mit dem Messer abnehmen und in den Beutel zurückfüllen. Wer noch nicht so viel Übung hat, kann die Verzierungen auf einem Tablett vorspritzen, kurz einfrieren und dann auf die Torte setzen. Auch prima als Vorrat!
● Auf Sahne- und Cremetorten lassen sich mit einem Tortenkamm dekorative Linien, Wellen und Gitter ziehen.

Einfach, aber wirkungsvoll:
● **Flocken-Oberfläche:** Sahne-, Käse- oder Cremetorten mit zerbröseltem Baiser oder Biskuit verzieren.
● **Tortenränder** können Sie prima mit Keksen (Waffelröllchen, Eierplätzchen Mini-Florentiner etc.) verschönern.
● Kleine **Schokospäne** zum Verzieren einfach mit einem Sparschäler von einer Tafel Schokolade abhobeln.
● **Kandierte Blüten:** ungespritzte Blüten (Rosen, Veilchen) waschen, trockenschütteln, mit frischem, verquirltem Eiweiß einstreichen und mit Zucker bestreuen. Gut trocknen lassen. Haltbarer werden die Blüten, wenn man statt Eiweiß einen Mix aus 1 TL Rosenwasser und 1 TL Gummi arabicum (Verdickungsmittel; Apotheke) nimmt.

Gespritzte Muster aus Sahne oder Buttercreme

Je nach Art der Spritztülle erhalten Sie unterschiedliche Muster. Die klassische Form ist die Sterntülle für Tuffs, Locken, Girlanden, Zapfen und vieles mehr

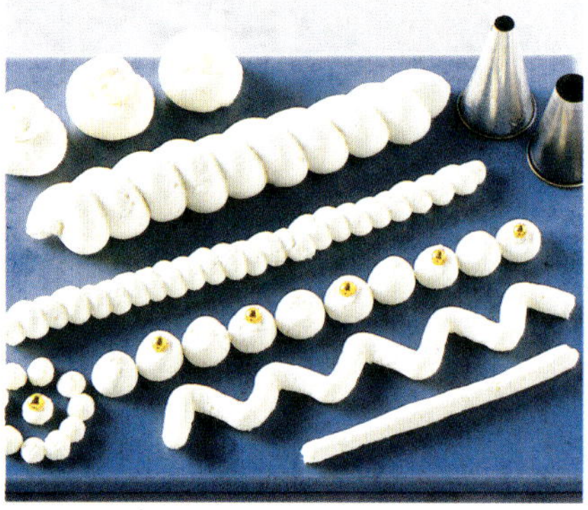

Etwas rustikaler, aber ebenso fantasievoll lässt sich mit der Lochtülle spritzen. Muster aller Art lassen sich prima mit Zuckerperlen, Nüssen etc. vollenden

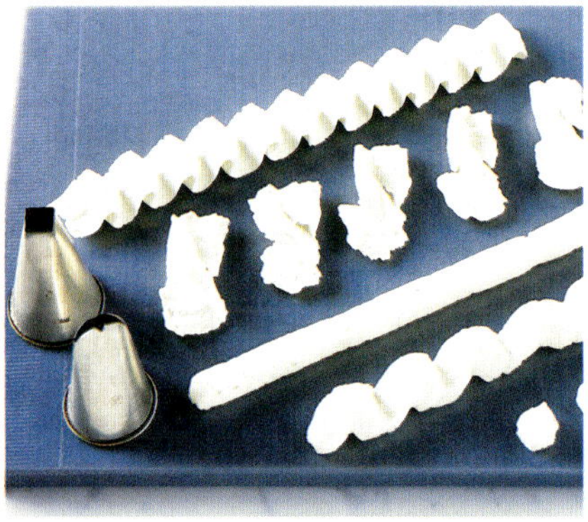

Ganz raffiniert gelingen Verzierungen mit der Blatttülle für Blätter und Girlanden oder mit der quadratischen Tülle für Würfel oder Streifen

Elegant wirken mit der Rosettentülle gespritzte Verzierungen. Alle Tüllen gibt's in unterschiedlichen Größen aus Edelstahl, Weißblech oder Kunststoff

Tortenrand verzieren

Bei Torten, die mit Sahne, Creme oder Zuckerguss (muss noch feucht sein) überzogen sind, können Sie Schokostreusel etc. gleich mit Palettenmesser oder Teigkarte von unten nach oben an den Rand drücken

Den Rand von Torten, die keinen haftenden Überzug haben, zunächst mit Konfitüre bestreichen. Konfitüre vorher am besten erwärmen und durch ein Sieb streichen, damit sie sich besser auftragen lässt

Lange Schokospäne

Kuvertüre im heißen Wasserbad schmelzen. Auf eine Marmorplatte oder die Rückseites eines Backblechs streichen. Sobald sie fest zu werden beginnt, mit einem Spachtel in Spänen abschaben

Effektvolle Überzüge aus Kuvertüre

Torte auf ein Kuchengitter setzen. Flüssige Kuvertüre in die Mitte geben und Torte leicht hin und her bewegen, damit sich der Guss gleichmäßig verteilt. Am Rand z. B. mit dem Palettenmesser verstreichen

Marmorieren: Auf den noch weichen dunklen Schokoladenguss Tupfen von flüssiger weißer Kuvertüre verteilen. Dann mit einem Löffel durchziehen, sodass ein Marmormuster entsteht. Trocknen lassen

Sehr interessant sieht folgende Variante aus: Torte teils mit weißer, teils mit dunkler Kuvertüre überziehen und sofort mit einem Holzspieß eine Schlangenlinie von einer Seite zur anderen ziehen

Zarte Ornamente können Sie mit Hilfe eines Einwegspritzbeutels aufspritzen. Dazu den Beutel höchstens zu einem Drittel mit geschmolzener Kuvertüre füllen und eine kleine Ecke abschneiden

Rand und Decke aus Marzipan

Für eine Torte (26 cm Ø) 200 g Marzipan-Rohmasse mit 100 g Puderzucker verkneten. Zwischen Klarsichtfolie rund (36 cm Ø) ausrollen. Auf die Torte legen, andrücken, evtl. überstehende Ränder abschneiden

Marzipan-Rand: ca. 200 g Rohmasse und 50 g Puderzucker verkneten. Zwischen Folie zu 3 Streifen (je ca. 27 cm lang) in Tortenhöhe ausrollen. Torte mit Creme oder Konfitüre bestreichen, Rand andrücken

Gesiebte Ornamente

Mit Kakao und Puderzucker lassen sich mit Hilfe von Papier, Schablonen und Ausstechformen tolle Muster oder Figuren auf die Tortenoberfläche zaubern. Als Alternative für fruchtige Torten ein passendes Instantpulver für Milch-Mixgetränke (Banane, Erdbeer oder Vanille) nehmen. Das bringt zusätzlich Farbe ins Spiel

Mit mehreren Papierstreifen (z. B. je ca. 2 x 30 cm) lassen sich verschiedene Muster aufsieben. Die Anordnung auf dem Foto oben ergibt z. B. ein Zickzack-Muster. Legen Sie die Streifen gitterförmig auf die Torte, erhalten Sie ein Rautenmuster, wenn die Längs- und Querstreifen im rechten Winkel aufeinander liegen, ein Schachbrettmuster

Fertige runde Schablonen gibt es aus Kunststoff oder Papier zu kaufen. Ganz individuell wird's, wenn Sie die Vorlage selbst herstellen. Dazu dünne Pappe in der Größe der Torte zuschneiden. Motive aufmalen (z. B. einen Hasen für Ostern) und mit einem Bastelmesser ausschneiden. Schablone auf die Torte legen, Kakao bzw. Puderzucker in die Aussparung sieben. Schablone vorsichtig abnehmen. Umgekehrt geht's auch: Die ausgeschnittenen Motive auf die Torte legen. Kakao über die gesamte Oberfläche sieben und Motive mit einer Pinzette abheben

Schokoladen-Trüffel-Torte

Zutaten für ca. 16 Stücke:

- 50 g + 400 g Zartbitter-Schokolade
- 500 g Schlagsahne
- 50 g Löffelbiskuits
- 4 Eier (Gr. M)
- 1 Prise Salz
- 75 g Zucker
- 50 g Mehl
- 50 g Speisestärke
- 1 leicht gehäufter EL Kakao
- 1 Messerspitze Backpulver
- 50 g Halbbitter-Kuvertüre
- Kakao und Puderzucker zum Bestäuben
- Backpapier

1 50 g Schokolade kalt stellen. Für die Trüffelmasse 400 g Schokolade in Stücke brechen. Sahne erhitzen und die Schokolade darin schmelzen. Mind. 7 Stunden, am besten über Nacht, kalt stellen.

2 Springform (26 cm Ø) am Boden mit Backpapier auslegen. Löffelbiskuits zerbröseln. Gekühlte Schokolade reiben. Eier trennen. Eiweiß und Salz steif schlagen, dabei Zucker einrieseln lassen. Eigelb einzeln darunter schlagen. Mehl, Speisestärke, Kakao und Backpulver mischen, darauf sieben. Schokolade und Biskuitbrösel darauf geben. Alles unterheben.

3 Masse in die Form streichen. Im vorgeheizten Ofen (E-Herd: 175 °C/ Umluft: 150 °C/Gas: Stufe 2) ca. 25 Minuten backen. Auskühlen lassen.

4 Kuvertüre grob hacken, im heißen Wasserbad schmelzen und auf eine glatte Fläche (z. B. Marmorplatte oder Rückseite eines Backblechs) streichen. Sobald sie fest zu werden beginnt, mit einem Spachtel in langen Spänen abhobeln.

5 Trüffelmasse mit den Schneebesen des Handrührgerätes cremig aufschlagen. Biskuit waagerecht halbieren. Unteren Boden mit etwas Creme bestreichen. 2. Boden darauf setzen. Torte mit Rest Creme einstreichen. Zum Schluss mit Schokospänen, Kakao und Puderzucker verzieren.

Zubereitungszeit ca. 1 ½ Std.
Wartezeit mind. 7 Std.
Stück ca. 330 kcal / 1380 kJ
E 5 g, F 21 g, KH 28 g

Mandarinen-Eierlikör-Torte

Zutaten für ca. 16 Stücke:

- **Fett und Paniermehl für die Form**
- **4 Eier (Gr. M)**
- **60 g weiche Butter/Margarine**
- **60 g + 50 g Zucker**
- **2 Päckchen Vanillin-Zucker, Salz**
- **160 g gemahlene Mandeln**
- **2 EL Paniermehl, 1½ TL Backpulver**
- **8 Blatt weiße Gelatine**
- **2 Dosen (à 314 ml) Mandarinen**
- **250 g Schmand oder Crème fraîche**
- **5 EL + 200 ml + 2 EL Eierlikör**
- **200 g + 150 g Schlagsahne**
- **200 g stichfeste saure Sahne**
- **ca. 34 Waffelröllchen mit Schokolade (ca. 2½ Packungen)**
- **1–2 TL gehackte Pistazien**

1 Eine Springform (26 cm Ø) fetten, mit Paniermehl ausstreuen. Eier trennen. Fett, 60 g Zucker, 1 Päckchen Vanillin-Zucker und 1 Prise Salz cremig rühren. Eigelb einzeln darunter rühren. Mandeln, Paniermehl und Backpulver mischen und unterrühren.

2 Eiweiß steif schlagen, portionsweise unter den Teig heben. In die Form streichen. Im heißen Backofen (E-Herd: 175 °C/Umluft: 150 °C/Gas: Stufe 2) ca. 30 Minuten backen. Auskühlen.

3 Gelatine in reichlich kaltem Wasser einweichen. Mandarinen abtropfen lassen. 8 Mandarinenspalten zum Verzieren beiseite legen. Schmand cremig aufschlagen, dabei 50 g Zucker und 1 Päckchen Vanillin-Zucker einrieseln lassen. Gelatine ausdrücken, bei milder Hitze auflösen. 5 EL Likör einrühren, dann unter 200 ml Likör rühren. Kalt stellen, bis er zu gelieren beginnt (ca. 15 Minuten).

4 200 g Sahne steif schlagen. Saure Sahne und Likör-Masse verrühren. Schmand, Sahne und Mandarinen darunter heben. Einen Tortenring um den Tortenboden legen. Etwas Likör-Creme am Tortenringrand verteilen. Waffelröllchen senkrecht darauf stellen. Rest Likör-Creme einfüllen, glatt streichen. Ca. 6 Stunden kalt stellen.

5 150 g Sahne steif schlagen. Torte mit Sahnetuffs, Rest Mandarinen, 2 EL Eierlikör und Pistazien verzieren.

Zubereitungszeit ca. 1 Std.
Wartezeit ca. 7 Std.
Stück ca. 420 kcal / 1760 kJ
E 8 g, F 27 g, KH 28 g

Badische Apfeltorte

Zutaten für ca. 12 Stücke:

- **3 Eier (Gr. M), 1 Prise Salz**
- **125 g + 75 g Zucker**
- **75 g Mehl**
- **75 g + 1 gehäufter EL (15 g) Speisestärke**
- **1 gehäufter TL Backpulver**
- **2½ leicht gehäufte EL (20 g) Kakao**
- **750 g säuerliche Äpfel**
- **⅛ l Apfelsaft**
- **abgeriebene Schale von ½ unbehandelten Zitrone**
- **100 g Halbbitter-Kuvertüre**
- **600 g Schlagsahne**
- **2 Päckchen Bourbon-Vanillezucker**
- **evtl. Kirschäpfel (Dose) und Minze zum Verzieren**
- **Backpapier**

1 Eine Springform (24 cm Ø) am Boden mit Backpapier auslegen. Eier trennen. Eiweiß, Salz und 3 EL kaltes Wasser steif schlagen. Unter weiterem Schlagen 125 g Zucker einrieseln lassen. Weiterschlagen, bis sich der Zucker gelöst hat. Eigelb einzeln darunter schlagen. Mehl, 75 g Stärke, Backpulver und Kakao darauf sieben und unterheben.

2 Biskuit in die Form füllen und glatt streichen. Im vorgeheizten Backofen (E-Herd: 175 °C/Umluft: 150 °C/ Gas: Stufe 2) ca. 25 Minuten backen. Auskühlen lassen.

3 Äpfel schälen, vierteln, entkernen und in Scheiben schneiden. Mit Apfelsaft, 75 g Zucker und Zitronenschale aufkochen und ca. 5 Minuten dünsten. 1 EL Stärke und 2 EL Wasser verrühren. Ins Apfel-Kompott rühren, nochmals kurz aufkochen. Etwas abkühlen lassen.

4 Biskuit 2 x waagerecht durchschneiden. Kompott auf den unteren Boden streichen. Den 2. Boden darauf legen. Kompott auskühlen lassen.

5 Kuvertüre raspeln. Sahne und Vanillezucker steif schlagen. 3–4 EL in einen Spritzbeutel mit Sterntülle füllen. ⅓ der restlichen Sahne auf den 2. Boden streichen, 3. Boden darauf legen. Torte mit Rest Sahne einstreichen, mit Sahnetuffs, Schokoraspeln, Kirschäpfeln und Minze verzieren.

Zubereitungszeit ca. 1½ Std.
Wartezeit ca. 2 Std.
Stück ca. 390 kcal / 1630 kJ
E 5 g, F 21 g, KH 43 g

Käse-Sahnetorte „Tutti-Frutti“

Zutaten für ca. 14 Stücke:

- **Fett für die Form**
- **150 g weiche Butter/Margarine**
- **100 g + 75 g Zucker**
- **1 Prise Salz**
- **2 Eier (Gr. M)**
- **125 g Mehl, ½ TL Backpulver**
- **100 g Haselnusskrokant**
- **5 Blatt weiße Gelatine**
- **Mark von 1 Vanilleschote**
- **500 g Magerquark**
- **50 g Mandelblättchen**
- **250 g Himbeeren**
- **evtl. 2 EL Himbeergeist**
- **250 g Schlagsahne**
- **200 g frische Früchte (z. B. Kiwi, Johannisbeeren, Aprikosen, Kirschen) und Melisse zum Verzieren**

1 Springform (26 cm Ø) fetten. Fett, 100 g Zucker und Salz cremig rühren. Eier einzeln darunter rühren. Mehl, Backpulver und Krokant mischen und portionsweise kurz darunter rühren. Teig in die Form streichen. Im vorgeheizten Backofen (E-Herd: 175 °C/Umluft: 150 °C/Gas: Stufe 2) ca. 30 Minuten backen. Auskühlen lassen.

2 Gelatine in kaltem Wasser einweichen. Vanillemark, 75 g Zucker und Quark verrühren. Gelatine ausdrücken und bei milder Hitze auflösen. Erst 3 EL Quark einrühren, dann unter den übrigen Quark rühren. Kalt stellen, bis er zu gelieren beginnt.

3 Mandelblättchen in einer Pfanne ohne Fett rösten. Auskühlen lassen. Himbeeren verlesen, vorsichtig waschen und mit Küchenpapier trockentupfen. Einen Tortenring um den Tortenboden schließen. Boden evtl. mit Himbeergeist beträufeln und mit den Himbeeren belegen.

4 Sahne steif schlagen und unter den Quark heben. Torte mit ⅔ der Creme einstreichen. Rand mit Mandeln bestreuen. Rest Creme in einen Spritzbeutel mit Sterntülle füllen und als Gitter auf die Torte spritzen. Torte mit Früchten und Melisse verzieren.

Zubereitungszeit ca. 1½ Std.
(ohne Wartezeit)
Stück ca. 320 kcal / 1340 kJ
E 9 g, F 18 g, KH 28 g

Lübecker Nusstorte

Zutaten für ca. 16 Stücke:

- **175 g weiche Butter/Margarine**
- **175 g + 50 g Zucker**
- **1 Prise Salz**
- **3 Eier (Gr. M)**
- **150 g Mehl**
- **30 g Speisestärke**
- **1 gehäufter TL Backpulver**
- **4 Blatt weiße Gelatine**
- **300 g + 100 g Schlagsahne**
- **100 g gemahlene Haselnüsse**
- **100 g Aprikosen-Konfitüre**
- **200 g Marzipan-Rohmasse**
- **125 g Puderzucker**
- **ca. 16 Haselnusskerne**
- **Backpapier, Klarsichtfolie**

1 Springform (26 cm Ø) mit Backpapier auslegen. Fett, 175 g Zucker und Salz cremig rühren. Eier einzeln darunter rühren. Mehl, Speisestärke und Backpulver mischen, portionsweise kurz darunter rühren. Teig in die Form streichen. Im vorgeheizten Backofen (E-Herd: 200 °C/Umluft: 175 °C/ Gas: Stufe 3) ca. 30 Minuten backen. Auskühlen lassen.

2 Boden waagerecht halbieren. Um den unteren Boden einen Tortenring oder den Formrand legen. Gelatine kalt einweichen. 300 g Sahne steif schlagen, dabei nach und nach 50 g Zucker einrieseln lassen. Gemahlene Nüsse darunter ziehen. Gelatine ausdrücken und bei milder Hitze auflösen. 3 EL Nuss-Sahne einrühren, dann unter die übrige Nuss-Sahne ziehen. Auf den unteren Boden streichen. Den zweiten Boden darauf legen und ca. 3 Stunden kalt stellen.

3 Konfitüre erhitzen und durch ein Sieb streichen. Torte damit überziehen. Marzipan grob reiben. Mit Puderzucker verkneten, zwischen Klarsichtfolie zur runden Platte (ca. 36 cm Ø) ausrollen. Torte damit einhüllen. Evtl. überstehende Ränder abschneiden.

4 100 g Sahne steif schlagen. Torte mit Sahnetuffs und Haselnusskernen verzieren.

Zubereitungszeit ca. 1¾ Std.
Wartezeit ca. 4 Std.
Stück ca. 450 kcal / 1890 kJ
E 5 g, F 27 g, KH 43 g

Makronen-Marzipan-Torte

Zutaten für ca. 16 Stücke:

- Fett für den Formboden
- 6 + 6 Eigelb, 4 + 1 Eiweiß (Gr. M)
- 40 g + 80 g + 100 g Zucker
- abgeriebene Schale von ½ unbehandelten Zitrone
- 1 Prise Salz
- 80 g Mehl
- 2 EL (20 g) Speisestärke
- 120 g gemahlene Mandeln
- 300 g Erdbeer-Konfitüre
- 400 g Marzipan-Rohmasse
- 1 EL Rum
- 80 g Mandelblättchen
- evtl. je ca. 16 Mandeln (evtl. ohne Haut) und Belegkirschen zum Verzieren

1 Eine Springform (26 cm Ø) nur am Boden fetten. 6 Eigelb, 3 EL lauwarmes Wasser, 40 g Zucker und Zitronenschale mit den Schneebesen des Handrührgerätes schaumig schlagen.

2 4 Eiweiß und 1 Prise Salz steif schlagen. 80 g Zucker unter weiterem Schlagen einrieseln lassen. Weiterschlagen, bis sich der Zucker vollständig gelöst hat. Mehl und Stärke sieben. Mit gemahlenen Mandeln und Eischnee unter die Eigelbmasse ziehen. In die Form streichen. Im vorgeheizten Ofen (E-Herd: 200 °C/Umluft: 175 °C/ Gas: Stufe 3) 35–40 Minuten backen. Auskühlen lassen.

3 Tortenboden 2 x waagerecht durchschneiden. Den unteren und den mittleren Boden mit je 100 g Konfitüre bestreichen. Torte zusammensetzen.

4 Marzipan grob reiben. Mit 100 g Zucker, 6 Eigelb und Rum verrühren. Die Hälfte davon mit 1 Eiweiß verrühren und auf die Torte gießen. Von der Mitte aus mit einem Palettenmesser rundum einstreichen.

5 Übrige Masse in einen Spritzbeutel mit Sterntülle füllen. Gitterartig auf die Torte spritzen. Im heißen Backofen (E-Herd: 225 °C/Umluft: 200 °C/ Gas: Stufe 4) hellbraun backen. Mandelblättchen ohne Fett rösten. 100 g Konfitüre erhitzen, durch ein Sieb streichen. Tortenrand damit bestreichen. Mandelblättchen darandrücken. Mit Mandeln und Kirschen verzieren.

Zubereitungszeit ca. 1¾ Std. (ohne Wartezeit)
Stück ca. 390 kcal / 1630 kJ
E 9 g, F 18 g, KH 45 g

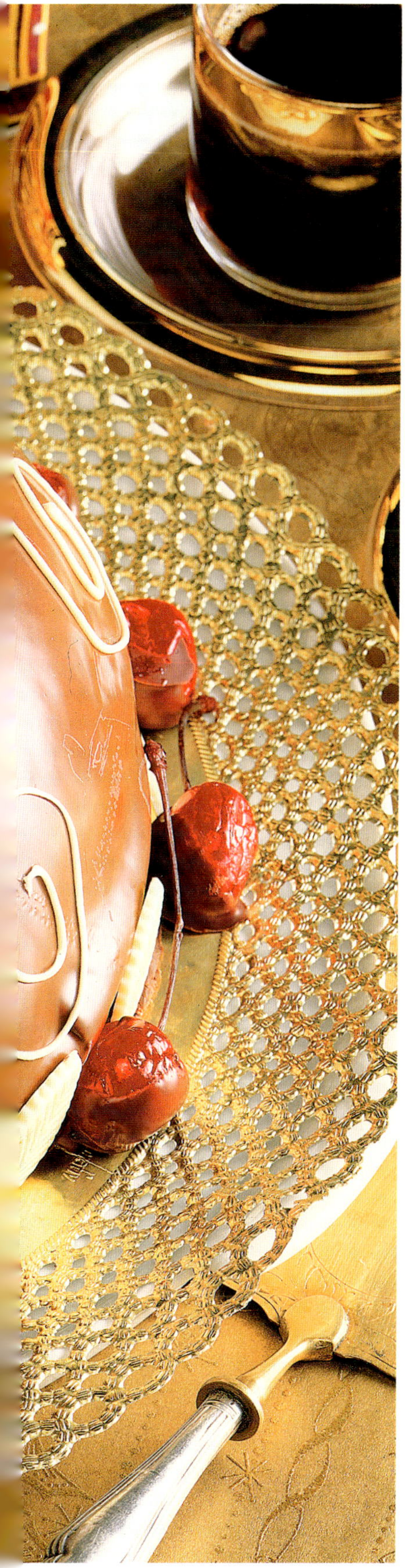

Schoko-Kuppeltorte

Zutaten für ca. 24 Stücke:

Für den Biskuit:
- 2 Eier (Gr. M), 1 Pr. Salz, 75 g Zucker
- 1 Päckchen Vanillin-Zucker
- 50 g Mehl, 50 g Speisestärke
- 1 gestrichener TL Backpulver
- Backpapier

Für die Füllung und zum Verzieren:
- 400 g Marzipan-Rohmasse
- 100 g Puderzucker
- 6 Blatt weiße Gelatine
- 350 g Zartbitter-Schokolade
- 500 g Schlagsahne
- 7 Eiweiß + 10 Eigelb (Gr. M)
- 3 EL Zucker, 1 Päck. Vanillin-Zucker
- 2 EL Weinbrand
- ca. 2 EL Kirsch-Konfitüre
- 300 g Halbbitter-Kuvertüre
- evtl. 1 Glas (350 g) Cocktailkirschen mit Stiel
- 75 g weiße Kuvertüre
- evtl. 1 Packung (60 g) weiße + 4 dunkle Schoko-Dekor-Blätter
- Klarsichtfolie, 1 kleiner Gefrierbeutel

Für den Mürbeteig:
- 150 g Mehl
- 75 g kalte Butter/Margarine
- 50 g Zucker
- 1 Prise Salz
- abgeriebene Schale von ½ unbehandelten Zitrone
- 1 Ei (Gr. M), Klarsichtfolie

1 Biskuit: Springform (24 cm Ø) am Boden mit Backpapier auslegen. Eier trennen. Eiweiß, 1 Prise Salz und 1 EL kaltes Wasser steif schlagen, dabei Zucker und Vanillin-Zucker einrieseln lassen. Eigelb einzeln darunter schlagen. Mehl, Stärke und Backpulver darauf sieben, unterheben. In die Form streichen. Im vorgeheizten Ofen (E-Herd: 175 °C/Umluft: 150 °C/Gas: Stufe 2) ca. 20 Minuten backen. Auskühlen lassen.

2 Füllung: Marzipan grob reiben, mit Puderzucker verkneten. Zwischen 2 Lagen Klarsichtfolie rund (35–40 cm Ø) ausrollen. Eine tiefe Schüssel (24 cm Ø; ca. 3 l Inhalt) bereitstellen. Schüssel mit Marzipan auskleiden, dabei das Marzipan mitsamt Klarsichtfolie in die Form legen. Die obere Folie abziehen. Evtl. überstehendes Marzipan abschneiden.

3 Schokoladencreme: Gelatine in kaltem Wasser einweichen. Schokolade in Stücke brechen, im heißen Wasserbad schmelzen. Sahne und 7 Eiweiß getrennt steif schlagen. 10 Eigelb, Zucker und Vanillin-Zucker cremig schlagen. Gelatine ausdrücken, bei milder Hitze auflösen. Erst Weinbrand, dann 3 EL Eigelbmasse einrühren und unter die übrige Eigelbmasse rühren. Flüssige Schokolade darunter rühren. Erst Eischnee, dann Sahne unterheben. ⅔ Creme in die Schüssel streichen.

4 Biskuit 1 x waagerecht durchschneiden. Aus einem Tortenboden einen Kreis (ca. 19 cm Ø) ausschneiden, auf die Creme legen. Reste zerbröseln, darauf streuen. Rest Creme darauf streichen. 2. Boden darauf legen. Schüssel abdecken, über Nacht kalt stellen.

5 Mürbeteig: Mehl, Fett in Stückchen, Zucker, Salz, Zitronenschale und Ei erst mit dem Handrührgerät, dann kurz mit den Händen glatt verkneten. In Folie wickeln, ca. 30 Minuten kalt stellen.

6 Mürbeteig auf dem Boden einer Springform (24 cm Ø) ausrollen. Mit einer Gabel mehrmals einstechen. Im vorgeheizten Backofen (E-Herd: 200 °C/Umluft: 175 °C/Gas: Stufe 3) 15-20 Minuten backen. Auskühlen.

7 Konfitüre erhitzen, Mürbeteigboden damit bestreichen und mit der bestrichenen Seite nach unten in die Schüssel legen. Torte auf eine Tortenplatte stürzen, Folie abziehen. Halbbitter-Kuvertüre grob hacken, im heißen Wasserbad schmelzen. Bis auf 2 EL die Torte damit überziehen. Kirschen trockentupfen, zur Hälfte in den Rest Kuvertüre tauchen, abtropfen lassen. Alles trocknen lassen.

8 Weiße Kuvertüre grob hacken, im heißen Wasserbad schmelzen. In einen Gefrierbeutel füllen, eine kleine Ecke abschneiden, Schnörkel damit auf die Torte spritzen und Dekor-Blättchen und Kirschen damit auf die Torte kleben. Trocknen lassen.

Zubereitungszeit ca. 2 Std.
Wartezeit ca. 14 Std.
Stück ca. 420 kcal / 1760 kJ
E 7 g, F 25 g, KH 39 g

Feine Kirsch-Sahne-Torte

Zutaten für ca. 16 Stücke:

- **250 g Mehl**
- **75 g + 2–4 leicht gehäufte EL Zucker**
- **1 Prise Salz, 1 Ei (Gr. M)**
- **150 g kalte Butter/Margarine**
- **Fett für die Form**
- **750 g frische oder 1½ Gläser (à 720 ml) Süß- oder Sauerkirschen**
- **50 g Speisestärke**
- **½ l Kirschsaft**
- **2 Päckchen Vanillin-Zucker**
- **400 g Schlagsahne**
- **1 EL gehackte Pistazien**
- **1 EL Haselnussblättchen**
- **getrocknete Erbsen und Backpapier zum Blindbacken**

1 Für den Mürbeteig Mehl, 75 g Zucker, Salz, Ei und Fett in Stückchen erst mit den Knethaken des Handrührgerätes, dann mit den Händen zu einem glatten Teig verkneten. Zugedeckt mind. 30 Minuten kalt stellen.

2 Boden einer Springform (26 cm Ø) fetten. Hälfte Teig darauf ausrollen. Formrand darumschließen. Rest Teig zur Rolle formen, am Rand 4–5 cm hochdrücken. Mit Backpapier auslegen, Erbsen darauf füllen. Im vorgeheizten Ofen (E-Herd: 200 °C/Umluft: 175 °C/ Gas: Stufe 3) ca. 15 Minuten vorbacken. Papier samt Erbsen entfernen. Boden bei gleicher Temperatur weitere ca. 15 Minuten backen. Auskühlen.

3 Kirschen waschen, entstielen und entsteinen. Stärke und 6 EL Saft verrühren. Rest Saft, Vanillin-Zucker und 1–2 EL Zucker aufkochen. Stärke einrühren, kurz aufkochen. Kirschen unterheben und etwas abkühlen lassen. Kompott auf den Boden streichen. Mind. 4 Stunden kalt stellen.

4 Sahne steif schlagen, dabei 1–2 EL Zucker einrieseln lassen. In einen Spritzbeutel mit Sterntülle füllen. Den Tortenrand mit Sahnestreifen und -tuffs verzieren. Dann mit Pistazien und Haselnussblättchen bestreuen.

Zubereitungszeit ca. 1½ Std.
Wartezeit mind. 5 Std.
Stück ca. 310 kcal / 1300 kJ
E 3 g, F 16 g, KH 36 g

Erdbeer-Eissplitter-Torte

Zutaten für ca. 16 Stücke:

- 150 g + 40 g Mehl
- 75 g kalte Butter/Margarine
- 40 g + 60 g + 4 EL Zucker, 1 Prise Salz
- 2 Eier (Gr. S), 40 g Speisestärke
- 30 g Halbbitter-Kuvertüre
- 400 g Erdbeeren
- 750 g Erdbeer-Joghurt
- 200 g + 400 g Schlagsahne
- 3 Baiserschalen (ca. 60 g)
- 100 g Mandelblättchen
- Erdbeeren, Schokospäne und Melisse zum Verzieren
- Klarsichtfolie, Backpapier, Alufolie

1 150 g Mehl, Fett in Stückchen, 40 g Zucker, 1 Prise Salz und 2–3 TL eiskaltes Wasser erst mit den Knethaken des Handrührgerätes, dann kurz mit den Händen verkneten. In Folie wickeln, ca. 30 Minuten kalt stellen.

2 Springform (26 cm Ø) am Boden mit Backpapier auslegen. Eier trennen. Eiweiß steif schlagen, dabei 60 g Zucker einrieseln. Eigelb einzeln darunter schlagen. 40 g Mehl und Stärke mischen, darauf sieben, unterheben. In die Form streichen. Im heißen Ofen (E-Herd: 200 °C/Umluft: 175 °C/Gas: Stufe 3) 10–15 Min. backen. Auskühlen.

3 Mürbeteig auf dem Formboden ausrollen. Bei gleicher Temperatur 10–12 Minuten backen. Auskühlen.

4 Springform (26 cm Ø) mit Klarsichtfolie auslegen. Mürbeteigboden hineinlegen. Kuvertüre grob hacken, im heißen Wasserbad schmelzen. Mürbeteig damit bestreichen. Biskuit darauf setzen. Erdbeeren waschen, putzen. Bis auf 250 g pürieren, mit Joghurt und 4 EL Zucker verrühren. 200 g Sahne steif schlagen, darunter heben. 1 Stunde vorfrieren. Baiser zerbröckeln. Rest Erdbeeren würfeln. Beides unter die Joghurtmasse heben. Auf dem Boden verteilen. Mind. 7 Stunden einfrieren.

5 Mandeln ohne Fett rösten, auskühlen. 400 g Sahne steif schlagen. Torte mit ⅓ Sahne einstreichen. Mit Mandeln und Rest Sahne verzieren. Ca. 2 Stunden auf einer Platte vorfrieren. In Alufolie hüllen, mind. 10 Stunden einfrieren. Verzieren.

Zubereitungszeit ca. 1¾ Std.
Wartezeit mind. 21 Std.
Stück ca. 370 kcal / 1550 kJ
E 6 g, F 22 g, KH 34 g

Spanische Vanille-Torte

Zutaten für ca. 16 Stücke:

Für den Teig:

- 175 g Halbbitter-Kuvertüre
- 325 g Marzipan-Rohmasse
- 8 Eier (Gr. M)
- 1 Vanilleschote, 1 Prise Salz
- 100 g + etwas Butter, 100 g Zucker
- 125 g Mehl

Zum Überziehen und Verzieren:

- 250 g Vollmilch-Kuvertüre
- 2–3 EL gehackte Mandeln
- 30 g Zartbitter-Schokolade
- 50 g Marzipan-Rohmasse
- 2 EL Puderzucker
- 5 getrocknete Aprikosen
- evtl. 1 TL Schokoladenherzen
- Klarsichtfolie

1 Kuvertüre fein hacken. Marzipan grob reiben. Eier trennen. Vanilleschote längs aufschneiden, das Mark herausschaben. Marzipan, Eigelb, Vanillemark und Salz cremig rühren. 100 g Butter schmelzen, abkühlen.

2 Springform (26 cm Ø) fetten. Eiweiß steif schlagen, Zucker dabei einrieseln lassen. ⅓ davon unter die Marzipancreme heben. Mehl, Butter und ⅓ Eischnee nacheinander darunter heben. Rest Eischnee unterheben.

3 ⅓ Teig in die Form streichen. Hälfte Kuvertüre darauf streuen. 2. Drittel Teig darauf streichen, mit Rest Kuvertüre bestreuen. Rest Teig darauf streichen. Im heißen Ofen (E-Herd: 175 °C/ Umluft: 150 °C/Gas: Stufe 2) ca. 1 Stunde backen (evtl. nach ca. 45 Minuten abdecken). Auskühlen lassen.

4 Vollmilch-Kuvertüre hacken, im heißen Wasserbad schmelzen. Torte damit überziehen und glatt streichen. Rand mit gehackten Mandeln bestreuen. Etwas antrocknen lassen.

5 Von der Schokolade mit dem Sparschäler Späne abhobeln. Marzipan grob reiben, mit Puderzucker verkneten und zwischen Klarsichtfolie ausrollen. Blüten (ca. 5 cm Ø) daraus ausstechen und zu Tütchen formen. Aus den Aprikosen kleine Blüten ausstechen. Torte mit Marzipantütchen, Aprikosenblüten, Schokospänen und evtl. Schokoherzen verzieren. Torte ganz trocknen lassen.

Zubereitungszeit ca. 2¼ Std.
Wartezeit ca. 3 Std.
Stück ca. 430 kcal / 1800 kJ
E 10 g, F 22 g, KH 44 g

Amaretto-Kirschtorte

Zutaten für ca. 16 Stücke:

- **50 g + 200 g Marzipan-Rohmasse**
- **100 g weiche Butter/Margarine**
- **100 g + 3 TL Zucker**
- **1 Prise Salz, 3 Eier (Gr. M)**
- **150 g Mehl, 1 gestr. TL Backpulver**
- **25 g gemahlene Mandeln, 3 EL Milch**
- **1 Glas (720 ml) Kirschen**
- **2½ gehäufte EL (35 g) Speisestärke**
- **1 Msp. + etwas gemahlener Zimt**
- **6 Blatt weiße Gelatine**
- **125 g Amarettini (ital. Mandelkekse)**
- **3 EL Amaretto-Likör**
- **750 g Schlagsahne, 50 g Puderzucker**
- **evtl. gehackte Pistazien z. Verzieren**
- **Backpapier, Klarsichtfolie**

1 Springform (26 cm Ø) am Boden mit Backpapier auslegen. 50 g Marzipan grob raspeln. Mit Fett, 100 g Zucker und Salz cremig rühren. Eier einzeln unterrühren. Mehl, Backpulver und Mandeln mischen, im Wechsel mit der Milch unterrühren. In die Form streichen. Im heißen Ofen (E-Herd: 175 °C/Umluft: 150 °C/Gas: Stufe 2) ca. 25 Minuten backen. Auskühlen.

2 Kirschen abgießen, Saft auffangen. 6 EL Saft und Stärke verrühren. Rest Saft und 1 Msp. Zimt aufkochen. Stärke einrühren, aufkochen. Kirschen, bis auf ca. 16, unterheben. Etwas abkühlen. Auf den Boden streichen, auskühlen.

3 Gelatine kalt einweichen. Amarettini, bis auf ca. 16, zerbröckeln, mit Likör beträufeln. Sahne steif schlagen, dabei 3 TL Zucker einrieseln. Gelatine bei milder Hitze auflösen. 4 EL Sahne einrühren, unter die übrige Sahne heben. Brösel darunter heben. Kuppelartig auf die Torte und etwas an den Rand streichen. Mind. 4 Std. kalt stellen.

4 200 g Marzipan grob raspeln, mit Puderzucker verkneten. Zu 2 Rollen (je ca. 15 cm) formen. Jede zwischen Folie zum Streifen (ca. 5 x 42 cm) ausrollen, Ränder gerade schneiden. An den Tortenrand drücken, oben wellenartig formen. Evtl. aus Rest Marzipan 1 Stern ausstechen, auf die Torte legen. Mit Hilfe einer Schablone (s. Seite 101) oder Ausstechern mit Zimt Sterne auf die Torte stäuben. Mit Kirschen, Amarettini etc. verzieren.

Zubereitungszeit ca. 1½ Std.
Wartezeit mind. 6 Std.
Stück ca. 480 kcal / 2010 kJ
E 6 g, F 27 g, KH 49 g

❄ *lässt sich prima einfrieren*

Einfach & schnell:

Ein wahres Multitalent in jeder Form:
Quark-Öl-Teig ist so vielseitig wie Hefeteig, aber viel schneller fertig, da er nicht „gehen“ muss

Quark-Öl-Teig

Obstkuchen vom Blech: Rhabarber-Gitter-Kuchen mit Schmand-Eier-Guss. Da nimmt jeder gern ein zweites Stück. Übrigens auch mit Apfelmus als Füllung köstlich. Seite 118

Ein Prachtstück für die Kaffeetafel: Die Pflaumen-Torte mit Makronen-Kranz wird in der Springform gebacken und hat einen knusprigen Rand aus Marzipan. Seite 121

Aprikosen-Mandel-Teilchen Seite 122

Grundrezept für Quark-Öl-Teig

Zutaten für 1 Backblech:

- 200 g Magerquark
- 6 EL Milch
- 8 EL Öl
- 100 g Zucker
- 1 Päckchen Vanillin-Zucker
- 1 Prise Salz
- 1 Ei (Gr. M)
- 400 g Mehl
- 1 Päckchen + 2 gestr. TL Backpulver

Vorbereitungszeit: 10 Minuten
Backzeit: ca. 40 Minuten (Blechkuchen)
Backtemperatur: E-Herd: 175–200 °C/ Umluft: 150–175 °C/Gas: Stufe 2–3
Auskühlzeit: 2–3 Stunden

Rund um den Teig

- Am besten eignet sich geschmacksneutrales Öl, z. B. Sonnenblumen-, Soja- oder Rapsöl.
- Das Öl darf keinesfalls durch andere Fette ersetzt werden.
- Auf das Ei können Sie notfalls verzichten. Dann muss die Milchmenge allerdings um 3 EL erhöht werden.
- Falls der Teig zu weich ist, noch etwas Mehl unterkneten – aber nicht zu viel, sonst wird er trocken und das Gebäck hart.
- Nicht zu lange kneten, sonst klebt der Teig.
- Backbleche und -formen stets fetten oder mit Backpapier auslegen.
- Gebäck nach dem Backen sofort aus der Form bzw. vom Blech nehmen. Auf dem Kuchengitter auskühlen lassen.

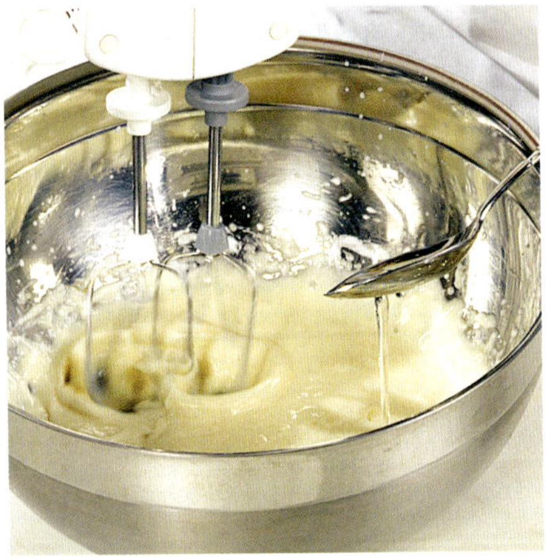

1 Quark, Milch, Öl, Zucker, Vanillin-Zucker, Salz und Ei mit den Schneebesen des Handrührgerätes verrühren

2 Mehl und Backpulver mischen. Die Hälfte davon auf die Quarkmasse geben (evtl. sieben) und kurz darunter rühren

3 Restliche Mehl-Mischung mit den Knethaken des Handrührgerätes oder mit den Händen unter den Teig kneten

4 Auf einer leicht bemehlten Arbeitsfläche kurz mit den Händen durchkneten und zu einer Kugel oder Rolle formen

5 Den Teig auf einem gut gefetteten Backblech oder einer Fettpfanne ausrollen bzw. nach Rezept weiterverarbeiten

BACK-TIPPS

- *Ohne Zucker und Vanillin-Zucker ist Quark-Öl-Teig auch bestens für herzhafte Gebäcke geeignet, z. B. für Pizza, Gemüsekuchen oder auch für „Würstchen im Schlafrock“.*
- *Für den schnellen Genuss: Teig auf dem Backblech ausrollen, mit Konfitüre bestreichen, Streusel darauf streuen und abbacken.*
- *Gebäck aus Quark-Öl-Teig schmeckt am Tag der Herstellung immer am besten.*

Zucker-Brezel mit Aprikosen

Zutaten für ca. 20 Stücke:

- **100 g getrocknete Aprikosen**
- **200 g Marzipan-Rohmasse**
- **50 g Puderzucker**
- **150 g Magerquark**
- **7 EL Milch**
- **6 EL Öl**
- **75 g Zucker**
- **1 Päckchen Vanillin-Zucker**
- **1 Prise Salz**
- **1 Ei + 1 Eigelb (Gr. M)**
- **350 g + etwas Mehl**
- **1 Päckchen Backpulver**
- **2 EL Hagelzucker**
- **Backpapier**

1 Aprikosen grob hacken. Marzipan grob reiben, mit Puderzucker verkneten. Aprikosen darunter kneten.

2 Quark, 6 EL Milch, Öl, Zucker, Vanillin-Zucker, Salz und Ei verrühren. 350 g Mehl und Backpulver mischen. Hälfte Mehl kurz darunter rühren, übrige Hälfte darunter kneten.

3 Teig mit den Händen nochmals gut durchkneten und auf wenig Mehl zum Rechteck (ca. 18 x 100 cm) ausrollen. Marzipan-Füllung zu 2 oder 3 Rollen (insgesamt 90 cm) formen. Der Länge nach auf den Teig legen, aufrollen und zur Brezel formen.

4 Brezel auf ein mit Backpapier ausgelegtes Backblech legen. 1 Eigelb und 1 EL Milch verquirlen. Brezel damit bestreichen, mit Hagelzucker bestreuen. Im vorgeheizten Backofen (E-Herd: 200 °C/Umluft: 175 °C/Gas: Stufe 3) ca. 25 Minuten goldbraun backen. Auskühlen lassen.

Zubereitungszeit ca. 1 Std.
Stück ca. 210 kcal / 880 kJ
E 5 g, F 8 g, KH 28 g

❄ *lässt sich prima einfrieren*

Rhabarber-Gitter-Kuchen

Zutaten für ca. 24 Stücke:

- 1,25 kg Rhabarber
- 50 g + 100 g + 50 g Zucker
- Fett für die Fettpfanne
- 225 g Magerquark
- 10 EL (100 ml) Milch
- 9 EL Öl
- abgeriebene Schale von 1 unbehandelten Zitrone
- 1 Prise Salz, 450 g + etwas Mehl
- 1 ½ Päckchen Backpulver
- 1 Vanilleschote
- 250 g Schmand oder Crème fraîche
- 4 Eier + 1 Eigelb (Gr. M)

1 Rhabarber putzen, waschen und in Stücke schneiden. Mit 50 g Zucker bestreuen und etwas ziehen lassen.

2 Fettpfanne (ca. 32 x 39 cm) fetten. Quark, 100 g Zucker, 9 EL Milch, Öl, Zitronenschale und Salz verrühren. 450 g Mehl und Backpulver mischen. Hälfte unter den Quark rühren und den Rest darunter kneten. ⅔ Teig auf der Fettpfanne ausrollen.

3 Vanilleschote längs aufschneiden und das Mark herauskratzen. Mit Schmand, 4 Eiern und 50 g Zucker verrühren. Rhabarber auf dem Teig verteilen. Schmand-Eier-Guss darüber gießen.

4 Restlichen Teig auf wenig Mehl zu einem Rechteck (ca. 25 x 36 cm) ausrollen. Mit einem Gitterroller zweimal der Länge nach darüber rollen. Teig vorsichtig als Gitter auseinanderziehen, auf den Rhabarber legen und am Rand andrücken. Evtl. überstehenden Teig abschneiden.

5 1 Eigelb und 1 EL Milch verrühren und das Gitter damit bestreichen. Kuchen im vorgeheizten Backofen (E-Herd: 200 °C/Umluft: 175 °C/Gas: Stufe 3) ca. 40 Minuten backen. Auskühlen lassen.

Zubereitungszeit ca. 1½ Std.
Stück ca. 180 kcal / 750 kJ
E 5 g, F 7 g, KH 24 g

❄ *lässt sich prima einfrieren*

Rosetten-Kirsch-Kuchen

Zutaten für ca. 24 Stücke:

- **100 ml + 700 ml + 100 ml Milch**
- **150 g + 200 g Zucker**
- **2 Päckchen Puddingpulver „Vanille"-Geschmack (zum Kochen; für je ½ l Milch)**
- **2 Gläser (à 720 ml) Kirschen**
- **750 g Magerquark**
- **2 Eier (Gr. M)**
- **1 Prise Salz**
- **2 Päckchen Vanillin-Zucker**
- **100 ml Öl**
- **750 g + etwas Mehl**
- **2 Päckchen Backpulver**
- **Fett für die Fettpfanne**
- **ca. 1 EL Hagelzucker**

1 100 ml Milch, 150 g Zucker und Puddingpulver verrühren. 700 ml Milch aufkochen. Puddingpulver einrühren und unter Rühren nochmals aufkochen. Pudding auskühlen lassen.

2 Kirschen abtropfen lassen. Quark, Eier, Salz, 200 g Zucker, Vanillin-Zucker, Öl und 100 ml Milch verrühren. 750 g Mehl und Backpulver mischen. Hälfte darunter rühren und übrige Hälfte darunter kneten.

3 Eine Fettpfanne (ca. 32 x 39 cm) fetten. Teig auf wenig Mehl zu einem Rechteck (ca. 50 x 60 cm) ausrollen. Pudding darauf streichen. Mit Kirschen belegen. Teig von der Längsseite her aufrollen und in ca. 20 Scheiben schneiden.

4 Teigscheiben nebeneinander in die Fettpfanne setzen. Im vorgeheizten Backofen (E-Herd: 200 °C/ Umluft: 175 °C/Gas: Stufe 3) ca. 40 Minuten backen. Abkühlen lassen. Kuchen mit Hagelzucker bestreuen. Dazu schmeckt Schmand.

Zubereitungszeit ca. 1 ¼ Std.
(ohne Wartezeit)
Stück ca. 300 kcal / 1260 kJ
E 9 g, F 6 g, KH 50 g

❄ *lässt sich prima einfrieren*

Ananas-Kokos-Kuchen

Zutaten für ca. 24 Stücke:

- **Fett für das Backblech**
- **150 g Magerquark**
- **6 EL + ¼ l Milch**
- **6 EL Öl**
- **75 g + 75 g + 50 g Zucker**
- **1 Päckchen Vanillin-Zucker**
- **1 Prise Salz**
- **300 g + etwas Mehl**
- **1 Päckchen Backpulver**
- **2½ Dosen (à 850 ml) Ananas in Scheiben**
- **4 Eier (Gr. M)**
- **100 g + 75 g Kokosraspel**
- **1 EL Puddingpulver „Vanille-Geschmack" (zum Kochen)**

1 Ein Backblech (ca. 35 x 40 cm) fetten. Quark, 6 EL Milch, Öl, 75 g Zucker, Vanillin-Zucker und Salz mit den Schneebesen des Handrührgerätes verrühren. 300 g Mehl und Backpulver mischen. Hälfte kurz darunter rühren, übrige Hälfte darunter kneten. Mit einer bemehlten Teigrolle auf dem Backblech ausrollen.

2 Ananas abtropfen lassen. 2 Eier trennen. 2 Eier, 2 Eigelb, ¼ l Milch, 75 g Zucker, 100 g Kokosraspel und Puddingpulver verrühren. Auf den Teig streichen. Ananasscheiben darauf legen. Im vorgeheizten Backofen (E-Herd: 200 °C/Umluft: 175 °C/Gas: Stufe 3) 35–40 Minuten backen.

3 2 Eiweiß steif schlagen, dabei 50 g Zucker einrieseln lassen. Rest Kokosraspel darunter heben. Masse in einen Spritzbeutel mit Sterntülle füllen und Rosetten in die Mitte der Ananasscheiben spritzen. Bei gleicher Temperatur ca. 10 Minuten weiterbacken. Kuchen auskühlen lassen.

Zubereitungszeit ca. 1¼ Std.
Stück ca. 210 kcal / 880 kJ
E 4 g, F 8 g, KH 29 g

❄ *lässt sich prima einfrieren*

Pflaumen-Torte mit Makronen-Kranz

Zutaten für ca. 12 Stücke:

- 1 kg Pflaumen/Zwetschen
- Fett für die Form
- 150 g Magerquark
- 9–10 EL Milch
- 6 EL Öl
- 75 g + 60 g Zucker, 1 Prise Salz
- 300 g + etwas Mehl
- 2 gestrichene TL Backpulver
- 300 g Marzipan-Rohmasse
- 1 Eiweiß (Gr. M)
- 5 EL (50 g) Mandelblättchen
- 2 EL (20 g) Aprikosen-Konfitüre

1 Pflaumen waschen und trockentupfen, halbieren, entsteinen und vierteln. Springform (26 cm Ø) fetten.

2 Quark, 8 EL Milch, Öl, 75 g Zucker und Salz verrühren. 300 g Mehl und Backpulver mischen. Hälfte unter den Quark rühren, Rest mit den Knethaken des Handrührgerätes darunter kneten. Auf wenig Mehl rund (ca. 34 cm Ø) ausrollen. In die Form legen, am Rand ca. 3 cm hochziehen.

3 Pflaumen auf dem Boden verteilen. Im vorgeheizten Backofen (E-Herd: 175 °C/Umluft: 150 °C/Gas: Stufe 2) ca. 35 Minuten backen (evtl. nach ca. 25 Minuten abdecken).

4 Marzipan grob reiben. Danach mit Eiweiß, 60 g Zucker und 1–2 EL Milch mit den Schneebesen des Handrührgerätes verrühren. Masse in einen Spritzbeutel mit großer Sterntülle füllen. Einen Marzipan-Kranz auf den Rand der Torte und einen großen Tupfen in die Mitte spritzen. Bei gleicher Temperatur ca. 35 Minuten weiterbacken. Auskühlen lassen.

5 Mandeln in einer Pfanne ohne Fett goldgelb rösten. Die Konfitüre erwärmen und durch ein Sieb streichen. Tortenrand damit bestreichen und die Mandeln andrücken.

Zubereitungszeit ca. 1½ Std.
Stück ca. 390 kcal / 1630 kJ
E 8 g, F 14 g, KH 55 g

Aprikosen-Mandel-Teilchen

Zutaten für ca. 12 Stück:

- **1 Päckchen Puddingpulver „Mandel-Geschmack" (zum Kochen; für ½ l Milch)**
- **½ l Milch**
- **2 gehäufte EL (40 g) + 80 g Zucker**
- **200 g Magerquark**
- **1 Ei (Gr. M)**
- **10 EL Öl**
- **1 Prise Salz**
- **250 g + etwas Mehl**
- **1 gestr. TL Backpulver**
- **ca. 12 Aprikosenhälften (aus der Dose)**
- **2–3 EL Aprikosen-Konfitüre**
- **2–3 EL (30 g) Mandelblättchen**
- **Backpapier**

1 Puddingpulver, 6 EL Milch und 2 gehäufte EL Zucker verrühren. Rest Milch aufkochen. Angerührtes Puddingpulver einrühren, kurz aufkochen. Pudding etwas abkühlen lassen.

2 Quark, Ei, Öl, 80 g Zucker und Salz verrühren. 250 g Mehl und Backpulver mischen. Hälfte mit den Schneebesen des Handrührgerätes darunter rühren, übrige Hälfte darunter kneten. Teig auf wenig Mehl zu einem Rechteck (ca. 36 x 48 cm) ausrollen. Daraus ca. 12 Quadrate (ca. 12 x 12 cm) schneiden. Auf ein mit Backpapier ausgelegtes Backblech legen. Die Teigecken zur Mitte hin etwas einschlagen.

3 Den Pudding glatt rühren. Jeweils 2–3 EL Pudding in die Mitte der Quadrate geben. Je 1 Aprikosenhälfte darauf legen. Teigränder mit Konfitüre bestreichen. Mandeln andrücken.

4 Im vorgeheizten Backofen (E-Herd: 200 °C/Umluft: 175 °C/Gas: Stufe 3) 20–25 Minuten backen. Auf einem Kuchengitter auskühlen lassen.

Zubereitungszeit ca. 40 Min.
(ohne Wartezeit)
Stück ca. 280 kcal / 1170 kJ
E 7 g, F 12 g, KH 34 g

❄ *lassen sich prima einfrieren*

Mandarinen-Taschen mit Guss

Zutaten für ca. 15 Stück:

- **1 Dose (314 ml) Mandarin-Orangen**
- **200 g Marzipan-Rohmasse**
- **50 g + 200 g Puderzucker**
- **ca. 1 EL (25 g) Orangen-Marmelade**
- **150 g Magerquark**
- **6 EL Milch, 6 EL Öl, 75 g Zucker**
- **1 Päckchen Vanillin-Zucker**
- **1 Prise Salz, 2 Eier (Gr. M)**
- **350 g + etwas Mehl**
- **1 Päckchen Backpulver**
- **1 TL Schlagsahne oder Milch**
- **4–5 EL Orangensaft**
- **evtl. Orangenschale zum Verzieren**
- **Backpapier**

1 Mandarinen abtropfen lassen. Marzipan grob reiben. 50 g Puderzucker sieben, mit Marzipan und Orangen-Marmelade verkneten. Die Mandarinen darunter kneten.

2 Quark, Milch, Öl, Zucker, Vanillin-Zucker, Salz und 1 Ei verrühren. 350 g Mehl und Backpulver mischen. Hälfte mit den Schneebesen des Handrührgerätes darunter rühren, übrige Hälfte kurz darunter kneten.

3 Den Teig auf wenig Mehl zu einem Rechteck (ca. 39 x 50 cm) ausrollen. Ca. 15 Rechtecke (10 x 13 cm) daraus zuschneiden. Auf jedes etwas Mandarinen-Marzipan geben. 1 Ei trennen. Teigränder mit Eiweiß bestreichen. Zu einer Tasche überklappen. Ränder festdrücken, einkerben.

4 Auf ein mit Backpapier ausgelegtes Backblech legen. Eigelb und Sahne verquirlen. Taschen damit bestreichen. Im vorgeheizten Ofen (E-Herd: 200 °C/Umluft: 175 °C/Gas: Stufe 3) ca. 25 Minuten backen. Auskühlen.

5 Orangensaft und 200 g Puderzucker glatt rühren. Taschen damit überziehen. Evtl. verzieren. Trocknen lassen.

Zubereitungszeit ca. 1¼ Std.
(ohne Wartezeit)
Stück ca. 320 kcal / 1340 kJ
E 7 g, F 10 g, KH 49 g

❄ *lassen sich ohne Guss prima einfrieren*

Aprikosen-Apfel-Schnecken

Zutaten für ca. 10 Stück:

- 100 g getrocknete Aprikosen
- 350 g Äpfel (ca. 2 Stück)
- Saft und abgeriebene Schale von 1 unbehandelten Zitrone
- 150 g Magerquark
- 6 EL Milch, 6 EL Öl
- 75 g + 2 EL (30 g) Zucker
- 1 Päckchen Vanillin-Zucker
- 1 Prise Salz, 300 g + etwas Mehl
- 1 Päckchen Backpulver
- 50 g gehackte Mandeln, 1 Ei (Gr. M)
- 1 TL Schlagsahne oder Milch
- 75 g Puderzucker, Backpapier

1 Aprikosen in Streifen schneiden, in Wasser einweichen. Äpfel schälen, achteln, Kerngehäuse herausschneiden. Achtel in feine Scheiben schneiden. Mit 2 EL Zitronensaft beträufeln.

2 Quark, Milch, Öl, 75 g Zucker, Vanillin-Zucker und Salz verrühren. 300 g Mehl und Backpulver mischen. Hälfte darunter rühren, übrige Hälfte darunter kneten. Auf wenig Mehl zum Rechteck (ca. 25 x 35 cm) ausrollen.

3 Aprikosen abtropfen lassen, mit Äpfeln, Mandeln, Zitronenschale und 2 EL Zucker mischen. Auf dem Teig verteilen, dabei an den kurzen Seiten ca. 4 cm Rand lassen. Ei trennen. Freien Rand mit Eiweiß bestreichen. Teig von der kurzen Seite her aufrollen und in ca. 10 Scheiben (ca. 2,5 cm dick) schneiden.

4 Auf ein mit Backpapier ausgelegtes Blech legen. Im heißen Backofen (E-Herd: 200 °C/Umluft: 175 °C/Gas: Stufe 3) ca. 20 Minuten backen. Sahne und Eigelb verrühren. Ca. 3 Minuten vor Backzeit-Ende auf die Schnecken streichen, fertig backen. Auskühlen.

5 Puderzucker und 2 EL Zitronensaft glatt verrühren. Schnecken damit bestreichen. Guss trocknen lassen.

Zubereitungszeit ca. 45 Min.
(ohne Wartezeit)
Stück ca. 330 kcal / 1380 kJ
E 8 g, F 10 g, KH 50 g

❄ *lassen sich ohne Guss einfrieren*

Pflaumen-Taler mit Quarkfüllung

Zutaten für ca. 8 Stück:

- **7 EL + 100 ml + 6 EL Milch**
- **1 Päckchen Puddingpulver „Vanille" (zum Kochen; für ½ l Milch)**
- **60 g + 75 g + 1 TL Zucker**
- **250 g + 150 g Magerquark, 6 EL Öl**
- **1 Päckchen Vanillin-Zucker**
- **1 Prise Salz, 300 g + etwas Mehl**
- **1 Päckchen Backpulver, 1 Eigelb**
- **4 EL Mandelblättchen**
- **250 g Sommerpflaumen**
- **½ Päckchen roter Tortenguss**
- **⅛ l Saft (z. B. Apfelsaft)**
- **Puderzucker zum Bestäuben**
- **Backpapier**

1 7 EL Milch, Puddingpulver und 60 g Zucker verrühren. 100 ml Milch aufkochen. Puddingpulver einrühren und kurz aufkochen. 250 g Quark darunter rühren und abkühlen lassen.

2 150 g Quark, 6 EL Milch, Öl, 75 g Zucker, Vanillin-Zucker und Salz verrühren. 300 g Mehl und Backpulver mischen und unterkneten. Quark-Öl-Teig in ca. 8 Stücke schneiden, auf wenig Mehl zu Kreisen (ca. 11 cm Ø) ausrollen. Mit der Faust jeweils in die Mitte eine Vertiefung drücken. Auf ein mit Backpapier ausgelegtes Backblech legen, mit Puddingcreme füllen.

3 Im vorgeheizten Backofen (E-Herd: 200 °C/Umluft: 175 °C/Gas: Stufe 3) ca. 10 Minuten backen. Eigelb verquirlen. Die Teigränder damit bestreichen. Die Fladen bei gleicher Temperatur weitere ca. 5 Minuten backen. Auskühlen lassen.

4 Mandeln ohne Fettzugabe rösten. Pflaumen waschen, trockentupfen, halbieren, entsteinen und in Spalten schneiden. Auf die Fladen legen.

5 Gusspulver und 1 TL Zucker mischen. Mit Saft verrühren. Unter Rühren aufkochen. Auf die Pflaumen verteilen. Mit Mandeln bestreuen und mit Puderzucker bestäuben.

Zubereitungszeit ca. 1 Std.
(ohne Wartezeit)
Stück ca. 400 kcal / 1680 kJ
E 13 g, F 11 g, KH 59 g

Hauchdünn:

Ob gerollt oder geschichtet, süß oder pikant gefüllt, frisch gebackener Strudel ist unwiderstehlich. Und keine Angst vor dem „Ausziehen" des Teiges! Mit etwas Fingerspitzengefühl gelingt's garantiert

Strudelteig

Strudel-Törtchen: *Hier wird der Teig mal nicht gerollt, sondern rund ausgestochen und gebacken. Die Strudelblätter schichtet man dann mit Erdbeercreme aufeinander. Seite 129*

Strudelteig ist neutral, sodass man ihn auch prima pikant füllen kann. Ein gutes Beispiel: Reichenauer Gemüsestrudel *mit Blumenkohl, Broccoli, Möhren und Spinat. Seite 133*

Topfenstrudel
mit Rosinen *Seite 130*

Grundrezept für Strudelteig

Zutaten für 12–16 Stücke:

- 250 g Mehl
- 1 Prise Salz
- 1 Ei (Gr. M)
- 2 EL (20 g) + 50 g + etwas Butter
- Mehl für die Arbeitsfläche

Vorbereitungszeit: ca. 1 Stunde
Backzeit: 30–45 Minuten
Backtemperatur: E-Herd: 200–225 °C/ Umluft: 175–200 °C/Gas: Stufe 3–4
Abkühlzeit: ca. 15 Minuten

Rund um den Teig

- Anstatt mit Butter können Sie den Strudelteig auch mit der entsprechenden Menge Öl herstellen.
- Teig vor dem Belegen mit Paniermehl oder gemahlenen Nüssen bestreuen, damit er nicht durchweicht.
- Wenn Sie das Geschirrtuch mit beiden Händen an einer Seite anheben, rollt sich der Teig durch sein Eigengewicht von allein auf – nicht zu locker und nicht zu fest.
- Nach dem Füllen muss der Teig sofort gebacken werden.
- Strudel mit der Naht nach unten auf ein gut gefettetes oder mit Backpapier ausgelegtes Backblech legen.
- Während des Backens evtl. noch ein- bis zweimal mit Fett bestreichen.

BACK-TIPPS

- *Im Handel gibt es auch sogenanntes doppelgriffiges oder Hefegebäck- und Strudelmehl, das sehr quellfähig ist. Der Teig wird damit besonders elastisch und lässt sich gut ausrollen.*
- *Süße Strudel können Sie mit Äpfeln, Kirschen, Zwetschen, Aprikosen, Trockenfrüchten oder Quark belegen. Warm oder kalt mit Schlagsahne, Vanillesoße oder Eiscreme servieren.*
- *Als Belag für herzhafte Strudel eignen sich gewürzter Quark, Gemüse oder Hackfleisch.*

1 Mehl, Salz, Ei und 2 EL zerlassene Butter mit den Knethaken des Handrührgerätes verkneten. Dabei ca. ⅛ l lauwarmes Wasser zufügen, bis der Teig geschmeidig ist

2 Dann den Teig auf einer leicht bemehlten Arbeitsfläche durchkneten, dabei immer wieder auf die Arbeitsfläche schlagen, damit der Teig weich und elastisch wird

3 Teig zur Kugel formen. Mit etwas zerlassener Butter bestreichen. Unter einer mit heißem Wasser ausgespülten Schüssel mind. 30 Minuten ruhen lassen

4 Strudelteig anschließend auf ein großes dünn bemehltes Geschirrtuch legen und mit einer bemehlten Teigrolle gleichmäßig zu einem Rechteck ausrollen

5 50 g Butter zerlassen. Die gesamte Teigfläche dünn mit der Butter bestreichen, damit der Strudelteig elastisch bleibt und beim Ausziehen nicht so leicht reißt

6 Den Teig über die Handrücken von der Mitte aus hauchdünn „ausziehen“, bis das Muster des Tuches durchscheint. Sofort belegen und mit Hilfe des Tuches aufrollen

Strudel-Törtchen mit Erdbeercreme

Zutaten für ca. 6 Törtchen:

- 25 g Butter
- 125 g + etwas Mehl
- 1 Prise Salz, ca. 5 EL Öl
- 6 Blatt weiße Gelatine
- 500 g Erdbeeren
- 150 g Vollmilch-Joghurt
- 3 EL Zitronensaft
- 50 g + etwas Puderzucker
- 250 g Schlagsahne

1 Butter schmelzen, etwas abkühlen. 125 g Mehl, 4–5 EL lauwarmes Wasser, Butter und Salz mit den Knethaken des Handrührgerätes verkneten. Teig auf wenig Mehl mit den Händen durchkneten, dabei immer wieder auf die Arbeitsfläche schlagen, bis er elastisch ist. Dann zur Kugel formen, mit etwas Öl bestreichen. Eine Schüssel mit heißem Wasser ausspülen und über den Teig stülpen. Mind. 30 Minuten ruhen lassen.

2 2 Backbleche dünn mit Öl einstreichen. Teig auf wenig Mehl sehr dünn ausrollen, über die Handrücken auf ca. 40 x 40 cm ausziehen. Mit einem Ausstecher (ca. 8 cm Ø) ca. 24 Kreise ausstechen. Auf die Backbleche legen, dünn mit Öl bestreichen. Im vorgeheizten Ofen (E-Herd: 200 °C/ Umluft: 175 °C/Gas: Stufe: 3) 10–12 Minuten goldbraun backen. Auskühlen.

3 Gelatine kalt einweichen. Erdbeeren waschen, putzen und, bis auf ca. 6 Stück, pürieren. Hälfte des Pürees, Joghurt, Zitronensaft und 50 g Puderzucker verrühren. Gelatine ausdrücken, bei milder Hitze auflösen. 3 EL Joghurtcreme einrühren, dann unter die übrige Creme rühren. Kalt stellen, bis sie zu gelieren beginnt. Sahne steif schlagen und unterheben. Nochmals 15–20 Minuten kalt stellen.

4 Im Wechsel je 4 Teigblättchen und Creme zu 6 Türmchen schichten. Mit Rest Püree anrichten, mit etwas Puderzucker bestäuben. Mit den übrigen Erdbeeren verzieren.

Zubereitungszeit ca. 1¾ Std.
Stück ca. 410 kcal / 1720 kJ
E 7 g, F 26 g, KH 35 g

Topfenstrudel mit Rosinen

Zutaten für ca. 16 Stücke:

- **2 EL + 3 EL + 75 g weiche Butter**
- **250 g + etwas Mehl, 1 Prise Salz**
- **4 Eigelb + 2 Eier (Gr. M)**
- **750 g Magerquark, 100 g Sultaninen**
- **2 EL Marillenlikör (ersatzw. Rum)**
- **200 g Zucker**
- **abgerieb. Schale von 1 unbeh. Zitrone**
- **10 g Speisestärke, 100 g Paniermehl**
- **ca. 100 g Paniermehl**
- **Puderzucker zum Bestäuben**
- **Backpapier**

1 2 EL Butter schmelzen, abkühlen. 250 g Mehl, Salz, 2 Eigelb und flüssige Butter mit dem Handrührgerät verkneten, nach und nach ca. ⅛ l lauwarmes Wasser darunter kneten, bis der Teig geschmeidig ist. Mit den Händen auf wenig Mehl weiterkneten, öfter auf die Arbeitsfläche schlagen, bis der Teig elastisch ist. Zur Kugel formen. Eine mit heißem Wasser ausgespülte Schüssel darüber stülpen. Ca. 1 Stunde ruhen lassen.

2 Quark 30-45 Minuten abtropfen. Sultaninen und Likör mischen, ziehen lassen. 2 Eier trennen. Zucker, 3 EL Butter, 4 Eigelb und Zitronenschale cremig rühren. Quark, Stärke und Sultaninen zufügen, alles gut verrühren. Eiweiß steif schlagen, unterheben.

3 75 g Butter schmelzen, abkühlen. Ein großes Geschirrtuch mit Mehl bestäuben. Teig darauf dünn ausrollen und zum Rechteck (ca. 55 x 70 cm) ausziehen. Dünn mit Butter bestreichen und, bis auf einen ca. 4 cm breiten Rand, mit Paniermehl bestreuen. Quarkmasse auf die Hälfte der Teigfläche (kurze Seite) streichen, dabei ebenfalls einen Rand frei lassen. Ränder einschlagen. Tuch von der schmalen Seite her, wo sich die Füllung befindet, anheben und den Strudel aufrollen.

4 Mit der Naht nach unten auf ein mit Backpapier ausgelegtes Backblech legen. Mit Butter bestreichen. Im heißen Ofen (E-Herd: 225 °C/Umluft: 200 °C/ Gas: Stufe 4) 30-40 Minuten backen. Zwischendurch 1-2-mal mit Rest Butter bestreichen. In den letzten 10 Minuten evtl. abdecken. Mit Puderzucker bestäuben. Dazu schmeckt Vanillesoße.

Zubereitungszeit ca. 1½ Std.
(ohne Wartezeit)
Stück ca. 270 kcal / 1130 kJ
E 11 g, F 9 g, KH 35 g

Mandel-Kirsch-Strudel

Zutaten für ca. 12 Stücke:

- 50 g + 100 g Butter
- 250 g + etwas Mehl
- 1 Prise Salz
- etwas Öl
- 750 g Schattenmorellen
- 50 g gemahlene Mandeln
- 50 g Mandelblättchen
- 100 g Zucker
- Puderzucker zum Bestäuben
- Backpapier

1 50 g Butter schmelzen, abkühlen. 250 g Mehl, ⅛ l lauwarmes Wasser, flüssige Butter und Salz gut verkneten. Teig mit den Händen durchkneten, dabei öfter auf die Arbeitsfläche schlagen, bis der Teig elastisch ist. Teig mit etwas Öl bestreichen. Eine Schüssel mit heißem Wasser ausspülen und über den Teig stülpen. Mind. 30 Minuten ruhen lassen.

2 Kirschen waschen, entstielen und entsteinen. Teig auf einem leicht bemehlten Geschirrtuch mit einer bemehlten Teigrolle dünn ausrollen. Über die Handrücken ausziehen, bis das Muster des Tuches durchscheint.

3 100 g Butter schmelzen und den Teig mit der Hälfte einstreichen. Mit gemahlenen Mandeln und Mandelblättchen bestreuen, dabei rundum einen 3 cm breiten Rand frei lassen. Kirschen auf dem Teig verteilen und den Zucker darüber streuen. Teigränder nach innen einschlagen. Teig von der schmalen Seite her mit Hilfe des Tuches aufrollen.

4 Den Strudel mit der Naht nach unten auf ein mit Backpapier ausgelegtes Backblech gleiten lassen. Mit der restlichen Butter einstreichen. Im vorgeheizten Backofen (E-Herd: 225 °C/Umluft: 200 °C/Gas: Stufe 4) 35–40 Minuten backen. Etwas abkühlen lassen und mit Puderzucker bestäuben. Dazu schmeckt halb steif geschlagene Sahne oder cremiges Vanille-Eis.

Zubereitungszeit ca. 2 Std.
Stück ca. 260 kcal / 1090 kJ
E 3 g, F 12 g, KH 32 g

Klassischer Apfelstrudel

Zutaten für 8–10 Stücke:

- **250 g + etwas Mehl**
- **1 Eiweiß, 1 Prise Salz**
- **10 EL (100 ml) + etwas Öl**
- **50 g + 3 EL Butter**
- **50 g Paniermehl**
- **1 kg mürbe Äpfel**
- **50 g Rosinen**
- **75 g Zucker**
- **1 Messerspitze Zimt**
- **1 Päckchen Vanillin-Zucker**
- **50 g Mandelstifte**
- **Puderzucker zum Bestäuben**
- **Backpapier**

1 250 g Mehl in eine Schüssel geben. Eiweiß mit Wasser auf ⅛ l auffüllen. Mit Salz und 10 EL Öl zum Mehl geben, mit dem Handrührgerät verkneten. Dann mit den Händen auf wenig Mehl durchkneten, dabei immer wieder auf die Arbeitsfläche schlagen, bis der Teig elastisch ist. Mit Öl bestreichen und mit einer heiß ausgespülten Schüssel abdecken. Strudelteig mind. 30 Minuten ruhen lassen.

2 50 g Butter erhitzen. Paniermehl darin anrösten. Äpfel waschen, schälen, vierteln, entkernen und in Spalten schneiden. Rosinen waschen und trockentupfen. Apfelspalten mit Zucker, Zimt, Vanillin-Zucker, Mandeln und Rosinen mischen.

3 Ein Geschirrtuch mit Mehl bestäuben. Strudelteig darauf etwas ausrollen und über beide Handrücken zum Rechteck (ca. 30 x 50 cm) ausziehen, bis das Muster des Tuches durch den Teig zu sehen ist. Fettbrösel auf dem Teig verteilen, dabei einen ca. 3 cm breiten Rand frei lassen. Füllung auf den Bröseln verteilen. Teigränder nach innen schlagen. Strudel von der Längsseite her durch Anheben des Tuches aufrollen.

4 3 EL Butter schmelzen. Strudel mit der Nahtseite nach unten auf ein mit Backpapier ausgelegtes Backblech legen. Mit der flüssigen Butter bestreichen. Im vorgeheizten Backofen (E-Herd: 225 °C/Umluft: 200 °C/Gas: Stufe 4) 35-45 Minuten backen. Mit Puderzucker bestäuben. Dazu schmeckt Vanillesoße.

Zubereitungszeit ca. 1½ Std.
Stück ca. 380 kcal / 1590 kJ
E 5 g, F 20 g, KH 43 g

Reichenauer Gemüsestrudel

Zutaten für 12–16 Stücke:

- **250 g + etwas Mehl**
- **3 EL (30 ml) + etwas Öl**
- **1 Ei + 2 Eigelb (Gr. M)**
- **Salz, Pfeffer**
- **2 Zwiebeln, 1 Knoblauchzehe**
- **je 200 g Möhren, Porree, Blumenkohl, Broccoli und Blattspinat**
- **6 EL (ca. 60 g) Butterschmalz**
- **200 g saure Sahne**
- **¼ Bund Petersilie**
- **200 g Emmentaler-Käse (Stück)**
- **2 gehäufte EL Paniermehl**
- **Klarsichtfolie, Backpapier**

1 250 g Mehl, 3 EL Öl, 1 Ei, 1 Prise Salz und 100 ml kaltes Wasser glatt verkneten. Zur Kugel formen. Mit Öl bestreichen, in Folie wickeln, ca. 1 Stunde kalt stellen.

2 Zwiebeln, Knoblauch und Möhren schälen, übriges Gemüse putzen. Alles waschen. Spinat hacken. Übriges Gemüse, Zwiebeln und Knoblauch klein schneiden.

3 Zwiebeln und Knoblauch in 2 EL heißem Butterschmalz andünsten. Gemüse ca. 5 Minuten mitdünsten. Würzen. Alles mit Sahne und 2 Eigelb mischen. Etwas abkühlen. Petersilie waschen, hacken. Käse reiben. Petersilie und ¾ Käse zum Gemüse geben.

4 Teig auf einem leicht bemehlten Geschirrtuch etwas ausrollen und über die Handrücken dünn zum Rechteck (ca. 40 x 60 cm) ausziehen, bis das Muster des Tuches durchscheint.

5 4 EL Butterschmalz zerlassen. Auf den Teig streichen. Paniermehl und Gemüse auf dem Teig verteilen, dabei einen 3 cm breiten Rand frei lassen. Teigkanten einschlagen. Den Teig mit Hilfe des Geschirrtuches von der schmalen Seite her aufrollen.

6 Strudel mit der Nahtseite nach unten auf ein mit Backpapier ausgelegtes Backblech legen. Im vorgeheizten Backofen (E-Herd: 200 °C/ Umluft: 175 °C/Gas: Stufe 3) ca. 30 Minuten goldbraun backen. Nach ca. 20 Minuten Backzeit den übrigen Käse darüber streuen. Dazu schmeckt Kräuter-Crème-fraîche.

Zubereitungszeit ca. 2 Std.
Wartezeit ca. 1 Std.
Stück ca. 200 kcal / 840 kJ
E 7 g, F 12 g, KH 14 g

Leicht & luftig:

Erst kochen, dann backen lautet das Geheimnis für diese zarten Gebäcke. Windbeutel und Eclairs sind die Stars der Brandteig-Familie. Da kann keine Naschkatze widerstehen

Brandteig

Schoko-Windbeutel mit Kirschen Seite 142

Hier mal als zarter Ring auf knusprigem Mürbeteigboden: Die Vanille-Brandteig-Torte wird mit Pudding gefüllt und mit Mini-Windbeuteln verziert. Seite 138

Profiteroles heißen in Frankreich die Bällchen mit Cremefüllung, aus denen die prächtige Windbeutel-Pyramide zusammengesetzt ist. Seite 141

Brandmasse lässt sich prima zu Figuren spritzen. Ein hübscher „Blumengruß“ für liebe Gäste sind diese Quarkcreme-Blüten mit frischen Beeren. Seite 143

Grundrezept für Brandteig

Zutaten für ca. 10 Windbeutel:

- 100 g Butter/Margarine
- 1 Prise Salz
- 150 g Mehl
- 4 Eier (Gr. M)

Vorbereitungszeit: **ca. 25 Minuten**
Backzeit: **20–40 Minuten**
Backtemperatur: **E-Herd: 200 °C/ Umluft: 175 °C/Gas: Stufe 3**
Auskühlzeit: **ca. 20 Minuten**

Rund um den Teig

- Mehl auf einmal ins siedende Wasser schütten, sonst gibt es Klümpchen.
- Die Eier einzeln (!) unterrühren. Dabei muss jedes Ei gut untergerührt bzw. -geknetet sein, bevor das nächste folgt. Es dürfen nur so viele Eier zugefügt werden, bis der Teig glänzt und feste Spitzen hat. Also vor dem letzten Ei die Teigbeschaffenheit prüfen.
- Falls Backpulver zugefügt wird: immer erst unter den abgekühlten Teig rühren, sonst entwickelt es seine Triebkraft zu früh.
- Evtl. eine Tasse mit Wasser in den Backofen stellen, dann geht das Gebäck noch besser auf.

BACK-TIPPS

- *Backblech mit Backpapier auslegen oder gut einfetten.*
- *Teig mit genügend Abstand aufs Blech setzen, denn er verdreifacht sein Volumen.*
- *Backofentür während der ersten Hälfte der Backzeit nicht öffnen, sonst fällt das Gebäck zusammen.*
- *Gebäck, das gefüllt werden soll, sofort aufschneiden.*
- *Gefülltes Brandteig-Gebäck möglichst frisch genießen, da es durch feuchte Füllungen schnell aufweicht. Ohne Füllung hält es sich gut. Nicht einfrieren*

1 *¼ l Wasser, Fett und Salz in einen Topf geben und kurz aufkochen, bis das Fett vollkommen geschmolzen ist*

2 *Mehl auf einmal zum Fett-Wassergemisch schütten. Dann kräftig unterrühren oder mit dem Handrührgerät unterkneten*

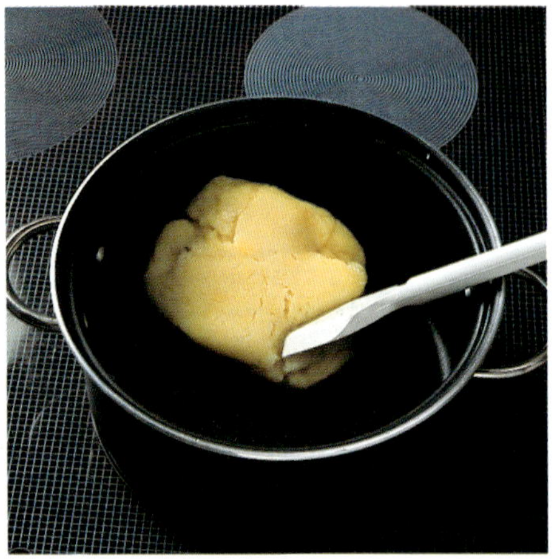

3 *1–2 Minuten unter Wenden „abbrennen“, bis sich am Topfboden ein weißer Film bildet und sich der Brandteig als Kloß löst*

4 *Topf vom Herd ziehen. Teig evtl. in eine Schüssel füllen. 1 Ei unterarbeiten, etwas abkühlen. Übrige Eier einzeln unterarbeiten*

5 *Teig in einen Spritzbeutel füllen, aufs gefettete Blech oder Backpapier spritzen: für Windbeutel Tuffs, für Eclairs lange Streifen*

6 *Windbeutel nach dem Backen sofort mit einer Schere aufschneiden. Ist er erst abgekühlt, zerbröselt er beim Schneiden leicht*

Schoko-Eclairs mit Sahnecreme

Zutaten für ca. 19 Stück:

- **125 g + 1 EL Butter, 1 Prise Salz**
- **175 g + 5 EL Mehl**
- **5 Eier + 6 Eigelb (Gr. M)**
- **50 g + 2–3 EL Zucker, ½ l Milch**
- **1 Vanilleschote, 125 g Schlagsahne**
- **je 75 g Vollmilch- und Halbbitter-Kuvertüre, Puderzucker z. Bestäuben**
- **Backpapier**

1 ¼ l Wasser, 125 g Butter und Salz aufkochen. 175 g Mehl auf einmal zufügen. So lange rühren, bis sich der Teig als Kloß vom Topfboden löst und sich dort ein weißer Film bildet. Teig in eine Schüssel füllen. 1 Ei unterrühren, ca. 10 Min. abkühlen. 3 Eier einzeln (!) darunter rühren.

2 Teig in einen Spritzbeutel mit Sterntülle (1,3 cm Ø) füllen. Auf 3 mit Backpapier ausgelegte Bleche Teigstreifen (ca. 2,5 x 10 cm) spritzen. 1 Ei und 1 EL Wasser verrühren, Streifen damit bestreichen. Im vorgeheizten Ofen (E-Herd: 200 °C/Umluft: 175 °C/ Gas: Stufe 3) 20–25 Minuten backen. An den Längsseiten einschneiden. 5 Minuten im ausgeschalteten Backofen ruhen lassen. Auskühlen lassen.

3 6 Eigelb und 50 g Zucker cremig schlagen. 5 EL Mehl nach und nach unterrühren. Milch, 2–3 EL Zucker und aufgeschnittene Vanilleschote so lange erhitzen, bis der Zucker gelöst ist. ¼ davon nach und nach unter die Eigelbmasse schlagen. Eimasse unter Rühren in den Rest Milch gießen, 3–4 Minuten unter Rühren kochen. 1 EL Butter unterrühren. Vanilleschote entfernen. Auskühlen lassen, dabei ab und zu umrühren.

4 Sahne steif schlagen, unter die Creme heben. Kuvertüre hacken, im heißen Wasserbad schmelzen. Eclairs damit bestreichen. Trocknen. Eclairs halbieren. Creme auf die unteren Hälften spritzen. Obere Hälften darauf setzen, mit Puderzucker bestäuben.

Zubereitungszeit ca. 2½ Std.
(ohne Wartezeit)
Stück ca. 260 kcal / 1090 kJ
E 6 g, F 16 g, KH 20 g

Feine Vanille-Brandteig-Torte

Zutaten für ca. 12 Stücke:

- 160 g + 125 g Mehl
- 40 g + 2 EL Zucker
- 3 Eigelb + 3 Eier (Gr. M)
- 80 g kalte + 50 g Butter/Margarine
- Salz
- abgeriebene Schale von 1 unbehandelten Zitrone
- Fett für die Form
- 1 Päckchen Puddingpulver „Vanille-Geschmack" (zum Kochen; für ½ l Milch)
- ½ l Milch
- 8 Cocktailkirschen, Zitronenmelisse und Puderzucker zum Verzieren
- Klarsichtfolie, Backpapier

1 160 g Mehl, 40 g Zucker, 1 Eigelb, 80 g Fett in Stückchen, 1 Prise Salz, Zitronenschale und 1–2 EL Eiswasser zu einem glatten Mürbeteig verkneten. In Folie wickeln und ca. 30 Minuten kalt stellen.

2 ⅛ l Wasser, 50 g Fett und 1 Prise Salz aufkochen. 125 g Mehl auf einmal zufügen und rühren, bis sich der Teig als Kloß vom Topfboden löst und sich dort ein weißer Film bildet. Vom Herd nehmen, 1 Ei darunter rühren. Ca. 10 Minuten abkühlen. 2 Eier einzeln (!) unterrühren. In einen Spritzbeutel mit großer Sterntülle füllen.

3 Einen Ring (24 cm Ø) und 8 kleine Tuffs auf ein mit Backpapier ausgelegtes Backblech spritzen. Im vorgeheizten Ofen (E-Herd: 200 °C/Umluft: 175 °C/Gas: Stufe 3) ca. 20 Minuten backen. Tuffs aufschneiden. Alles auskühlen lassen. Boden einer Springform (24 cm Ø) fetten. Mürbeteig darauf ausrollen. Bei gleicher Temperatur ca. 20 Minuten backen. Auskühlen.

4 Puddingpulver, 2 EL Zucker und 6 EL Milch verrühren. Rest Milch aufkochen. Puddingpulver einrühren, nochmals aufkochen. 2 Eigelb mit 2–3 EL Pudding verrühren, dann unter den übrigen Pudding rühren. Auskühlen. Mürbeteigboden dünn mit Pudding bestreichen. Brandteigring darauf setzen. Pudding, bis auf 3–4 EL, hineinfüllen. Rest in die Tuffs spritzen. Torte mit Tuffs, Kirschen etc. verzieren.

Zubereitungszeit ca. 1½ Std.
(ohne Wartezeit)
Stück ca. 280 kcal / 1170 kJ
E 7 g, F 14 g, KH 29 g

Himbeer-Brandteig-Torte

Zutaten für ca. 12 Stücke:

- **50 g Butter/Margarine**
- **1 Prise Salz**
- **125 g Mehl**
- **3 Eier (Gr. M)**
- **1 gestrichener TL Backpulver**
- **1 Dose (425 ml) Aprikosen**
- **500 g Himbeeren**
- **400 g + 250 g Schlagsahne**
- **3 Päckchen Sahnefestiger**
- **50 g Zucker**
- **2 Päckchen Vanillin-Zucker**
- **50 g Himbeer-Gelee, Backpapier**

1 Ein Backblech mit Backpapier auslegen. Mit Hilfe des Springformrandes (26 cm Ø) von innen einen Kreis darauf zeichnen.

2 ⅛ l Wasser, Fett in Stückchen und Salz im kleinen Topf aufkochen. Mehl auf einmal zufügen und mit dem Kochlöffel rühren, bis sich die Masse als Kloß vom Topfboden löst und sich dort ein weißer Film bildet. Vom Herd ziehen. 1 Ei mit den Knethaken des Handrührgerätes unterkneten und ca. 10 Min. abkühlen lassen. 2 Eier nacheinander (!) gut darunter kneten. Backpulver darauf sieben und kurz darunter kneten.

3 Die Brandteigmasse in den vorgezeichneten Kreis streichen und den Springformrand darumschließen. Im vorgeheizten Backofen (E-Herd: 200 °C/Umluft: 175 °C/Gas: Stufe 3) 35–40 Minuten backen. Kurz abkühlen lassen. Dann mit einer Schere und einem Messer aufschneiden. Böden getrennt auskühlen lassen.

4 Aprikosen abtropfen und in Spalten schneiden. Himbeeren verlesen, evtl. waschen, abtropfen lassen. 400 g Sahne steif schlagen, dabei 2 Päckchen Sahnefestiger, Zucker und 1 Päckchen Vanillin-Zucker einrieseln. Auf den unteren Boden streichen. Mit der Hälfte Aprikosen und ⅓ Beeren belegen. 2. Boden darauf legen. Evtl. 20 Minuten kalt stellen.

5 250 g Sahne steif schlagen, dabei je 1 Päckchen Sahnefestiger und Vanillin-Zucker einrieseln. Auf die Torte streichen. Mit Rest Beeren und Aprikosen belegen. Gelee erwärmen, über die Beeren träufeln.

Zubereitungszeit ca. 1¾ Std.
Wartezeit ca. 1½ Std.
Stück ca. 320 kcal / 1340 kJ
E 6 g, F 21 g, KH 25 g

Windbeutel-Pyramide mit Karamellfäden

Zutaten für ca. 20 Portionen:

- **125 g Butter/Margarine, 1 Prise Salz**
- **125 g Mehl**
- **4 Eier + 2 Eigelb (Gr. M)**
- **½ Vanilleschote**
- **¼ l Milch**
- **1 geh. EL (20 g) Speisestärke**
- **60 g + 2 geh. EL (40 g) + 250 g Zucker**
- **250 g Schlagsahne**
- **1 TL Zitronensaft**
- **Backpapier**

1 2 Backbleche mit Backpapier auslegen. ¼ l Wasser, Fett und Salz aufkochen. Topf vom Herd ziehen. Mehl auf einmal zugeben und unterrühren. Topf wieder auf den Herd stellen. Bei mittlerer Hitze rühren, bis sich der Teig als Kloß vom Topfboden löst und sich dort ein weißer Film bildet. Teig in eine Schüssel geben.

2 1 Ei unterrühren, ca. 10 Minuten abkühlen. 3 Eier einzeln unterrühren. Teig in einen Spritzbeutel mit Lochtülle füllen. Ca. 60 nussgroße Teighäufchen auf die Bleche spritzen. Nacheinander im heißen Backofen (E-Herd: 200 °C/Umluft: 175 °C/Gas: Stufe 3) 20–25 Minuten backen. Auskühlen.

3 Vanilleschote einritzen, Mark herausschaben. 4 EL Milch, Stärke und 2 Eigelb glatt rühren. Rest Milch, Vanilleschote, -mark und 60 g Zucker aufkochen. Stärke einrühren, unter Rühren aufkochen. Vom Herd ziehen. Schote entfernen. Creme mit 2 EL Zucker bestreuen, auskühlen lassen.

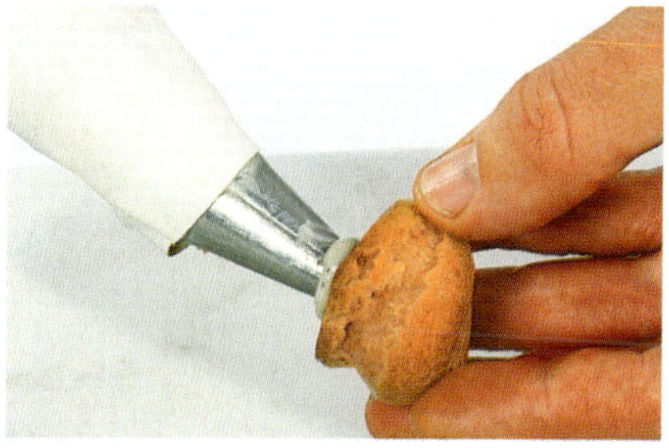

4 Die Vanillecreme durch ein Sieb streichen. Sahne steif schlagen und unterheben. Creme in einen Spritzbeutel mit kleiner Lochtülle füllen und die Windbeutel jeweils von unten damit füllen.

5 250 g Zucker, ⅛ l Wasser und Zitronensaft aufkochen. Bei starker Hitze Wasser verdampfen und Zucker goldgelb karamellisieren lassen. Windbeutel einzeln in den Karamell tauchen und sofort auf einer Platte zur Pyramide zusammensetzen.

6 Spitzen einer Gabel in den übrigen Karamell tauchen und damit zügig Karamellfäden um die Pyramide ziehen. (Nicht in den Kühlschrank stellen, da der Karamell sonst weich wird!)

Zubereitungszeit ca. 1 ½ Std.
(ohne Wartezeit)
3 Kugeln ca. 220 kcal / 920 kJ
E 3 g, F 12 g, KH 24 g

Schoko-Windbeutel mit Kirschen

Zutaten für ca. 10 Stück:

- 1 TL + 100 g Zucker, 1 Prise Salz
- 100 g Butter/Margarine
- 150 g Mehl
- 4 Eier (Gr. M)
- 500 g frische oder 1 Glas (720 ml) Süß-/Sauerkirschen
- 350 ml Kirschsaft
- 2 leicht geh. EL (20 g) Speisestärke
- 100 g Halbbitter-Kuvertüre
- 30 g weißes Plattenfett (z. B. Palmin)
- 1 EL gehackte Pistazien
- 500 g Schlagsahne
- 1 Päckchen Sahnefestiger
- 2 Päckchen Vanillin-Zucker
- Backpapier

1 ¼ l Wasser, 1 TL Zucker, Salz und Fett aufkochen. Mehl auf einmal zugeben. Rühren, bis sich der Teig als Kloß vom Topfboden löst und sich dort ein weißer Film bildet. Vom Herd ziehen. 1 Ei unterrühren, ca. 10 Minuten abkühlen. 3 Eier einzeln (!) unterrühren.

2 In einen Spritzbeutel mit großer Sterntülle füllen. Ca. 10 Windbeutel (ca. 8 cm Ø) auf mit Backpapier ausgelegte Backbleche spritzen. Nacheinander im heißen Ofen (E-Herd: 225 °C/Umluft: 200 °C/Gas: Stufe 4) ca. 30 Minuten backen. Windbeutel aufschneiden und auskühlen lassen.

3 Kirschen waschen, entstielen und entsteinen. 3 EL Saft und Stärke verrühren. Rest Saft, Kirschen und 100 g Zucker aufkochen. 2–3 Minuten köcheln. Stärke einrühren und aufkochen. Auskühlen lassen.

4 Kuvertüre und Plattenfett hacken und zusammen im heißen Wasserbad schmelzen. Windbeutel-Deckel kurz hineintauchen und mit Pistazien bestreuen. Trocknen lassen.

5 Sahne mit Sahnefestiger und Vanillin-Zucker steif schlagen. Windbeutel mit Sahne und Kirschen füllen. Deckel darauf setzen.

Zubereitungszeit ca. 1¾ Std. (ohne Wartezeit)
Stück ca. 530 kcal / 2220 kJ
E 7 g, F 35 g, KH 42 g

Quarkcreme-Blüten mit Beeren

Zutaten für ca. 12 Stück:

- **100 g Butter, 1 Prise Salz**
- **250 g Mehl, 6 Eier (Gr. M)**
- **300 g Erdbeeren**
- **1 EL Zitronensaft**
- **400 g Magerquark**
- **100 g Zucker**
- **1 Päckchen Vanillin-Zucker**
- **3 Päckchen Sahnefestiger**
- **200 g Schlagsahne**
- **100–125 g Himbeeren**
- **100 g Heidelbeeren**
- **Puderzucker zum Bestäuben**
- **Backpapier**

1 ¼ l Wasser, Butter in Stückchen und Salz aufkochen. Mehl auf einmal zufügen. Mit dem Kochlöffel rühren, bis sich der Teig als Kloß vom Topfboden löst und sich dort ein weißer Film bildet. Ca. 15 Minuten abkühlen.

2 Backofen (E-Herd: 225 °C/Umluft: 200 °C/Gas: Stufe: 4) vorheizen. Eine kleine niedrige ofenfeste Form oder Tasse mit heißem Wasser füllen, auf den Boden des Backofens stellen.

3 Eier mit den Knethaken des Handrührgerätes nacheinander (!) gut unter die Brandmasse kneten. In einen Spritzbeutel mit großer Sterntülle füllen. Mit genügend Abstand je 6 Blüten (ca. 8 cm Ø) auf 2 mit Backpapier ausgelegte Backbleche spritzen. Nacheinander im vorgeheizten Backofen ca. 20 Minuten backen. Blüten 2–3 Minuten ruhen lassen, dann waagerecht halbieren. Blüten vollständig auskühlen lassen.

4 Erdbeeren waschen und putzen. Hälfte würfeln und mit Zitronensaft pürieren. Quark, Zucker, Vanillin-Zucker und Sahnefestiger verrühren. Püree unterrühren. Ca. 30 Minuten kalt stellen. Sahne steif schlagen und unter die Quarkmasse heben.

5 Himbeeren verlesen. Heidelbeeren waschen, abtropfen lassen. Rest Erdbeeren klein schneiden. Beeren mischen. ¾ Beeren auf die unteren Blüten verteilen. Quarkcreme mit einem Spritzbeutel mit großer Sterntülle darauf spritzen. Rest Beeren hineindrücken, obere Blüten darauf setzen. Mit Puderzucker bestäuben.

Zubereitungszeit ca. 1¾ Std.
(ohne Wartezeit)
Stück ca. 280 kcal / 1170 kJ
E 11 g, F 16 g, KH 22 g

Knusprig:

„Gut Ding will Weile haben“ heißt es, wenn Sie Blätterteig selbst herstellen. Schneller, aber ebenso gut, gelingen Torten, Teilchen und Plätzchen mit Fertigteig aus der Tiefkühltruhe

Blätterteig

Holländer Kirschtorte Seite 152

Einfach lecker wie vom Bäcker schmeckt dieser schlichte Aprikosen-Marzipan-Streifen mit Mandelstiften und Zuckerguss-Rand. Seite 148

Da ist garantiert für jeden etwas dabei: Bunte Blätterteig-Platte mit Windmühlen, Kirsch-Teilchen und Pistazien-Ecken mit Pudding-Füllung. Seite 149

Sehr beliebt bei groß und klein sind knusprige Schweinsöhrchen mit Zimt. Aus TK-Blätterteig zubereitet sind sie ruck, zuck gemacht. Seite 154

Grundrezept für Blätterteig

Zutaten für 2 Quadrate à 30 x 30 cm:

- 250 g Mehl
- 1 Eigelb
- 25 g weiche + 250 g kalte Butter
- ½ TL Salz

Vorbereitungszeit: **ca. 1 Stunde**
Wartezeit: **ca. 1 Stunde**
Backzeit: **15–30 Minuten**
Backtemperatur: **E-Herd: 200 °C/ Umluft: 175 °C/Gas: Stufe 3**
Auskühlzeit: **30–60 Minuten**

Rund um den Teig

- Der Teig sollte glatt und elastisch sein, damit er sich problemlos ausrollen lässt.
- Die Butter für die Platte muss gut gekühlt sein und darf beim „Touren" nicht schmelzen.
- Optimal als Arbeitsfläche ist eine kühle Marmorplatte. Den Teig zwischendurch immer wieder kalt stellen.
- Teigstücke, die in die Höhe ziehen sollen (Pasteten), setzt man auf kalt abgespülte Bleche. Solche, die eher in die Breite gehen sollen auf Backpapier oder gefettete Bleche.
- Teigplatten und ausgestochene Reste nie verkneten, sondern aufeinander legen und ausrollen.

BACK-TIPPS

- *Damit die Schichten nicht zerdrückt werden: Teig mit einem sehr scharfen Messer schneiden.*
- *Beim Bestreichen mit Ei darf nichts über die Ränder laufen, sonst verkleben dort die Schichten, und der Teig geht an diesen Stellen nicht mehr auf.*
- *Blätterteig gibt's tiefgekühlt als Rechtecke und Quadrate im Handel. Fertig als runde Platte (auf Backpapier) und aus der Dose finden Sie ihn im Kühlregal.*
- *Das Grundrezept entspricht ca. 2 Packungen (à 300 g) Tiefkühl-Blätterteig.*

1 *Mehl, Eigelb, 25 g Fett und Salz mit den Knethaken des Handrührgerätes glatt verkneten. Nach und nach 150 ml kaltes Wasser zugießen. Ca. 15 Minuten kalt stellen*

2 *Die kalte Butter auf einer leicht bemehlten Arbeitsfläche mit einer Teigrolle zu einem gleichmäßigen Quadrat (ca. 20 x 20 cm) ausrollen*

3 *Teig auf wenig Mehl zum Quadrat (ca. 30 x 30 cm) ausrollen. Butter in die Mitte der Teigplatte legen. Den überstehenden Teig über die Butter schlagen*

4 *1. Tour: Teig mit etwas Mehl bestäuben, ca. 25 x 35 cm ausrollen. Der Länge nach in 3 Lagen übereinander schlagen (s. Foto), ca. 10 Minuten zugedeckt kalt stellen. 2. Tour: Teig ca. 25 x 35 cm ausrollen. Längs von beiden Seiten zur Mitte hin umschlagen und zusammenklappen. So entstehen 4 Lagen. Ca. 20 Minuten zugedeckt kalt stellen*

5 *1. und 2. Tour (s. Punkt 4) einmal wiederholen. Den Blätterteig dann ca. 30 Minuten kalt stellen. Für 2 Tortenböden: den Blätterteig auf einer leicht bemehlten Arbeitsfläche ca. 30 x 60 cm groß ausrollen. Mit Hilfe eines Tortenrings oder Formrandes 2 Kreise (à max. 30 cm Ø) ausschneiden*

Blätterteigherzen mit Zitronencreme

Zutaten für ca. 10 Stück:

- 2 Packungen (à 300 g; à 5 Scheiben) TK-Blätterteig oder 1 Grundrezept
- Mehl für die Arbeitsfläche
- ca. 3 EL Kondensmilch
- 50 g gehackte Mandeln
- 50 g gehackte Pistazien
- 200 g Schlagsahne
- 1 EL (15 g) Zucker
- 2 Päckchen Vanillin-Zucker
- 2 Päckchen Sahnefestiger
- 150 g Dickmilch oder Joghurt
- abgeriebene Schale und Saft von ½ unbehandelten Zitrone
- 10 TL Konfitüre (z. B. Kiwi, Kirsch und Aprikose)

1 Blätterteig nebeneinander auftauen lassen. Jeweils 2 Platten übereinander legen und auf wenig Mehl etwas ausrollen. Ca. 10 Herzen ausstechen, mit der Gabel mehrmals einstechen und auf ein mit kaltem Wasser abgespültes Backblech legen.

2 Herzen mit Kondensmilch bestreichen. Jeweils zur Hälfte mit Mandeln und Pistazien bestreuen. Im vorgeheizten Backofen (E-Herd: 200 °C/ Umluft: 175 °C/Gas: Stufe 3) ca. 12 Minuten backen. Auskühlen lassen.

3 Kurz vor dem Servieren Sahne steif schlagen, dabei Zucker, Vanillin-Zucker und Sahnefestiger einrieseln lassen. Dickmilch, Zitronenschale und -saft verrühren. Sahne darunter heben. In einen Spritzbeutel mit Sterntülle füllen.

4 Herzen vorsichtig waagerecht halbieren. Quarkcreme herzförmig auf die unteren Hälften spritzen. Die Konfitüre in die Mitte der Creme geben. Obere Hälfte darauf legen.

Zubereitungszeit ca. 1½ Std.
(ohne Wartezeit)
Stück ca. 340 kcal / 1420 kJ
E 5 g, F 23 g, KH 26 g

PIKANTE VARIANTE

Die Blätterteigherzen vor dem Backen mit Mohn und Sesam bestreuen. Dann mit einer würzigen Frischkäse-Creme füllen.

Aprikosen-Marzipan-Streifen

Zutaten für ca. 12 Stücke:

- **1 Packung (450 g; 4 oder 6 Scheiben) TK-Blätterteig oder ¾ Grundrezept**
- **1 Dose (850 ml) Aprikosen**
- **1 Ei (Gr. M)**
- **100 g Marzipan-Rohmasse**
- **100 g + 50 g Puderzucker**
- **Mehl für die Arbeitsfläche**
- **50 g Mandelstifte, Backpapier**

1 Blätterteig auftauen lassen. Aprikosen abtropfen lassen, Saft dabei auffangen. ¾ der Früchte fein würfeln, übrige Aprikosen in dünne Spalten schneiden. Ei trennen. Marzipan grob reiben. Mit Eiweiß, Aprikosenwürfeln und 100 g Puderzucker mit den Knethaken des Handrührgerätes verkneten.

2 Backblech mit Backpapier belegen. Teigplatten aufeinander legen. Auf wenig Mehl zu einem Rechteck (ca. 25 x 38 cm) ausrollen. Aufs Backblech legen, mit einer Gabel mehrmals einstechen und die Marzipan-Masse darauf streichen, dabei an den Längsseiten einen 3 cm breiten Rand frei lassen. Beide Teigränder jeweils ca. 2 cm breit nach innen klappen.

3 Aprikosenspalten und Mandeln auf die Marzipan-Masse streuen. Eigelb verquirlen. Teigränder damit bestreichen. Im vorgeheizten Backofen (E-Herd: 200 °C/Umluft: 175 °C/ Gas: Stufe 3) auf der unteren Schiene (Gas: s. Herdhersteller) ca. 35 Minuten backen. Dann etwas abkühlen lassen.

4 50 g Puderzucker und 1–2 EL Aprikosensaft glatt rühren. Die Teigränder dünn mit Zuckerguss bestreichen und trocknen lassen.

Zubereitungszeit ca. 1 Std. (ohne Wartezeit)
Stück ca. 310 kcal / 1300 kJ
E 4 g, F 15 g, KH 37 g

Bunte Blätterteig-Platte

Zutaten für ca. 15 Stück:

- 1½ Packungen (à 450 g; à 10 Scheiben) quadratische TK-Blätterteigplatten oder ca. 1 Grundrezept
- 1 Glas (720 ml) Kirschen
- 3 geh. EL (45 g) Speisestärke
- 1 geh. EL + 50 g Zucker
- 400 ml Milch
- 1 Päckchen Puddingpulver „Vanille“ (zum Kochen; für ½ l Milch)
- 6 EL Eierlikör
- 100 g Aprikosen-Konfitüre
- 5 Aprikosenhälften (aus der Dose)
- 1 EL Schlagsahne oder Milch
- 1 Eigelb
- 2 EL Mandelblättchen
- 1 EL gehackte Pistazien
- 1 EL Hagelzucker

1 Teigplatten nebeneinander auftauen lassen (aus selbst gemachtem Teig 15 Scheiben (à 10 x 10 cm) ausschneiden). Inzwischen Kirschen in einem Sieb abtropfen, Saft dabei auffangen. 6 EL Saft und Stärke verrühren. Rest Saft und 1 geh. EL Zucker aufkochen. Stärke einrühren, aufkochen. Kirschen unterheben. Abkühlen lassen.

2 6 EL Milch und Puddingpulver verrühren. Übrige Milch und 50 g Zucker aufkochen. Puddingpulver einrühren und nochmals aufkochen. Eierlikör unterrühren, abkühlen lassen. Dabei gelegentlich umrühren, damit sich keine Haut bildet.

3 Von 5 Platten die Ecken fast bis zur Mitte einschneiden. Je 1 TL Konfitüre und 1 Aprikose in die Mitte geben. Jede 2. Ecke zur Mitte klappen und andrücken, sodass ein Windmühlenrad entsteht. Kirschen auf weitere 5 Platten verteilen, äußere Ecken zur Mitte hin umklappen. Den Pudding auf die Mitte der restlichen Platten verteilen. Zu Dreiecken zusammenklappen.

4 Sahne und Eigelb verquirlen, Teilchen damit bestreichen. Kirschen mit Mandeln, Dreiecke mit Pistazien bestreuen. Auf 2 kalt abgespülte Backbleche legen. Im heißen Ofen (E-Herd: 200 °C/Umluft: 175 °C/Gas: Stufe 3) 15–20 Minuten backen. Rest Konfitüre auf die Mühlen streichen, mit Hagelzucker bestreuen. Auskühlen.

Zubereitungszeit ca. 1 ½ Std.
(ohne Wartezeit)
Stück ca. 310 kcal / 1300 kJ
E 4 g, F 14 g, KH 39 g

Vanillecreme-Schnitten

Zutaten für ca. 10 Stück:

- **1 Packung (450 g; 6 Scheiben) TK-Blätterteig oder ½ Grundrezept**
- **Mehl für die Arbeitsfläche, etwas Öl**
- **2 Eier (Gr. M), 1 Prise Salz**
- **100 g Zucker, 1 l Milch**
- **3 Päckchen Puddingpulver „Vanille" (zum Kochen; für je ½ l Milch)**
- **100 g Puderzucker, 4–5 TL Zitronensaft**
- **Backpapier, Alufolie**

1 Teig auftauen. Je 2 x 2 Scheiben aufeinander legen, auf wenig Mehl zu je 1 Rechteck (ca. 24 x 32 cm) ausrollen (2 Scheiben anderweitig verwenden). Mit einer Gabel öfter einstechen. Auf 2 mit Backpapier ausgelegte Bleche legen, am kühlen Ort ca. 15 Minuten ruhen lassen. Im heißen Ofen (E-Herd: 200 °C/Umluft: 175 °C/Gas: Stufe 3) ca. 15 Minuten backen. Auskühlen.

2 Ränder der Blätterteig-Platten gerade schneiden. Beide Platten längs halbieren, sodass insgesamt 4 Rechtecke (ca. 10 x 27 cm) entstehen. 2 Platten auf je 1 Stück Alufolie (ca. 40 x 60 cm) legen. Folie rundherum mehrmals knicken und zu einem 5–6 cm hohen Rand hochbiegen. Rand innen mit Öl bestreichen.

3 Eier trennen. Eiweiß und Salz steif schlagen. Unter weiterem Schlagen 1 EL Zucker einrieseln lassen, weiterschlagen, bis er gelöst ist. ¼ l Milch, Eigelb, Puddingpulver und Rest Zucker glatt rühren. Rest Milch aufkochen. Puddingpulver einrühren, kurz aufkochen. Eischnee unterheben. 5–10 Minuten abkühlen lassen. Pudding auf die unteren Teigplatten streichen. Ca. 5 Stunden kalt stellen.

4 Übrige 2 Platten in je 5 Stücke (ca. 5 x 10 cm) schneiden. Puderzucker und Zitronensaft glatt rühren. Teigstücke damit bestreichen, trocknen. Alufolienränder lösen. Auf jeden Puddingstreifen 5 Teigstücke legen. Streifen in je 5 Schnitten teilen.

Zubereitungszeit ca. 1 Std.
Wartezeit ca. 6 ½ Std.
Stück ca. 330 kcal / 1380 kJ
E 6 g, F 13 g, KH 44 g

Pflaumenmus-Kissen mit Eierlikör

Zutaten für ca. 5 Stück:

- **1 Packung (300 g; 5 Scheiben) TK-Blätterteig oder ½ Grundrezept**
- **Mehl für die Arbeitsfläche**
- **1 Eigelb (Gr. M)**
- **100 g Schlagsahne**
- **500 g Magerquark, 2 EL Zucker**
- **2 Päckchen Vanillin-Zucker**
- **150 g Pflaumenmus**
- **5 EL Eierlikör, Backpapier**

1 Die Blätterteigplatten nebeneinander legen und auftauen lassen. Jede Teigplatte auf wenig Mehl zu einem Rechteck von ca. 11 x 22 cm ausrollen, mit einer Gabel mehrmals einstechen. An einem kühlen Ort ca. 15 Minuten ruhen lassen.

2 Eigelb und 1 TL Sahne verquirlen. Alle Teigplatten quer halbieren. 5 Hälften mit verquirltem Eigelb bestreichen, auf ein mit Backpapier ausgelegtes Backblech legen und im vorgeheizten Backofen (E-Herd: 200 °C/ Umluft 175 °C/Gas: Stufe 3) 8–10 Minuten backen. Auskühlen lassen.

3 In die restlichen Teighälften ein Rautenmuster schneiden. Auf ein mit Backpapier ausgelegtes Backblech legen. Mit verquirltem Eigelb bestreichen und 8–10 Minuten bei gleicher Temperatur backen. Auskühlen lassen.

4 Quark, Zucker und Vanillin-Zucker verrühren. Restliche Sahne steif schlagen und unterheben. Masse in einen Spritzbeutel mit Sterntülle füllen. Quadrate ohne Rautenmuster mit Pflaumenmus bestreichen. Quark-Sahne darauf spritzen und mit Eierlikör beträufeln. Gemusterte Deckel darauf legen.

Zubereitungszeit ca. 50 Min.
(ohne Wartezeit)
Stück ca. 520 kcal / 2180 kJ
E 17 g, F 25 g, KH 49 g

EINFRIER-TIPP

Selbst gemachter Blätterteig (auch Reste) lässt sich gut einfrieren. Am besten zu Platten ausrollen und nebeneinander anfrieren. Dann mit Folie dazwischen aufeinander stapeln, in Gefrierbeutel verpacken. So können Sie die Scheiben auch einzeln ganz leicht entnehmen.

Holländer Kirschtorte

Zutaten für ca. 12 Stücke:

- **1 Packung (450 g; 6 Scheiben) TK-Blätterteig oder ¾ Grundteig**
- **1 Eigelb**
- **4 EL gehackte Mandeln**
- **ca. 1 EL Hagelzucker**
- **50 g Zartbitter-Schokolade**
- **1 Glas (720 ml) Sauerkirschen**
- **3 gehäufte EL (45 g) Speisestärke**
- **2 EL Zucker**
- **500 g Schlagsahne**
- **2 Päckchen Sahnefestiger**
- **3 Päckchen Vanillin-Zucker**
- **evtl. 1 EL rotes Johannisbeergelee und 1 TL Puderzucker**
- **Backpapier**

1 Teigplatten auftauen. Je 3 aufeinander legen, zu 2 Quadraten (ca. 30 x 30 cm) ausrollen und mit einer Gabel mehrmals einstechen. Anschließend an einem kühlen Ort ca. 15 Minuten ruhen lassen.

2 Aus den Quadraten je 1 Kreis (ca. 28 cm Ø) schneiden. Auf mit Backpapier ausgelegte Bleche legen. 1 Boden mit verquirltem Eigelb bestreichen, mit Mandeln und Hagelzucker bestreuen. Böden nacheinander im heißen Ofen (E-Herd: 200 °C/ Umluft: 175 °C/Gas: Stufe 3) ca. 15 Minuten backen. Mandelboden noch warm in ca. 12 Stücke schneiden. Zartbitter-Schokolade zerkleinern, im heißen Wasserbad schmelzen. 2. Boden damit bestreichen und trocknen lassen.

3 Kirschen abtropfen lassen, Saft dabei auffangen. Ca. 12 Kirschen zum Verzieren beiseite legen. Stärke und 6 EL Saft verrühren. Rest Saft und Zucker aufkochen. Stärke einrühren, kurz aufkochen. Kirschen unterheben, abkühlen lassen. Kompott auf den Boden streichen, auskühlen lassen.

4 Sahne, Sahnefestiger und Vanillin-Zucker steif schlagen. Gut ¾ Sahne auf die Kirschen streichen. Torte mit Rest Sahne, Kirschen und erwärmtem Gelee verzieren. Kurz vorm Servieren die Mandelfächer darauf legen und mit Puderzucker bestäuben.

Zubereitungszeit ca. 1¼ Std.
(ohne Wartezeit)
Stück ca. 370 kcal / 1550 kJ
E 4 g, F 25 g, KH 30 g

Marzipan-Pfirsich-Nester

Zutaten für ca. 10 Stück:

- **1 Packung (450 g; 10 Scheiben) quadratische TK-Blätterteigplatten oder ¾ Grundrezept**
- **1 Ei (Gr. M)**
- **100 g Marzipan-Rohmasse**
- **4 EL Puderzucker**
- **2 EL Milch**
- **1 Dose (850 ml) Pfirsiche**
- **1 EL Mandelblättchen**
- **Backpapier**

1 Blätterteigplatten nebeneinander auftauen lassen (aus selbst gemachtem Teig 10 Scheiben (à 10 x 10 cm) ausschneiden). Am kühlen Ort ca. 15 Minuten ruhen lassen. Anschließend auf 2 mit Backpapier ausgelegte Backbleche legen.

2 Ei trennen. Marzipan grob reiben. In eine Schüssel geben, 3 EL Puderzucker und Eiweiß zufügen und alles mit den Knethaken des Handrührgerätes verkneten. Eigelb und Milch verquirlen. Pfirsiche abtropfen lassen.

3 Mitte der Teigquadrate dünn mit Eigelb bestreichen und etwas Marzipan darauf setzen. Ecken zur Mitte überklappen und je 1 Pfirsichhälfte darauf setzen.

4 Teig mit restlichem Eigelb bestreichen und mit Mandelblättchen bestreuen. Im vorgeheizten Backofen (E-Herd: 200 °C/Umluft: 175 °C/Gas: Stufe 3) 15–20 Minuten backen. Nester mit 1 EL Puderzucker bestäuben.

Zubereitungszeit ca. 1¼ Std.
Stück ca. 330 kcal / 1380 kJ
E 5 g, F 17 g, KH 36 g

EXTRA-TIPP

Die Nester schmecken auch mit anderen Früchten wie Ananas oder Pflaumen. Oder: Mit fertig gekaufter Mohnmasse füllen und Aprikosenspalten darauf legen.

Schweinsöhrchen mit Zimt

Zutaten für ca. 30 Stück:

- **1 Packung (450 g; 4 oder 6 Scheiben) TK-Blätterteig oder ¾ Grundrezept**
- **Mehl oder Zucker für die Arbeitsfläche**
- **1 TL gemahlener Zimt**
- **2 EL (30 g) + 1 geh. EL (20 g) Zucker**
- **3 Päckchen Vanillin-Zucker**
- **Klarsichtfolie**

1 Blätterteigplatten nebeneinander auf eine bemehlte oder mit Zucker bestreute Arbeitsfläche legen und auftauen lassen. Zimt, 2 EL Zucker und 2 Päckchen Vanillin-Zucker mischen.

2 Die Teigplatten aufeinander legen. Zu einem Rechteck (ca. 30 x 40 cm) ausrollen. Mit etwas Wasser bestreichen und die Zimt-Zuckermischung gleichmäßig auf den Teig streuen. Den Teig jeweils von den beiden kurzen Seiten bis zur Mitte hin fest aufrollen. Teigrolle in Klarsichtfolie wickeln und im Gefrierfach ca. 30 Minuten anfrieren lassen.

3 2 Backbleche mit kaltem Wasser abspülen. Von der angefrorenen Teigrolle ca. 30 dicke Scheiben (à ca. 1 cm) abschneiden. Die Scheiben im Abstand von ca. 5 cm auf die Backbleche legen.

4 1 geh. EL Zucker und 1 Päckchen Vanillin-Zucker mischen. Zucker-Mischung gleichmäßig über die Schweine-Öhrchen streuen. Im vorgeheizten Backofen (E-Herd: 225 °C/ Umluft: 200 °C/Gas: Stufe 4) 10–12 Minuten goldgelb backen. Auf einem Kuchengitter auskühlen lassen.

Zubereitungszeit ca. 45 Min.
(ohne Wartezeit)
Stück ca. 70 kcal / 290 kJ
E 1 g, F 4 g, KH 7 g

Schokoladen-Hörnchen

Zutaten für ca. 8 Stück:

- 75 g Zartbitter-Schokolade
- 1 Packung (230 g) runder Blätterteig aus dem Kühlregal oder ⅓ Grundrezept
- 1 Eigelb
- 1 TL Schlagsahne oder Milch
- ½ Beutel (50 g) dunkle Kuchenglasur
- evtl. Schokolocken zum Verzieren

1 Schokolade in schmale Stücke schneiden. Blätterteig mit dem Backpapier auf einem Backblech entrollen. (Aus selbst gemachtem Blätterteig eine Platte von ca. 30 cm Ø zuschneiden.) In 8 Tortenstücke schneiden. Schokolade auf die breite

Seite der Dreiecke legen. Zur Spitze hin aufrollen, zu Hörnchen biegen.

2 Eigelb und Sahne verquirlen. Hörnchen damit bestreichen. Im vorgeheizten Backofen (E-Herd: 200 °C/Umluft: 175 °C/Gas: Stufe 3) ca. 15 Minuten backen. Hörnchen auf einem Kuchengitter auskühlen lassen.

3 Die Kuchenglasur im Beutel ca. 10 Minuten in heißes Wasser stellen. Eine kleine Ecke vom Beutel abschneiden. Dünne Streifen über die Hörnchen spritzen. Evtl. mit Schokolocken bestreuen. Danach trocknen lassen.

Zubereitungszeit ca. 45 Min.
(ohne Wartezeit)
Stück ca. 210 kcal / 880 kJ
E 3 g, F 14 g, KH 17 g

EXTRA-TIPPS

- *Diese Hörnchen schmecken nicht nur zum Nachmittagskaffee, sondern auch prima zum Brunch.*
- *Anstelle von Schokolade eignet sich als Füllung auch Marzipan oder etwas Pflaumenmus. Aber darauf achten, dass beim Aufrollen nichts herausläuft.*

Zuckersüß:

Ob als eigenständiges Gebäck oder als „Haube“ für Kuchen mit säuerlichem Obst, der „Luftikus“ aus Eischnee und Zucker kommt stets gut an

Baiser

Pflaumen-Baiser-Torte Seite 164

Baiser lässt sich toll spritzen, z. B. als dekoratives Gitter wie auf diesem Ananaskuchen aus Mürbeteig und Pudding-Schmand-Creme. Seite 161

Mmmh, Japonais, ein himmlischer Genuss! Hier werden jeweils zwei zarte Mandel-Makronen mit feiner Trüffelcreme gefüllt. Seite 163

Das Besondere an der Schneemus-Torte mit Erdbeeren sind ihre Böden. Sie sind aus Rührteig und einer Schicht Baiser gebacken. Seite 167

Grundrezept für Baiser

Zutaten für ca. 12 Schalen (à 8 cm Ø) oder 3 Böden (à ca. 28 cm Ø):

- **4 frische Eiweiß**
- **1 Prise Salz**
- **200 g feiner Zucker**
- **1 Päckchen Vanillin-Zucker**
- **Backpapier**

Vorbereitungszeit: **15–20 Minuten**
Trockenzeit: **4–5 Stunden**
Backtemperatur: **E-Herd: 75 °C/ Umluft: 50 °C/Gas: s. Herdhersteller**
Auskühlzeit: **ca. 30 Minuten**

Rund um die Masse

- Zum Schlagen eine große Rührschüssel nehmen, denn Eischnee braucht reichlich Platz.
- Rührschüssel und Schneebesen müssen absolut fettfrei sein, damit der Eischnee gut gelingt.
- Stets frische kalte Eier nehmen – die Masse erhält besser ihre Konsistenz.
- Eigelb und Eiweiß sauber trennen. Am besten einzeln in eine Tasse aufschlagen. Selbst kleinste Spuren von Eigelb sorgen dafür, dass Eiweiß nicht mehr richtig fest wird.
- Mit einigen Tropfen Zitronensaft, 1 Prise Salz oder Weinsteinsäure (aus der Apotheke) wird Eiweiß schneller fest und bleibt stabiler.
- Ganz feinen Zucker oder Puderzucker verwenden, der sich gut auflöst.

BACK-TIPPS

- *Baiser können Sie mit folgenden Zutaten färben bzw. aromatisieren: mit Kakao, Instant-Kaffeepulver, gemahlenen Nüssen, geriebener Schokolade, Zimt und Kokosraspeln.*
- *Bei Gasherden evtl. ca. alle 30 Minuten den Backofen an- bzw. ausschalten, damit er für das Baiser nicht zu heiß wird.*
- *Baiserhauben werden bei ca. 175 °C überbacken und dürfen auch leicht bräunen.*
- *Baisertörtchen können Sie in gut verschlossenen Blechdosen wochenlang aufbewahren.*

1 *Eier einzeln trennen. Eiweiß in eine große Schüssel geben, mit Salz oder einigen Tropfen Zitronensaft steif schlagen*

2 *Zucker unter weiterem Schlagen nach und nach einrieseln lassen. Weiterschlagen, bis er sich vollständig gelöst hat*

3 *Der Eischnee ist optimal, wenn er Spitzen zieht, matt glänzt und ein Schnitt mit dem Messer sichtbar bleibt*

4 *Für Törtchen, Makronen und Baiserschalen die fertige Baisermasse in einen Spritzbeutel mit Sterntülle füllen*

5 *Baisermasse in der gewünschten Form auf ein mit Backpapier ausgelegtes Blech spritzen. Nach Rezept im Ofen trocknen*

6 *Für feine Tortenböden Baiser auf Rührteig streichen und nach Rezept mitbacken. Obstkuchen mit Baiser nur kurz überbacken*

Mokka-Baiser-Törtchen

Zutaten für ca. 6 Stück:

- 4 frische Eiweiß (Gr. M)
- 1 EL Zitronensaft
- 1 Prise Salz
- 200 g Zucker
- 2 EL löslicher Kaffee (Typ Mokka)
- 50 g Halbbitter-Kuvertüre
- 1 Dose (425 ml) Aprikosen
- 200 g Erdbeeren
- 200 g Schlagsahne
- 1 Päckchen Sahnefestiger
- 1 Päckchen Bourbon-Vanillezucker
- Kakao zum Bestäuben
- Backpapier

1 Eiweiß, Zitronensaft und Salz mit den Schneebesen des Handrührgerätes steif schlagen. Unter weiterem Schlagen Zucker und Kaffeepulver nach und nach einrieseln lassen. Weiterschlagen, bis sich der Zucker ganz gelöst hat und die Masse glänzt.

2 Backblech mit Backpapier auslegen. Baisermasse in einen Spritzbeutel mit Sterntülle füllen. Ca. 6 Rosetten und 6 flache Böden (je ca. 8 cm Ø) aufs Backblech spritzen. Im vorgeheizten Backofen (E-Herd: 75 °C/Umluft 50 °C/Gas: Stufe 1; s. Herdhersteller) 3½–4 Stunden trocknen lassen.

3 Die Kuvertüre grob hacken und im heißen Wasserbad schmelzen. Flache Baiserböden mit der Kuvertüre bestreichen. Trocknen lassen.

4 Aprikosen gut abtropfen lassen und trockentupfen. Fruchthälften in schmale Spalten schneiden. Erdbeeren waschen, putzen und je nach Größe halbieren oder vierteln. Früchte auf die mit Kuvertüre bestrichenen Baisers verteilen.

5 Sahne steif schlagen, dabei Sahnefestiger und Vanillezucker einrieseln lassen. In einen Spritzbeutel mit Sterntülle füllen, auf das Obst spritzen. Jeweils mit einer Rosette abdecken. Mit Kakao bestäuben.

Zubereitungszeit ca. 4½ Std.
Stück ca. 350 kcal / 1470 kJ
E 4 g, F 13 g, KH 51 g

Pfirsich-Zitronenkuchen

Zutaten für ca. 16 Stücke:

- Fett für die Fettpfanne
- 2 Dosen (à 850 ml) Pfirsiche
- 7 frische Eier (Gr. M)
- 250 g weiche Butter/Margarine
- 150 g + 200 g Zucker
- einige Tropfen Vanille-Aroma
- 1 Prise Salz
- 500 g Mehl
- 1 Päckchen Backpulver
- abgeriebene Schale von 1 unbehandelten Zitrone
- 100 ml Milch
- 2 TL Zitronensaft
- evtl. Melisse zum Verzieren

1 Fettpfanne (ca. 32 x 39 cm) fetten. Pfirsiche abtropfen lassen. 3 Eier trennen. Eiweiß kühl stellen. Fett, 150 g Zucker, Aroma und Salz cremig rühren. 4 Eier und die 3 Eigelb nacheinander unterrühren. Mehl, Backpulver und Zitronenschale mischen, im Wechsel mit der Milch portionsweise kurz darunter rühren.

2 Teig auf die Fettpfanne streichen. Pfirsiche mit der gewölbten Seite nach oben gleichmäßig auf dem Teig verteilen. Im vorgeheizten Backofen (E-Herd: 175 °C/Umluft: 150 °C/Gas: Stufe 2) ca. 15 Minuten backen.

3 Inzwischen 3 Eiweiß steif schlagen, dabei 200 g Zucker und Zitronensaft zugeben. Kuchen aus dem Backofen nehmen. Baisermasse zwischen die Pfirsiche verteilen und den Kuchen bei gleicher Temperatur weitere ca. 20 Minuten backen.

4 Kuchen herausnehmen und auskühlen lassen. Mit Melisse verzieren. Dazu passt Sahne.

Zubereitungszeit ca. 1 Std.
Stück ca. 390 kcal / 1630 kJ
E 7 g, F 16 g, KH 52 g

Ananaskuchen mit Baisergitter

Zutaten für ca. 24 Stücke:

- **3 frische Eier (Gr. M)**
- **500 g Mehl**
- **1 Prise Salz**
- **250 g kalte Butter/Margarine**
- **100 g + 150 g + 100 g Zucker**
- **¾ l Milch**
- **3 Päckchen Puddingpulver „Vanille-Geschmack“ (zum Kochen; für je ½ l Milch)**
- **1 kg Schmand oder stichfeste saure Sahne (10 % Fett)**
- **2 Dosen (à 850 ml) Ananas in Scheiben**
- **Fett und Mehl für die Fettpfanne**
- **1 TL Zitronensaft**
- **50 g Kokosraspel**

1 2 Eier trennen. Mehl, Salz, Fett in Stückchen, 100 g Zucker, 2 Eigelb und 1 Ei zuerst mit den Knethaken des Handrührgerätes, dann kurz mit den Händen zu einem glatten Teig verkneten. Zugedeckt ca. 30 Minuten kalt stellen.

2 Inzwischen 100 ml Milch und Puddingpulver verrühren. Rest Milch aufkochen. Puddingpulver einrühren und kurz aufkochen. Schmand und 150 g Zucker darunter rühren. Ananas abtropfen lassen.

3 Teig auf einer gefetteten, mit etwas Mehl bestäubten Fettpfanne (ca. 32 x 39 cm; ca. 3,5 cm tief) ausrollen. Creme darauf streichen. Ananas darauf verteilen. Im vorgeheizten Backofen (E-Herd: 200 °C/Umluft: 175 °C/ Gas: Stufe 3) ca. 1 Stunde backen.

4 Rest Eiweiß und Zitronensaft steif schlagen. Unter weiterem Schlagen 100 g Zucker einrieseln lassen. Weiterschlagen, bis sich der Zucker ganz gelöst hat. Kokosraspel darunter heben. Masse in einen Spritzbeutel füllen. Baiser als Gitter auf den Kuchen spritzen und ca. 10 Minuten bei gleicher Temperatur goldbraun überbacken.

Zubereitungszeit ca. 1 ¾ Std.
Stück ca. 430 kcal / 1800 kJ
E 6 g, F 24 g, KH 44 g

Mandel-Anis-Stangen

Zutaten für ca. 80 Stück:

- 4 frische Eiweiß (Gr. M)
- 1 Prise Salz
- 400 g Puderzucker
- 175 g gemahlene Mandeln (ohne Haut)
- 1 TL gemahlener Anis
- 75 g Vollmilch-Kuvertüre
- ca. 25 g gehackte oder gemahlene Pistazien
- Backpapier

1 2 Backbleche mit Backpapier auslegen. Eiweiß und Salz mit den Schneebesen des Handrührgerätes steif schlagen. Puderzucker nach und nach darunter schlagen. Mandeln und Anis darunter heben. Baisermasse in einen Spritzbeutel mit großer Lochtülle füllen und auf die Bleche 4–5 cm lange Streifen spritzen.

2 Beide Backbleche in dem vorgeheizten Backofen (E-Herd: 100 °C/ Umluft: 75 °C/Gas: Stufe 1; s. Herdhersteller) auf der 2. und 4. Schiene 1–1 ½ Stunden trocknen lassen, dabei die Bleche alle 30 Minuten tauschen. Herausnehmen und auskühlen lassen.

3 Kuvertüre grob hacken und im heißen Wasserbad schmelzen. Auf jede Anis-Stange mit einem Backpinsel etwas Kuvertüre streichen. Mit Pistazien bestreuen, trocknen lassen.

Zubereitungszeit ca. 2 Std.
(ohne Wartezeit)
Stück ca. 30 kcal / 120 kJ
E 1 g, F 1 g, KH 5 g

EXTRA-TIPP

Durch Luftfeuchtigkeit weicht Baiser schnell auf. Deshalb fertiges Gebäck in gut schließenden Dosen aufbewahren. Dabei zwischen jede Lage ein Blatt Pergamentpapier legen. Nicht mit anderen Keksen zusammen aufbewahren, da sich intensive Aromen übertragen können.

Japonais mit Trüffelcreme

Zutaten für ca. 20 Stück:

- **175 g Schlagsahne**
- **200 g Mokka-Schokolade**
- **50 g + 120 g gemahlene Mandeln**
- **1 EL Rum oder etwas Rum-Aroma**
- **60 g Pistazienkerne**
- **3 frische Eiweiß (Gr. M), 1 Prise Salz**
- **125 g Zucker**
- **1 Päckchen Vanillin-Zucker**
- **50 g Mehl**
- **evtl. 50 g gehackte Mandeln**
- **2–3 EL Aprikosen-Konfitüre**
- **Backpapier**

1 Sahne erhitzen. Schokolade in Stücke brechen und darin schmelzen. 50 g gemahlene Mandeln und Rum einrühren. Ca. 5 Stunden kühlen.

2 Pistazienkerne z. B. in einer Nussmühle mahlen. Eiweiß und Salz steif schlagen. Unter weiterem Schlagen Zucker und Vanillin-Zucker nach und nach einrieseln lassen. Weiterschlagen, bis der Zucker ganz gelöst ist. Dann 30 g Pistazien, 120 g gemahlene Mandeln und Mehl portionsweise unterheben.

3 Baisermasse in einen Spritzbeutel mit Lochtülle füllen und ca. 40 Häufchen auf mit Backpapier ausgelegte Backbleche spritzen. Evtl. Ränder mit gehackten Mandeln bestreuen. Im vorgeheizten Backofen (E-Herd: 150 °C/Umluft: 125 °C/Gas: Stufe 1) ca. 40 Minuten backen. Auf einem Kuchengitter auskühlen lassen.

4 Konfitüre erwärmen und durch ein Sieb streichen. 20 Baisers mit Konfitüre bestreichen und in Pistazien drücken. Trüffelmasse in einen Spritzbeutel mit Sterntülle füllen und auf die übrigen Baisers spritzen. Mit je 1 Pistazien-Baiser abdecken.

Zubereitungszeit ca. 1½ Std.
Wartezeit ca. 6 Std.
Stück ca. 200 kcal / 840 kJ
E 4 g, F 13 g, KH 16 g

Pflaumen-Baiser-Torte

Zutaten für ca. 16 Stücke:

- Fett für die Form
- 750 g Pflaumen
- 5 frische Eier (Gr. M)
- 200 g Marzipan-Rohmasse
- 150 g weiche Butter/Margarine
- 75 g + 150 g Zucker
- 1 Prise Salz
- 250 g Mehl
- 1 EL Backpulver
- 1 TL Zitronensaft

1 Eine Springform (26 cm Ø) fetten. Pflaumen waschen, entsteinen und vierteln. 2 Eier trennen. Marzipan grob reiben. Fett, 75 g Zucker und 1 Prise Salz cremig rühren. 3 Eier, 2 Eigelb und Marzipan nach und nach darunter rühren. Mehl und Backpulver mischen und löffelweise darunter rühren.

2 Teig in die Springform streichen. Pflaumen darauf verteilen und im vorgeheizten Backofen (E-Herd: 175 °C/Umluft: 150 °C/Gas: Stufe 2) ca. 45 Minuten backen.

3 2 Eiweiß und Zitronensaft steif schlagen. Unter weiterem Schlagen 150 g Zucker einrieseln lassen und weiterschlagen, bis sich der Zucker ganz gelöst hat. Baisermasse in einen Spritzbeutel mit Sterntülle füllen. Dicht an dicht in dicken Tuffs auf die Pflaumen spritzen. Bei gleicher Temperatur ca. 15 Minuten weiter backen. Auskühlen lassen.

Zubereitungszeit ca. 2 Std.
Stück ca. 310 kcal / 1300 kJ
E 6 g, F 14 g, KH 38 g

Träublestorte

Zutaten für ca. 16 Stücke:

- **200 g Mehl**
- **1 Ei + 4 frische Eiweiß (Gr. M)**
- **50 g + 200 g Zucker**
- **Salz**
- **abgeriebene Schale von 1 unbehandelten Zitrone**
- **125 g kalte Butter/Margarine**
- **750 g rote Johannisbeeren**
- **2 EL Speisestärke**
- **200 g gemahlene Haselnüsse**
- **2 EL Paniermehl**
- **Puderzucker zum Bestäuben**
- **500 g getrocknete Erbsen zum Blindbacken**
- **Klarsichtfolie**
- **Backpapier**

1 Mehl, Ei, 50 g Zucker, 1 Prise Salz, Zitronenschale und Fett in Stückchen erst mit dem Handrührgerät, dann kurz mit den Händen glatt verkneten. Zugedeckt ca. 30 Minuten kalt stellen.

2 Den Teig zwischen Folie zu einem Kreis (ca. 30 cm Ø) ausrollen. In eine Springform (26 cm Ø) legen, am Rand hochdrücken. Den Boden mit einer Gabel mehrmals einstechen.

3 Boden mit Backpapier auslegen, Erbsen darauf streuen. Im vorgeheizten Ofen (E-Herd: 175 °C/Umluft: 150 °C/Gas: Stufe 2) ca. 15 Minuten backen. Backpapier samt Erbsen entfernen. Boden auskühlen lassen.

4 Johannisbeeren waschen, verlesen, von den Stielen streifen. Ca. 6 EL Beeren beiseite legen. Rest Früchte mit Stärke mischen. 4 Eiweiß und 1 Prise Salz steif schlagen. Unter weiterem Schlagen 200 g Zucker einrieseln lassen und weiterschlagen, bis sich der Zucker ganz gelöst hat. Beeren und Nüsse darunter heben.

5 Boden mit Paniermehl ausstreuen. Beerenmasse darauf verteilen, dabei mit einem Löffel leichte Wellen eindrücken. Im vorgeheizten Ofen (E-Herd: 175 °C/Umluft: 150 °C/Gas: Stufe 2) ca. 1 ½ Stunden backen. Auskühlen. Mit Puderzucker bestäuben, mit Rest Johannisbeeren verzieren.

Zubereitungszeit ca. 2 ¼ Std.
(ohne Wartezeit)
Stück ca. 240 kcal / 1000 kJ
E 5 g, F 9 g, KH 33 g

❄ *lässt sich prima einfrieren*

Zitronen-Pie

Zutaten für ca. 12 Stücke:

- 150 g Mehl
- 75 g kalte + 10 g Butter
- 50 g Schweineschmalz
- ¼ TL Salz
- Mehl für die Arbeitsfläche
- 2–3 unbehandelte Zitronen
- 150 g + 100 g Zucker
- 60 g Speisestärke
- 3 Eier (Gr. L)
- Klarsichtfolie

1 Mehl, 75 g Butter und Schmalz in Stückchen, 2 EL eiskaltes Wasser und Salz erst mit den Knethaken des Handrührgerätes, dann kurz mit den Händen glatt verkneten. In Klarsichtfolie wickeln und 30 Minuten kalt stellen.

2 Teig auf wenig Mehl zum Kreis (ca. 30 cm Ø) ausrollen. Eine Pasteten- oder Pieform (23 cm Ø) damit auslegen, am Rand fest andrücken, überstehende Enden abschneiden. Boden mit einer Gabel mehrmals einstechen und 1 Stunde kalt stellen. Im vorgeheizten Backofen (E-Herd: 225 °C/Umluft: 200 °C/Gas: Stufe 4) ca. 20 Minuten backen.

3 1 Zitrone heiß waschen und die Schale abreiben. Alle Zitronen auspressen. 1 EL Saft für das Baiser zurücklegen. Rest Saft evtl. mit Wasser auf 200 ml Flüssigkeit auffüllen. 300 ml Wasser, Zitronensaft und -schale, 150 g Zucker und 10 g Butter aufkochen. Stärke mit wenig kaltem Wasser glatt rühren, in die Flüssigkeit gießen und aufkochen. Eier trennen. Eigelb verquirlen, 3 EL von der Creme einrühren, dann unter die übrige Creme rühren. Abkühlen lassen. Zitronencreme auf den Teig streichen. Pie ca. 30 Minuten kalt stellen.

4 Eiweiß und 1 TL Zitronensaft steif schlagen. Unter weiterem Schlagen 100 g Zucker einrieseln lassen und weiterschlagen, bis sich der Zucker ganz gelöst hat. Baisermasse auf der Creme verteilen. Mit einem Esslöffel Vertiefungen in die Masse drücken, dabei Spitzen ziehen. Im vorgeheizten Backofen (E-Herd: 250 °C/Umluft: 225 °C/Gas: Stufe: 5) ca. 10 Minuten überbacken.

Zubereitungszeit ca. 1 ½ Std.
Wartezeit ca. 2 Std.
Stück ca. 260 kcal / 1090 kJ
E 3 g, F 11 g, KH 35 g

Schneemus-Torte mit Erdbeeren

Zutaten für ca. 16 Stücke:

- **Fett für die Form**
- **4 frische Eier (Gr. M)**
- **125 g weiche Butter/Margarine**
- **125 g + 200 g + 75 g Zucker**
- **2 Päckchen Vanillin-Zucker**
- **150 g Mehl**
- **1 TL Backpulver**
- **4 EL Milch**
- **1 Prise Salz**
- **3 EL (30 g) Mandelblättchen**
- **500 g Erdbeeren**
- **200 g Schlagsahne**
- **2 Päckchen Sahnefestiger**
- **400 g Mascarpone (italienischer Frischkäse)**
- **4 EL Zitronensaft**
- **Puderzucker zum Bestäuben**

1 Eine Springform (26 cm Ø) fetten. Eier trennen. Fett, 125 g Zucker und 1 Päckchen Vanillin-Zucker cremig rühren. Eigelb einzeln darunter rühren. Mehl und Backpulver mischen, im Wechsel mit der Milch portionsweise kurz darunter rühren.

2 Hälfte Teig in die Form streichen. Eiweiß und 1 Prise Salz steif schlagen. Unter weiterem Schlagen 200 g Zucker einrieseln lassen und weiterschlagen, bis sich der Zucker ganz gelöst hat. Hälfte Eischnee auf den Boden streichen, Hälfte Mandeln darüber streuen. Im vorgeheizten Backofen (E-Herd: 175 °C/ Umluft: 150 °C/Gas: Stufe 2) ca. 25 Minuten backen. Rest Teig, Eischnee und Mandeln auf die gleiche Weise backen. Böden auskühlen lassen.

3 Erdbeeren waschen, putzen, halbieren bzw. vierteln. Sahne steif schlagen, dabei Sahnefestiger und 1 Päckchen Vanillin-Zucker einrieseln lassen. Mascarpone, 75 g Zucker und Saft verrühren. Sahne unterheben. Beeren auf einem Boden verteilen. Creme darauf streichen. 2. Boden darauf legen. Ca. 1 Stunde kalt stellen. Mit Puderzucker bestäuben.

Zubereitungszeit ca. 1½ Std.
Wartezeit ca. 2 Std.
Stück ca. 400 kcal / 1680 kJ
E 5 g, F 24 g, KH 37 g

Krapfen, Berliner

Nicht nur zur Faschingszeit sind alle ganz närrisch auf die in heißem Fett gebackenen Leckerbissen. Mal aus Mürbe-, mal aus Rühr- oder Hefeteig – da findet jeder seinen Favoriten

& Co.

Als Schürzkuchen oder Verdrehte Jungs ist diese Spezialität aus festem Rührteig bekannt, die gern zu Fasching oder Silvester serviert wird. Seite 172

Außen knusprig, innen saftig – so sind die begehrten Apfel-Berliner genau richtig. Eine feine Hülle aus Zimt-Zucker gibt den letzten Pfiff. Seite 178

Fränkische Sahne-Ringla: Die dick mit Puderzucker bestäubten Kringel gibt's im Frankenland traditionell zur Kirmes und bei Hochzeiten. Seite 179

Rheinische Quark-Krapfen *Seite 177*

Grundregeln für Fettgebäck

● Fettgebackenes können Sie aus Mürbe-, Rühr-, Brand-, Hefe- und aus Quark-Öl-Teig zubereiten.
● Zum Ausbacken verwendet man Butterschmalz, weißes Speisefett oder geschmacksneutrales Öl.
● Sie können den Teig in einer elektrischen Fritteuse ausbacken – das hat den Vorteil, dass in der Regel ein Thermostat vorhanden ist – aber auch in einem hohen, weiten Kochtopf (nur zur Hälfte mit Fett füllen!). Am sichersten bestimmen Sie die Temperatur in diesem Fall mit einem Fett-Thermometer (gibt's im Fachhandel).
● Ohne Thermometer können Sie die Temperatur mit einem Holzlöffelstiel testen (s. unten). Oder Sie geben Weißbrotwürfel ins heißes Fett. Sind sie nach 20 Sekunden goldgelb, ist das Fett heiß genug. Bei dieser Temperatur schließt sich die Oberfläche des Gebäcks sofort, sodass es weniger Fett aufnimmt und schön knusprig wird.
● Werden mehrere Portionen frittiert, nach jedem Frittiervorgang so lange warten, bis das Fett erneut die gewünschte Temperatur erreicht hat.
● Beim Frittieren im Kochtopf die Teigportionen mit einer Schaumkelle ins Fett geben. Brandteig auf gefettetes Backpapier spritzen und auf dem Papier vorsichtig ins Fett tauchen, bis sich das Teigstück löst (s. rechts, Eberswalder Spritzkuchen)

1 *Um zu prüfen, ob das Fett die richtige Temperatur hat, einen Holzlöffelstiel hineinhalten. Bilden sich daran Bläschen, hat das Fett ca. 180 °C und Sie können mit dem Frittieren beginnen*

2 *Nicht zu viele Teigstücke auf einmal in den Topf geben. Das Gebäck muss frei schwimmen können. Außerdem kühlt das Fett sonst stark ab, und das Gebäck saugt sich mit Fett voll*

3 *Das fertig ausgebackene Gebäck mit einer Schaumkelle aus dem Fett nehmen, auf Küchenpapier gut abtropfen lassen. Dann je nach Rezept z. B. in Zucker wälzen oder mit Guss bestreichen*

EXTRA-TIPPS

● *Nie Öl mit festem Fett mischen. Wegen des unterschiedlichen Siedepunktes könnte eine solche Mischung gefährlich spritzen und schäumen.*
● *Teigstückchen, die sich beim Frittieren gelöst haben, zwischendurch immer wieder mit einer Schaumkelle entfernen, sonst verbrennen sie.*
● *Frittierfett kann 6–8-mal verwendet werden. Aber möglichst nach jeder Verwendung filtern. Dafür bis auf 40 °C abkühlen lassen und durch ein mit Küchenpapier ausgelegtes Sieb gießen.*

Eberswalder Spritzkuchen

Zutaten für ca. 15 Stück:

- 250 ml Milch, 60 g Butter/Margarine
- 1 EL Zucker, 1 Prise Salz
- abgeriebene Schale von
  1 unbehandelten Zitrone
- 150 g Mehl, 4 Eier (Gr. M)
- 1 kg Butterschmalz zum Ausbacken
- Öl für das Backpapier
- 4–5 EL Aprikosen-Konfitüre
- 250 g Puderzucker
- 3–4 EL Zitronensaft, Backpapier

1 Milch, Fett, Zucker, Salz und Zitronenschale in einem Topf aufkochen. Das Mehl auf einmal zufügen und rühren, bis sich die Masse als Kloß vom Topfboden löst und sich dort ein weißer Film bildet. In eine Schüssel geben. 1 Ei sofort darunter rühren. Ca. 10 Minuten abkühlen lassen. Rest Eier einzeln (!) darunter rühren.

2 Butterschmalz in einer Fritteuse oder einem hohen, weiten Topf auf ca. 180 °C erhitzen. Einige Streifen Backpapier mit Öl bestreichen. Teig in einen Spritzbeutel mit großer Sterntülle füllen. Auf jeden Streifen einen Kreis (ca. 6 cm Ø) spritzen. Kringel mit Hilfe des Backpapiers vorsichtig ins heiße Fett gleiten lassen.

3 Kringel ca. 4 Minuten goldgelb ausbacken und dabei mehrmals mit einer Schaumkelle wenden. Spritzkuchen mit der Schaumkelle aus dem Fett nehmen und auf Küchenpapier abtropfen lassen. Vorgang wiederholen, bis der Teig aufgebraucht ist.

4 Konfitüre erwärmen, durch ein Sieb streichen. Spritzkuchen damit bestreichen, trocknen lassen. Puderzucker und Zitronensaft zum Guss verrühren. Eberswalder Spritzkuchen damit bestreichen. Trocknen lassen

Zubereitungszeit ca. 40 Min.
(ohne Wartezeit)
Stück ca. 160 kcal / 670 kJ
E 7 g, F 9 g, KH 12 g

❄ *lassen sich ohne Guss prima einfrieren*

Schürzkuchen

Zutaten für ca. 35 Stück:

- 125 g weiche Butter/Margarine
- 1 Prise Salz, 125 g Zucker
- 1 Päckchen Vanillin-Zucker, 2 TL Anis
- 1 Päckchen geriebene Zitronenschale
- 2 Eier (Gr. M)
- 500 g + etwas Mehl
- 1 Päckchen Backpulver
- 6 EL Weißwein
- 1 kg Frittierfett oder 1 l Öl
- 1 unbehandelte Zitrone
- 200 g Puderzucker

1 Fett, Salz, Zucker, Vanillin-Zucker, Anis und Zitronenschale cremig rühren. Eier einzeln darunter rühren.

2 500 g Mehl und Backpulver mischen. Wein und Hälfte Mehl-Mischung unter die Fett-Eier-Creme rühren. Rest Mehl erst mit den Knethaken des Handrührgerätes, dann mit kühlen Händen darunter kneten. Zugedeckt ca. 30 Minuten kalt stellen.

3 Teig ca. 2 mm dick auf wenig Mehl ausrollen. Mit einem Messer Rechtecke (ca. 4 x 12 cm) ausschneiden. In der Mitte der Länge nach ca. 7 cm einschneiden. Ein schmales Teigende durch den Schlitz ziehen.

4 Frittierfett in einem hohen Topf oder einer Fritteuse auf 180 °C erhitzen. Nacheinander je 3 Schürzkuchen in dem heißen Fett goldgelb ausbacken. Mit einer Schaumkelle herausheben. Auf Küchenpapier abtropfen und auskühlen lassen.

5 Zitrone heiß waschen, trockenreiben und Schale z. B. mit einem Julienne-Reißer abziehen oder auf einer Reibe reiben. Zitrone auspressen. Saft mit Puderzucker verrühren. Schürzkuchen mit Guss bestreichen und dünn mit den Zitronenstreifen bestreuen. Trocknen lassen.

Zubereitungszeit ca. 1 Std.
(ohne Wartezeit)
Stück ca. 130 kcal / 540 kJ
E 2 g, F 4 g, KH 20 g

❄ *lassen sich ohne Guss prima einfrieren*

Goldbraune Mandel-Bällchen

Zutaten für ca. 75 Stück:

- 4 Eier (Gr. M)
- 150 g + 100 g Zucker
- 1 Prise Salz
- 500 g Sahnequark (40 % Fett)
- Saft von ½ Zitrone
- 250 g Mehl
- 1 TL Natron
- 250 g gemahlene Mandeln (ohne Haut)
- ca. 1,5 kg Frittierfett oder 1,5 l Öl zum Frittieren
- 1 EL gemahlener Zimt
- evtl. ca. 1 EL Puderzucker zum Bestäuben

1 Eier, 150 g Zucker und Salz mit den Schneebesen des Handrührgerätes schaumig schlagen. Quark und Zitronensaft darunter rühren. Mehl, Natron und Mandeln mischen und portionsweise kurz darunter rühren.

2 Fett in einer Fritteuse oder einem hohen Topf auf 160–180 °C erhitzen. Aus dem Teig mit 2 Teelöffeln ca. 75 Nocken abstechen und portionsweise im heißen Fett ca. 5 Minuten ausbacken. Dabei ab und zu wenden. Herausnehmen und auf Küchenpapier abtropfen lassen.

3 100 g Zucker und Zimt mischen. Die noch warmen Quark-Ballen darin wenden. Auskühlen lassen und evtl. mit Puderzucker bestäuben.

Zubereitungszeit ca. 1 Std.
Stück ca. 70 kcal / 290 kJ
E 2 g, F 4 g, KH 6 g

❄ *lassen sich ohne Zucker und Puderzucker prima einfrieren*

Knusprige Sprungfedern

Zutaten für ca. 50 Stück:

- **100 g Mehl**
- **100 g Speisestärke**
- **1 EL + 50–100 g Zucker**
- **3 Päckchen Vanillin-Zucker**
- **1 Prise Salz**
- **3 Eier (Gr. M)**
- **300 g saure Sahne**
- **abgeriebene Schale und Saft von 1 unbehandelten Zitrone**
- **1 kg Frittierfett oder 1 l Öl**

1 Mehl, Stärke, 1 EL Zucker, 1 Päckchen Vanillin-Zucker, Salz, Eier, saure Sahne, Zitronenschale und -saft mit den Schneebesen des Handrührgerätes zum glatten Teig verrühren.

2 Fett in einer Fritteuse oder einem hohen Topf auf 180 °C erhitzen. Ein Sprungfedereisen im Fett heiß werden lassen. Dann zweimal in den Teig tauchen, dabei darauf achten, dass der obere Rand des Eisens frei bleibt. Das Sprungfedereisen nun ins heiße Fett tauchen, bis sich das Gebäck löst. Das Gebäck noch so lange im Fett schwimmen lassen, bis es von allen Seiten goldbraun ist. Sprungfedern herausnehmen und auf Küchenpapier etwas abtropfen lassen.

3 50–100 g Zucker und 2 Päckchen Vanillin-Zucker mischen und die Sprungfedern darin wenden.

Zubereitungszeit ca. 1 Std.
Stück ca. 520 kcal / 2180 kJ
E 11 g, F 19 g, KH 73 g

EXTRA-TIPP

Sprungfedereisen gibt es im Fachhandel. Die verschiedenen metallenen Motive werden auf einen langen Griff geschraubt, mit dem man sie gefahrlos ins Fett tauchen kann. Das Gebäck löst sich dann leicht vom Eisen.

Berliner Pfannkuchen

Zutaten für ca. 16 Stück:

- 150 ml Milch
- 500 g + etwas Mehl
- 1 Würfel (42 g) frische Hefe
- 1 EL + 50 g Zucker
- 100 g Butter/Margarine
- 2 Eier (Gr. M)
- 1 Prise Salz
- ½–1 Fläschchen Rum-Aroma
- ca. 1 kg Frittierfett oder 1 l Öl
- 200–250 g Pflaumenmus oder Erdbeer-Konfitüre
- ca. 100 g Puderzucker

1 Milch erwärmen. 500 g Mehl in eine Schüssel geben, in die Mitte eine Mulde drücken. Hefe zerbröckeln, mit 1 EL Zucker in der lauwarmen Milch auflösen. In die Mulde gießen, mit etwas von dem Mehl zum Vorteig verrühren. Zugedeckt an einem warmen Ort ca. 15 Minuten gehen lassen.

2 Fett schmelzen und abkühlen lassen. Mit Eiern, 50 g Zucker, Salz und Rum-Aroma zum Vorteig geben. Alles zum glatten Teig verkneten. Zugedeckt am warmen Ort weitere ca. 45 Minuten gehen lassen.

3 Teig auf wenig Mehl nochmals durchkneten und zu einer dicken Rolle formen. In ca. 16 gleich große Scheiben schneiden, jede zur Kugel formen. Zugedeckt am warmen Ort weitere ca. 15 Minuten gehen lassen.

4 Fett in der Fritteuse oder im hohen Topf auf 180 °C erhitzen. Teigkugeln darin portionsweise von jeder Seite 2–3 Minuten backen. Herausheben, auf Küchenpapier abtropfen und abkühlen lassen.

5 Pflaumenmus in eine Gebäckspritze oder in einen Spritzbeutel mit extralanger Tülle geben. Berliner mit Pflaumenmus füllen. Die Hälfte mit Puderzucker bestäuben. Rest Puderzucker mit etwas Wasser verrühren. Berliner mit dem Guss überziehen und trocknen lassen.

Zubereitungszeit ca. 1¾ Std.
Stück ca. 290 kcal / 1210 kJ
E 4 g, F 12 g, KH 39 g

❄ *lassen sich ohne Guss und Puderzucker prima einfrieren*

Frauennabel, Lippen der Geliebten & Großwesir-Finger

Zutaten für ca. 30 Stück:

- **450 g Zucker**
- **Saft von ½ Zitrone (2–3 EL)**
- **60 g Butter, 1 Prise Salz**
- **175 g Mehl (Type 550)**
- **2 gehäufte EL (30 g) Grieß**
- **2 Eier (Gr. M)**
- **1 l Öl zum Frittieren**
- **gemahlene oder fein gehackte Pistazien zum Bestreuen**

1 300 ml Wasser, Zucker und Zitronensaft unter ständigem Rühren aufkochen und ca. 10 Minuten dicklich einköcheln. Sirup vom Herd nehmen und auskühlen lassen.

2 ¼ l Wasser, Butter und Salz aufkochen. Mehl und Grieß auf einmal zufügen. Mit dem Kochlöffel rühren, bis sich der Teig als Kloß vom Topfboden löst und sich dort ein weißer Film bildet. Etwas abkühlen lassen. Eier einzeln und 1 EL Sirup gut darunter kneten.

3 „Großwesir-Finger": ⅓ Teig in einen Spritzbeutel mit großer Sterntülle füllen. „Frauennabel": ⅓ Teig mit leicht bemehlten Händen zu Kugeln (ca. 3 cm Ø) formen, flach drücken. Mit einem Ausstecher (ca. 1,5 cm Ø) in die Mitte Löcher stanzen. „Lippen der Geliebten": Übrigen Teig zu fingerdicken Rollen formen. In ca. 3 cm lange Stücke schneiden, etwas flach drücken und längs überschlagen.

4 Öl in einem hohen Topf oder einer Fritteuse auf ca. 180 °C erhitzen. Vorbereitete Teigstücke darin portionsweise ca. 3 Minuten goldbraun ausbacken. Auf Küchenpapier gut abtropfen lassen. Für die „Großwesir-Finger" ca. 3 cm lange Stücke in das heiße Öl spritzen. Ebenso ausbacken.

5 Gebäck mit Sirup mind. 10 Minuten tränken. Vorm Servieren aus dem Sirup nehmen. Mit Pistazien bestreuen.

Zubereitungszeit ca. 1 Std.
(ohne Wartezeit)
Stück ca. 110 kcal / 460 kJ
E 1 g, F 3 g, KH 20 g

Rheinische Quark-Krapfen

Zutaten für ca. 20 Stück:

- **60 g weiche Butter/Margarine**
- **150 g Zucker**
- **4 Eier (Gr. L)**
- **¼ TL Salz**
- **abgeriebene Schale und Saft von 1 unbehandelten Zitrone**
- **500 g Mehl**
- **1 Päckchen (7 g) Trockenhefe**
- **500 g Magerquark**
- **2 kg Frittierfett oder 2 l Öl**
- **300 g säuerliche Äpfel (z. B. Boskop)**
- **Zucker zum Wenden**

1 Fett, Zucker und Eier mit den Schneebesen des Handrührgerätes cremig rühren. Salz, Zitronenschale und -saft darauf geben. Mehl und Hefe mischen. Im Wechsel mit dem Quark mit den Knethaken des Handrührgerätes darunter kneten, bis ein geschmeidiger Teig entsteht. Zugedeckt an einem warmen Ort ca. 30 Minuten gehen lassen.

2 Ca. 10 Minuten vor Ende der Gehzeit Fett in der Fritteuse oder in einem hohen Topf auf 180 °C erhitzen. Äpfel waschen, schälen, vierteln und entkernen. Apfelviertel sehr fein würfeln. Locker unter den Teig heben.

3 Mit zwei Esslöffeln Klöße vom Teig abstechen. In den Frittierkorb legen oder mit Hilfe einer Schaumkelle ins Fett geben und 5 Minuten goldgelb ausbacken. Nicht mehr als 3–4 Stück auf einmal hineingeben.

4 Ballbäuschen herausnehmen und auf Küchenpapier abtropfen lassen. Zucker in einen tiefen Teller geben und die Ballbäuschen darin wälzen.

Zubereitungszeit ca. 1½ Std.
Stück ca. 210 kcal / 880 kJ
E 7 g, F 7 g, KH 28 g

❄ *lassen sich ohne Zucker prima einfrieren*

Apfel-Berliner

Zutaten für ca. 16 Stück:

- **⅛ l Milch**
- **1 Würfel (42 g) frische Hefe**
- **1 EL + 35 g + 2 EL + 100 g Zucker**
- **500 g + etwas Mehl, 1 Prise Salz**
- **50 g weiche Butter/Margarine**
- **1 Ei (Gr. M)**
- **750 g Äpfel (z. B. Boskop)**
- **1 TL Zimt**
- **1 EL Zitronensaft**
- **1 Eiweiß**
- **ca. 1 kg Frittierfett oder 1 l Öl**

1 Milch lauwarm erwärmen. Hefe zerbröckeln und mit 1 EL Zucker darin auflösen. 500 g Mehl, 35 g Zucker und Salz in einer Schüssel mischen. In die Mitte eine Mulde drücken. Hefe-Milch hineingießen. Mit etwas von dem Mehl zum Vorteig verrühren. Zugedeckt an einem warmen Ort ca. 30 Minuten gehen lassen.

2 Fett in Flöckchen und Ei zum Vorteig geben. Alles zu einem geschmeidigen Teig verkneten. Weitere 30 Minuten zugedeckt am warmen Ort gehen lassen.

3 Äpfel schälen, vierteln, entkernen und in kleine Stücke schneiden. Mit 2 EL Zucker, Zimt und Zitronensaft in einer Schüssel mischen.

4 Hefeteig auf wenig Mehl zu einem Rechteck (ca. 30 x 45 cm) ausrollen. Äpfel gleichmäßig darauf verteilen. Von der schmalen Seite her aufrollen. Teignaht mit verquirltem Eiweiß bepinseln und gut andrücken. Die Rolle in ca. 16 Scheiben schneiden. Weitere 15–20 Minuten zugedeckt am warmen Ort gehen lassen.

5 Fett in einer Fritteuse oder einem hohen Topf auf ca. 170 °C erhitzen. Die Schnecken darin portionsweise 2–3 Minuten backen. Auf Küchenpapier abtropfen lassen. Noch warm in 100 g Zucker wenden.

Zubereitungszeit ca. 1 Std.
(ohne Wartezeit)
Stück ca. 270 kcal / 1130 kJ
E 4 g, F 10 g, KH 38 g

❄ *lassen sich ohne Zucker prima einfrieren*

Fränkische Sahne-Ringla

Zutaten für ca. 95 Stück:

- **750 g Mehl, 1 Päckchen Backpulver**
- **220 g Zucker**
- **1 Päckchen Vanillin-Zucker**
- **1 Prise Salz**
- **2 EL (50 g) weiche Butter**
- **2 Eier (Gr. M)**
- **250 g Schmand oder Crème fraîche**
- **125 g Schlagsahne**
- **Mehl für die Arbeitsfläche**
- **1 kg Butterschmalz**
- **Puderzucker zum Bestäuben**

1 Mehl, Backpulver, Zucker, Vanillin-Zucker, Salz, Butter in Flöckchen, Eier, Schmand und Sahne erst mit den Knethaken des Handrührgerätes, dann kurz mit den Händen zu einem glatten Teig verkneten. Teig zugedeckt ca. 1 Stunde kalt stellen.

2 Teig halbieren. Die Teighälften nacheinander auf einer gut bemehlten Arbeitsfläche ca. 1 cm dick ausrollen. Mit einem runden Ausstecher (ca. 4,5 cm Ø) oder einem kleinen Glas Kreise ausstechen.

3 Aus jedem Kreis mit einer großen Lochtülle oder einem Apfelausstecher kleine Kreise ausstechen, sodass Ringe entstehen. Teigreste wieder zusammenkneten, mitverarbeiten.

4 Butterschmalz in einen hohen Topf oder in die Fritteuse geben und auf ca. 180 °C erhitzen.

5 Jeweils 10–12 Ringe in das heiße Fett gleiten lassen und 1–2 Minuten goldbraun backen. Dann mit Hilfe einer Schaumkelle wenden, weitere 1–2 Minuten goldbraun backen.

6 Sahne-Ringla mit der Schaumkelle herausheben und auf Küchenpapier abtropfen lassen. Mit Puderzucker bestäuben. Dazu: Vanillesoße.

Zubereitungszeit ca. 1½ Std.
Wartezeit ca. 1 Std.
Stück ca. 60 kcal / 250 kJ
E 1 g, F 3 g, KH 8 g

❄ *lassen sich ohne Puderzucker prima einfrieren*

Heiß geliebt:

Appetit auf Waffeln? Kein Problem! Wenn Sie die Zutaten für einen Grundteig im Vorrat haben, stehen die ersten duftenden Exemplare ganz schnell auf dem Tisch

Waffeln

Schmand-Waffeln mit Kirschen Seite 187

Hochgestapelt ein Genuss: Waffeltorte mit Pflaumenmus-Sahne. Selbst gemachter Krokant verleiht ihr einen raffinierten Knuspereffekt. Seite 184

Die feinen Waffelherzen mit Quark-Sahne und Aprikosen schmecken sogar schon zum Frühstück oder zum gemütlichen Sonntags-Brunch. Seite 186

Ein pikanter Imbiss für den fröhlichen Abend mit Freunden gesucht? Dann probieren Sie mal Kartoffel-Waffeln mit Lachs & Schmand! Seite 189

Grundregeln für Waffeln

- Waffeln können Sie aus Eierkuchen-, Rühr- und Hefeteig backen – süß oder pikant – ganz wie es beliebt.
- Wird zum Anrühren des Teiges Wasser verwendet, werden die Waffeln knuspriger. Nimmt man Milch, werden sie weicher. Mit Buttermilch werden sie besonders saftig.
- Waffeleisen stets nach Gebrauchsanweisung fetten und vorheizen.
- 1–2 EL Teig aufs heiße Eisen geben, Deckel schließen und etwas andrücken, damit sich der Teig verteilt.
- Wenn die Kontrollleuchte des Eisens erlischt, können Sie nachschauen, ob die Waffel die gewünschte Bräune hat.
- Bei Waffeleisen mit Thermostat bitte die Herstelleranweisungen beachten.
- Mit Milch angerührte Teige bräunen schneller. Deshalb bei der ersten Waffel prüfen, ob sie innen gar ist.
- Für dünne Teige empfiehlt sich eine höhere Temperatur und eine kurze Garzeit. Für schwere Teige eine geringere Temperatur und eine längere Backdauer wählen.
- Die fertige Waffel mit einer Gabel herausheben. Bei weichen Waffeln evtl. einen Pfannenwender zu Hilfe nehmen, sonst zerreißen sie. Auf einem Kuchenrost abkühlen lassen.
- Waffeln möglichst frisch genießen.

1 Für Rührteig Fett und Zucker cremig rühren, evtl. Vanille-Zucker und Aromen zufügen. Eier einzeln darunter rühren

2 Mehl und Backpulver mischen und im Wechsel mit Milch bzw. Buttermilch, Sahne oder Mineralwasser darunter rühren

3 Waffeleisen zuerst etwas fetten und vorheizen. 1–2 EL Teig in die Mitte geben, Deckel leicht andrücken. Goldgelb backen

Modernes Gerät mit austauschbaren Backplatten und Signalton. Der Deckel öffnet sich automatisch, wenn das Gebäck fertig ist

EXTRA-TIPPS

- *Bei Waffelautomaten gibt es zwei Grundmodelle, einmal für die klassischen Herzwaffeln und für rechteckige Waffeln. Außerdem sind Geräte mit austauschbaren Backflächen für Sandwiches oder zum Grillen im Handel.*
- *Für den schnellen Genuss ohne spezielles Rezept einfach einen Rührteig herstellen und evtl. Apfelstücke unterheben. Oder: Rührteig-Waffeln mit Puderzucker, Früchten, Zuckerrüben- oder Ahornsirup, Konfitüre, Schokostreuseln, Nussnougat-Creme oder Eis und Schlagsahne servieren.*

Buttermilch-Waffeln mit Quarkcreme

Zutaten für ca. 20 Stück:

- **1 EL Butter/Margarine**
- **2 Eier (Gr. M)**
- **50 g + 1 gehäufter EL Zucker**
- **1 Prise Salz, 125 g Mehl**
- **200 g Buttermilch**
- **250 g Magerquark**
- **2–3 EL Orangensaft**
- **1–2 EL Öl fürs Waffeleisen**
- **evtl. Puderzucker, Schokospäne und Orangenecken zum Verzieren**

1 Fett schmelzen, etwas abkühlen lassen. Eier, 50 g Zucker und Salz hellcremig schlagen. Mehl im Wechsel mit der Buttermilch darunter rühren. Zerlassenes Fett darunter rühren. Teig ca. 15 Minuten quellen lassen.

2 Quark, 1 geh. EL Zucker und Orangensaft verrühren. Waffeleisen vorheizen und mit wenig Öl bestreichen. Jeweils 1 ½–2 EL Teig in die Mitte des Waffeleisens geben und goldgelb backen. Insgesamt ca. 8 Waffeln backen und auf einem Kuchengitter abkühlen lassen.

3 Die Waffeln in Herzen teilen. Die Quarkcreme evtl. in einen Spritzbeutel mit Lochtülle füllen. Bis auf etwas zum Verzieren auf die Hälfte der Herzen spritzen. Übrige Herzwaffeln darauf legen. Mit restlicher Quarkcreme sowie evtl. Puderzucker, Schokospänen und Orangenecken verzieren.

Zubereitungszeit ca. 45 Min.
Stück ca. 50 kcal / 210 kJ
E 6 g, F 1 g, KH 5 g

EXTRA-TIPPS

- *Für diese Buttermilch-Waffeln benötigt man etwa 100 g weniger Fett als für „normale" Waffeln. Dass sie trotzdem so saftig schmecken, liegt an der Buttermilch.*
- *Eine fruchtige Note erhalten die Waffeln durch Zitronen- oder Orangen-Buttermilch.*

Waffeltorte mit Pflaumenmus-Sahne

Zutaten für ca. 5 Stücke:

- 50 g Zucker
- 50 g gehackte Mandeln
- etwas Öl für die Alufolie und das Waffeleisen
- 100 g weiche Butter/Margarine
- 100 g Honig
- 2 Päckchen Vanillin-Zucker
- 1 Prise Salz
- 2 EL Rum oder einige Tropfen Rum-Aroma
- 2 Eier (Gr. M)
- 125 g Mehl
- 2 EL Speisestärke
- 1 TL Backpulver
- 5–7 EL (75 ml) Milch
- 200 g Schlagsahne
- ca. 200 g Pflaumenmus
- 1 Gefrierbeutel
- Alufolie

1 Für den Krokant Zucker in einer Pfanne schmelzen, Mandeln zufügen und hellbraun karamellisieren. Krokant auf ein Stück geölte Alufolie streichen und erstarren lassen. Masse in einen Gefrierbeutel geben und den Beutel verschließen. Krokant mit einer Teigrolle zerbröseln.

2 Fett cremig rühren. Honig, 1 Päckchen Vanillin-Zucker, Salz, Rum und Eier darunter rühren. Mehl, Stärke und Backpulver mischen und im Wechsel mit der Milch darunter rühren. Waffeleisen vorheizen und dünn mit Öl bestreichen . Aus dem Teig nacheinander 4 Waffeln backen.

3 Sahne und 1 PäckchenVanillin-Zucker steif schlagen. In einen Spritzbeutel füllen. Eine Waffel mit ⅓ Pflaumenmus bestreichen. Sahne auf den Rand spritzen und mit Krokant bestreuen. Eine weitere Waffel darauf setzen und diesen Vorgang noch zweimal wiederholen. Mit der vierten Waffel abschließen. Waffelturm mit Sahnetupfen verzieren, mit Rest Krokant bestreuen.

Zubereitungszeit ca. 1¼ Std.
Stück ca. 640 kcal / 2680 kJ
E 10 g, F 37 g, KH 62 g

Sauerrahm-Waffeln mit Sommerbeeren

Zutaten für 8–10 Stück:

- **1 EL (20 g) Butter**
- **5 Eier (Gr. M)**
- **60 g + 1 EL Zucker**
- **1 Prise Salz**
- **80 g Mehl**
- **150 g stichfeste saure Sahne**
- **evtl. 1 Msp. gemahlener Ingwer**
- **750 g gemischte Beeren (Heidel-, Him- und Brombeeren)**
- **5 EL Wild-Preiselbeeren (Glas)**
- **1 Päckchen Vanillin-Zucker**
- **Öl fürs Waffeleisen**
- **Puderzucker zum Bestäuben**

1 Butter schmelzen und etwas abkühlen lassen. Eier, 60 g Zucker und Salz schaumig schlagen. Mehl sieben. Mehl, saure Sahne und Ingwer darunter rühren. Die zerlassene Butter darunter rühren. Teig ca. 15 Minuten quellen lassen.

2 Frische Beeren verlesen und evtl. waschen. Mit Preiselbeeren, 1 EL Zucker und Vanillin-Zucker mischen. Kühl stellen und ziehen lassen.

3 Waffeleisen vorheizen und mit etwas Öl bestreichen. Jeweils 1½–2 EL Teig in die Mitte des Waffeleisens geben und goldgelb backen. Insgesamt 8–10 Waffeln backen. Mit den Beeren anrichten, mit Puderzucker bestäuben. Evtl. saure Sahne dazureichen.

Zubereitungszeit ca. 50 Min.
Stück ca. 220 kcal / 920 kJ
E 6 g, F 10 g, KH 25 g

Waffelherzen mit Quark-Sahne

Zutaten für ca. 16 Stück:

- 50 g Butter/Margarine
- 2 Eier (Gr. M)
- 50 g Zucker
- 1 Prise Salz
- 80 g Mehl
- 1 Messerspitze Backpulver
- 5 EL Milch
- Öl fürs Waffeleisen
- 1 Dose (850 ml) Aprikosen
- 200 g Magerquark
- 250 g Schlagsahne
- 1 Päckchen Sahnefestiger
- 2 Päckchen Vanillin-Zucker
- 1 EL Pistazienkerne

1 Fett schmelzen und abkühlen. Eier, Zucker und Salz schaumig schlagen. Mehl und Backpulver mischen, im Wechsel mit der Milch darunter rühren. Fett ebenfalls darunter rühren.

2 Waffeleisen vorheizen und dünn mit Öl bestreichen. Aus dem Teig nacheinander 5 Waffeln goldgelb backen. Auf einem Kuchengitter abkühlen lassen.

3 Aprikosen abtropfen lassen und Saft dabei auffangen. Quark und 5 EL Aprikosensaft glatt rühren. Sahne steif schlagen, dabei Sahnefestiger und Vanillin-Zucker einrieseln lassen. Die Sahne unter den Quark heben.

4 Waffeln in Herzen teilen. Die Quark-Sahne in einen Spritzbeutel mit Sterntülle füllen. Auf 16 Herzen Tupfen spritzen. Je 1 Aprikosenhälfte darauf setzen. 8 Herzen halbieren und neben die Aprikosen setzen. Pistazien hacken, über die Waffelherzen streuen. Sofort servieren.

Zubereitungszeit ca. 45 Min.
Stück ca. 170 kcal / 710 kJ
E 4 g, F 9 g, KH 16 g

EXTRA-TIPP

Anstelle von Aprikosen können Sie für dieses Rezept ganz nach Belieben auch andere Früchte verwenden.

Schmand-Waffeln mit Kirschen

Zutaten für ca. 20 Stück:

- 1 Glas (720 ml) Kirschen
- 1 Päckchen Puddingpulver „Vanille-Geschmack“ (zum Kochen; für ½ l Milch)
- 50 g + 100 g Zucker
- 1 EL Zitronensaft
- 125 g + 250 g Schlagsahne
- 125 g + 250 g Schmand oder Crème fraîche
- 2 Päckchen Vanillin-Zucker
- 250 g weiche Butter/Margarine
- 1 Prise Salz
- 6 Eier (Gr. M)
- 500 g Mehl
- 1 Päckchen Backpulver
- Fett fürs Waffeleisen
- Puderzucker zum Bestäuben

1 Kirschen abtropfen lassen und Saft dabei auffangen. Puddingpulver, 6 EL Saft und 50 g Zucker verrühren. 400 ml Wasser, Zitronensaft und Rest Kirschsaft aufkochen. Puddingpulver einrühren und nochmals kurz aufkochen. Kirschen unterheben. Abkühlen lassen.

2 Je 125 g Sahne und Schmand zusammen steif schlagen, dabei 1 Päckchen Vanillin-Zucker einrieseln lassen.

3 Fett, 100 g Zucker, 1 Päckchen Vanillin-Zucker und Salz mit den Schneebesen des Handrührgerätes cremig rühren. Die Eier einzeln darunter rühren. Mehl und Backpulver mischen. Im Wechsel mit 250 g Sahne und 250 g Schmand portionsweise kurz darunter rühren.

4 Waffeleisen vorheizen und fetten. Je 1 ½–2 EL Teig in die Mitte des Waffeleisens geben und goldgelb backen. Insgesamt ca. 20 Waffeln backen. Mit Puderzucker bestäuben. Kirsch-Kompott und Schmand-Sahne dazureichen.

Zubereitungszeit ca. 1 Std.
Stück ca. 380 kcal / 1590 kJ
E 6 g, F 22 g, KH 36 g

Spinatwaffeln mit Gurken-Quark

Zutaten für 4–6 Personen:

- **300 g Blattspinat**
- **Salz**
- **125 g weiche Butter/Margarine**
- **3 Eier (Gr. M)**
- **weißer Pfeffer**
- **geriebene Muskatnuss**
- **250 g Mehl**
- **1 TL Backpulver**
- **¼ l Milch**
- **½ Salatgurke**
- **2–3 Knoblauchzehen**
- **500 g Magerquark**
- **150 g Sahnejoghurt**
- **Fett fürs Waffeleisen**

1 Spinat waschen, verlesen. In wenig Salzwasser ca. 5 Minuten dünsten. In einem Sieb abtropfen lassen.

2 Fett cremig rühren. Eier nacheinander darunter rühren. Mit ¼–½ TL Salz, Pfeffer und Muskat würzen. Mehl mit Backpulver mischen, im Wechsel mit der Milch darunter rühren. Teig ca. 15 Minuten quellen lassen.

3 Gurke waschen und grob raspeln. Den Knoblauch schälen und fein hacken. Beides mit Quark und Joghurt verrühren. Mit Salz und Pfeffer würzig abschmecken.

4 Waffeleisen vorheizen und leicht fetten. Spinat zerkleinern und unter den Teig mischen. 1–2 EL Teig in das Waffeleisen geben und goldgelb backen. Herausnehmen und warm stellen. Übrige Waffeln (ca. 7 Stück) ebenso backen. Mit dem Quark servieren.

Zubereitungszeit ca. 45 Min.
Portion ca. 470 kcal / 1970 kJ
E 23 g, F 25 g, KH 36 g

Kartoffel-Waffeln mit Lachs & Schmand

Zutaten für 6 Personen:

- **750 g Kartoffeln (vorwiegend fest kochend)**
- **1 Bund Schnittlauch**
- **200–250 g Schmand oder Crème fraîche**
- **150 g Magermilch-Joghurt**
- **Salz**
- **weißer Pfeffer**
- **50 g weiche Butter/Margarine**
- **4 Eier (Gr. M)**
- **375 g Magerquark**
- **150 g Mehl**
- **etwas Öl fürs Waffeleisen**
- **200 g geräucherter Lachs in Scheiben**

1 Kartoffeln waschen und in Wasser ca. 20 Minuten kochen. Schnittlauch waschen, trockenschütteln und in feine Röllchen schneiden. Mit Schmand und Joghurt verrühren. Mit Salz und Pfeffer abschmecken.

2 Kartoffeln abschrecken und die Schale abziehen. Noch heiß durch die Kartoffelpresse drücken, dann abkühlen lassen. Fett und Eier cremig rühren. Nacheinander Quark, Mehl und Kartoffeln unterrühren. Mit 1–2 TL Salz abschmecken.

3 Waffeleisen vorheizen und mit etwas Öl bestreichen. Aus dem Teig nacheinander Waffeln goldgelb backen. Mit Lachsscheiben und Schnittlauch-Schmand anrichten.

Zubereitungszeit ca. 1 ¼ Std.
Portion ca. 490 kcal / 2050 kJ
E 27 g, F 24 g, KH 38 g

Echt cool: Kühl

Hier bleibt der Ofen kalt. Die knusprigen Böden der kühlen Köstlichkeiten werden aus Cornflakes und Schokolade bzw. Butter und Kekskrümeln geformt

schrank-Torten

Leicht und erfrischend: Mit diesen Aprikosen-Joghurt-Schnitten auf Cornflakes-Boden lassen sich Ihre Lieben an heißen Sommertagen gern verwöhnen. Seite 194

Kalter Hund „schwarz-weiß“, ein Klassiker, den auch Kids von heute „echt cool“ finden – besonders wenn er im modernen, schwarz-weißen „Outfit“ auf den Tisch kommt. Seite 197

Schoko-Kirschtorte mit Frischkäse Seite 196

Grundregeln für die Herstellung

Grundrezept 1 für 1 Tortenboden (26 cm Ø):

- Ca. 200 g Zwieback, Löffelbiskuits oder andere Kekse zerbröseln und mit 100–125 g flüssiger Butter/ Margarine verrühren.

Grundrezept 2 für 1 Tortenboden (à ca. 26 cm Ø):

- Ca. 200 g zerbröselte Kekse oder Zwieback bzw. ca. 100 g Cornflakes oder Popcorn mit ca. 200 g aufgelöster Schokolade mischen.

- Damit sich die kalt zubereiteten Böden später aus der Springform bzw. von der Tortenplatte lösen, müssen Sie diese vorher mit etwas Öl bestreichen.
- Auf die Böden können Sie Früchte und Cremes aus Sahne, Frischkäse, Jogurt oder Quark schichten, die evtl. durch Gelatine ihre Stand- und Schnittfestigkeit erhalten (s. unten).
- Zusätzliches Aroma für Boden oder Creme bringt ein Schuss Likör.
- Bevor Sie den Formrand entfernen, Torte mit einem in heißes Wasser getauchten Messer vom Rand lösen.

Tortenböden auf kalte Art

1 Zwieback oder Kekse in einen Gefrierbeutel geben. Beutel verschließen und das Gebäck mit einer Teigrolle zerbröseln

2 Fett bzw. Schokolade bei milder Hitze schmelzen und in einem dünnen Strahl sorgfältig unter die Brösel mischen

3 Formrand auf eine mit Öl gefettete Platte setzen. Masse einfüllen, andrücken und im Kühlschrank fest werden lassen

Gelatine macht Füllungen schnittfest

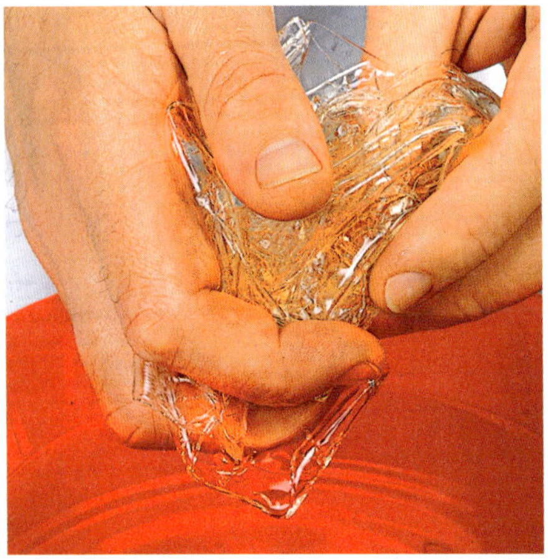

1 Blattgelatine in reichlich kaltem Wasser einweichen, leicht ausdrücken. Gemahlene Gelatine in 4–6 EL Wasser einweichen

2 Gelatine in einem Topf bei milder Hitze unter Rühren auflösen. Bei Verwendung heißer Flüssigkeit direkt darin auflösen

3 2–5 EL Creme in die Gelatine rühren, dann unter die restliche Creme rühren. Kalt stellen, bis sie zu gelieren beginnt

Spekulatius-Frischkäse-Torte

Zutaten für ca. 16 Stücke:

- etwas Öl für die Tortenplatte
- 200 g Gewürz-Spekulatius
- 100 g Zartbitter-Schokolade
- 40 g Butter
- 9 Blatt weiße Gelatine
- 400 g Doppelrahm-Frischkäse
- 500 g Vollmilch-Joghurt
- 2 EL Zitronensaft, 150 g Zucker
- 1 Päckchen Vanillin-Zucker
- 250 g Schlagsahne
- ca. 2 EL Aprikosen-Konfitüre
- ca. 30 Mini-Spekulatius (mit oder ohne Schokolade)
- 50 g Schoko-Dessert-Röllchen
- etwas Puderzucker, evtl. Melisse und Cocktailkirschen z. Verzieren, 1 großer Gefrierbeutel

1 Einen Springformrand oder Tortenring (26 cm Ø) auf eine leicht mit Öl bestrichene Tortenplatte setzen. Spekulatius in einen großen Gefrierbeutel füllen und den Beutel verschließen. Spekulatius mit einer Teigrolle fein zerbröseln. Schokolade in Stücke brechen und mit Butter im heißen Wasserbad schmelzen. Die Brösel unterrühren. Im Tortenring verteilen und leicht andrücken. Den Boden ca. 30 Minuten kalt stellen.

2 Gelatine in kaltem Wasser einweichen. Frischkäse, Joghurt, Zitronensaft, Zucker und Vanillin-Zucker verrühren. Gelatine ausdrücken, bei milder Hitze auflösen. 4 EL Käsecreme einrühren, dann unter die übrige Creme rühren. Kalt stellen, bis sie zu gelieren beginnt (ca. 10 Minuten). Sahne steif schlagen, unter die Creme heben. Auf den Spekulatius-Boden streichen. Mind. 4 Stunden kalt stellen.

3 Die Torte mit einem Messer vom Tortenring lösen. Konfitüre erwärmen und die Rückseite der Mini-Spekulatius damit bestreichen. An den Tortenrand drücken. Dann z. B. diverse Stern-Ausstecher auf die Torte legen und mit Schoko-Röllchen ausstreuen. Ausstecher entfernen. Torte mit Puderzucker, Melisse und Cocktail-Kirschen verzieren.

Zubereitungszeit ca. 1 Std.
Wartezeit mind. 5 Std.
Stück ca. 350 kcal / 1470 kJ
E 7 g, F 23 g, KH 27 g

❄ *lässt sich prima einfrieren*

Aprikosen-Joghurt-Schnitten

Zutaten für ca. 8 Stück:

- 150 g Zartbitter-Schokolade
- 50 g Cornflakes, etwas Fett und Öl
- 10 Blatt weiße Gelatine
- 10 Aprikosen
- ⅛ l Orangensaft
- 75 g Zucker
- 450 g Vollmilch-Joghurt
- abgeriebene Schale von 1 unbehandelten Zitrone
- evtl. 2 EL Aprikosenlikör
- 200 g Schlagsahne
- evtl. Zitronenmelisse zum Verzieren
- Pergamentpapier

1 Schokolade in Stücke brechen und im heißen Wasserbad schmelzen. Cornflakes unterheben. Kastenform (30 cm lang) fetten, mit Pergament auslegen. Boden mit Öl bestreichen. Schokoflakes, bis auf 3 EL, auf dem Kastenboden verteilen. Rest in ca. 8 Häufchen auf ein Stück geöltes Pergament setzen. Trocknen lassen.

2 Gelatine kalt einweichen. Die Aprikosen überbrühen, häuten, halbieren und entsteinen. 5 Aprikosenhälften halbieren, eine zum Verzieren in Spalten schneiden. Restliche Aprikosenhälften, Orangensaft und Zucker pürieren. Vollmilch-Joghurt, Zitronenschale und Likör unterrühren.

3 Gelatine ausdrücken, bei milder Hitze auflösen. 3 EL Püree einrühren, dann unters übrige Püree rühren. Kalt stellen, bis es zu gelieren beginnt. Sahne steif schlagen, unterheben.

4 Ca. ⅓ der Creme auf den Schokoboden streichen. Aprikosenviertel darauf legen. Rest Creme darauf streichen. 2–3 Stunden kalt stellen. Kuchen aus der Form lösen und in ca. 8 Stücke schneiden. Mit Aprikosenspalten, Schokohäufchen und evtl. Zitronenmelisse verzieren.

Zubereitungszeit ca. 1 Std.
Wartezeit ca. 4 Std.
Stück ca. 330 kcal / 1380 kJ
E 8 g, F 16 g, KH 35 g

❄ *lassen sich prima einfrieren*

Sauerkirsch-Torte mit Kokos

Zutaten für ca. 16 Stücke:

- **Öl für die Form, 125 g Zwieback**
- **150 g Zartbitter-Schokolade**
- **1 Würfel (25 g) weißes Plattenfett (z. B. Palmin)**
- **50 g Kokosraspel**
- **12 Blatt weiße Gelatine**
- **1 Glas (720 ml) Sauerkirschen**
- **750 g Vollmilch-Joghurt**
- **4–5 EL Zitronensaft**
- **100 g Zucker**
- **1 Päckchen Vanillin-Zucker**
- **500 g Schlagsahne**
- **evtl. 2 EL Kokos-Chips (gibt's z. B. im Reformhaus)**
- **Cocktailkirschen und Melisse zum Verzieren**
- **1 großer Gefrierbeutel**

1 Springform (26 cm Ø) leicht mit Öl einstreichen. Zwieback in einen Gefrierbeutel geben, den Beutel verschließen. Den Zwieback mit einer Teigrolle fein zerbröseln. Schokolade in Stücke brechen, mit weißem Fett im heißen Wasserbad schmelzen.

2 Kokosraspel und Zwiebackbrösel mischen. Mit der flüssigen Schokolade verrühren. Auf dem Boden der Springform verteilen und leicht andrücken. Ca. 2 Stunden kalt stellen.

3 Gelatine in kaltem Wasser einweichen. Kirschen abgießen, gut abtropfen und evtl. mit Küchenpapier trockentupfen. Boden aus der Form lösen, auf eine Tortenplatte setzen. Formrand oder Tortenring darumschließen. Joghurt, Zitronensaft, Zucker und Vanillin-Zucker verrühren.

4 Gelatine ausdrücken und bei milder Hitze auflösen. 4 EL Joghurt einrühren, dann unter den übrigen Joghurt rühren. Kalt stellen, bis er zu gelieren beginnt (ca. 15 Minuten). Sahne steif schlagen und unterheben.

5 ¼ Creme auf den Tortenboden streichen. Kirschen darauf verteilen. Rest Creme darauf streichen. Ca. 4 Stunden kalt stellen. Kokos-Chips ohne Fett rösten und auskühlen lassen. Torte mit Kokos-Chips, Cocktailkirschen und Melisse verzieren.

Zubereitungszeit ca. 1 Std.
Wartezeit ca. 6½ Std.
Stück ca. 280 kcal / 1170 kJ
E 6 g, F 17 g, KH 24 g

Schoko-Kirschtorte mit Frischkäse

Zutaten für ca. 12 Stücke:

- **Öl zum Bestreichen**
- **200 g Zartbitter-Schokolade**
- **100 g Vollmilch-Schokolade**
- **100 g Cornflakes**
- **750 g Süßkirschen**
- **¼ l + ¼ l Kirschsaft**
- **1 Zimtstange**
- **1 ½ unbehandelte Zitronen**
- **1 EL + 125 g + 1 EL Zucker**
- **2 gehäufte EL (30 g) Speisestärke**
- **8 Blatt weiße Gelatine**
- **200 g Doppelrahm-Frischkäse**
- **375 g Magerquark**
- **2 Päckchen Vanillin-Zucker**
- **250 g + 200 g Schlagsahne**
- **Alufolie**

1 Springform (26 cm Ø) und Alufolie mit Öl bestreichen. Schokolade in Stücke brechen, im heißen Wasserbad schmelzen. Mit Cornflakes verrühren. 6 Schokohäufchen auf die Folie setzen. Rest in die Springform füllen, leicht festdrücken. Ca. 1 Stunde kalt stellen.

2 Kirschen waschen, entsteinen und ca. 6 zum Verzieren beiseite legen. ¼ l Kirschsaft, bis auf 4 EL, mit den Kirschen, Zimt, 1 Stück Schale von ½ Zitrone und 1 EL Zucker aufkochen. Die 4 EL Saft und Stärke verrühren, ins kochende Kompott rühren, kurz aufkochen. Auskühlen. Zimt und Schale entfernen. Kompott auf dem Boden verteilen. Kalt stellen.

3 5 Blatt Gelatine kalt einweichen. Von 1 Zitrone die Schale abreiben, den Saft auspressen. 5 EL Zitronensaft, Frischkäse, Quark, 125 g Zucker und Vanillin-Zucker verrühren. Gelatine ausdrücken, bei milder Hitze auflösen. 2 EL Creme einrühren, in den Rest Creme rühren. 250 g Sahne steif schlagen, darunter heben. Auf die Kirschen streichen, ca. 4 Stunden kalt stellen.

4 3 Blatt Gelatine kalt einweichen. ¼ l Kirschsaft erwärmen. Gelatine ausdrücken, darin auflösen. Kalt stellen, bis er zu gelieren beginnt. Auf der Creme verteilen. Ca. 2 Stunden kalt stellen. 200 g Sahne und 1 EL Zucker steif schlagen. Torte mit Sahne, Schokohäufchen und Rest Kirschen verzieren.

Zubereitungszeit ca. 1¼ Std.
Wartezeit ca. 8 Std.
Stück ca. 510 kcal / 2140 kJ
E 11 g, F 27 g, KH 52 g

❄ *lässt sich prima einfrieren*

Kalter Hund „schwarz-weiß“

Zutaten für ca. 20 Scheiben:

- **Fett für die Form**
- **400 g weißes Plattenfett (z. B. Palmin)**
- **2 frische Eier (Gr. M), 300 g Zucker**
- **2 Päckchen Vanillin-Zucker**
- **120 g Kakao**
- **100 g gehackte Mandeln**
- **ca. 150 g (30 Stück) Butterkekse**
- **200 g weiße Kuvertüre**
- **Pergamentpapier, 1 kl. Gefrierbeutel**

1 Kastenform (25 cm lang; 1 ¼ l Inhalt) fetten, mit Pergamentpapier auskleiden. 300 g Fett schmelzen, etwas abkühlen. Eier, Zucker und Vanillin-Zucker schaumig schlagen. Kakao unterrühren. Das warme Fett im dünnen Strahl unter Rühren zufügen.

2 Ca. 5 EL Schokomasse zum Verzieren kalt stellen. Mandeln unter die übrige Masse rühren. Kekse nebeneinander in die Mitte der Form legen. ⅙ Schokomasse über die ganze Fläche bis an den Formrand füllen und glatt streichen. Auf gleiche Weise abwechselnd je 5 weitere Keks- und Schokoschichten darauf geben. Ca. 5 Stunden kalt stellen.

3 Papier vom Kuchen ziehen. Kuvertüre hacken. 100 g Fett grob zerkleinern. Beides zusammen im heißen Wasserbad unter Rühren schmelzen. Etwas abkühlen. Kuchen damit überziehen, trocknen lassen. Rest Schokomasse im heißen Wasserbad schmelzen. In den Gefrierbeutel füllen, 1 kleine Ecke abschneiden. Kuchen damit verzieren. Über Nacht kalt stellen.

Zubereitungszeit ca. 1¼ Std.
Wartezeit ca. 17 Std.
Scheibe ca. 410 kcal / 1720 kJ
E 5 g, F 29 g, KH 28 g

❄ *lässt sich prima einfrieren*

Birnen-Preiselbeer-Torte

Zutaten für ca. 16 Stücke:

- Öl für die Form
- 125 g Butter/Margarine
- 12 Scheiben Zwieback
- 100 g brauner Zucker
- 1–2 EL Weinbrand
- 4 Blatt weiße Gelatine
- 100 g Zartbitter-Schokolade
- 500 g Magerquark
- 3–4 EL angedickte Wild-Preiselbeeren (Glas)
- 1 Päckchen Vanillin-Zucker
- 50 g Zucker
- 250 g + 200 g Schlagsahne
- 8 Birnenhälften (a. d. Dose)
- evtl. Zitronenmelisse zum Verzieren
- 1 großer Gefrierbeutel

1 Springform (26 cm Ø) am Boden dünn mit Öl ausstreichen. Fett schmelzen. Zwieback in einen Gefrierbeutel geben, Beutel verschließen. Zwieback mit einer Teigrolle fein zerbröseln. Mit braunem Zucker, Weinbrand und flüssigem Fett in einer Schüssel mischen.

2 Masse auf den Boden der Form geben und etwas andrücken. 2 Stunden kalt stellen.

3 Gelatine in kaltem Wasser einweichen. Schokolade fein hacken. Quark, 2 EL Preiselbeeren, Vanillin-Zucker und Zucker glatt rühren. Gehackte Schokolade darunter rühren. 250 g Sahne steif schlagen.

4 Gelatine ausdrücken und bei milder Hitze auflösen. 2 EL Quarkcreme einrühren und unter die übrige Quarkcreme rühren. Sahne portionsweise darunter heben. Auf den Tortenboden streichen. Ca. 3 Stunden kalt stellen.

5 Torte aus der Form lösen und mit Birnenhälften belegen, dabei einen ca. 3 cm breiten Rand frei lassen. 200 g Sahne steif schlagen, in einen Spritzbeutel mit Sterntülle füllen und Tuffs auf den Tortenrand spritzen. Die Torte mit 1–2 EL Preiselbeeren und evtl. Zitronenmelisse verzieren.

Zubereitungszeit ca. 45 Min.
Wartezeit ca. 5 Std.
Stück ca. 400 kcal / 1680 kJ
E 9 g, F 24 g, KH 33 g

❄ *lässt sich prima einfrieren*

Philadelphia-Kirsch-Torte

Zutaten für ca. 16 Stücke:

- **100 g Butter, 125 g Zwieback**
- **75–100 g + 1 TL Zucker**
- **etwas Öl für die Tortenplatte**
- **1 Glas (720 ml) Kirschen**
- **400 g Doppelrahm-Frischkäse (z. B. Philadelphia)**
- **75–100 g Puderzucker**
- **evtl. 2–3 EL Milch**
- **75 g gemahlene Haselnüsse**
- **400 g + 100 g Schlagsahne**
- **2 Päckchen Sahnefestiger**
- **2 Päckchen Vanillin-Zucker**
- **1 Päckchen roter Tortenguss**
- **evtl. 2 EL (30 g) Haselnusskerne und Minze zum Verzieren**
- **1 großer Gefrierbeutel**

1 Butter schmelzen, abkühlen. Zwieback in einen Gefrierbeutel füllen, Beutel verschließen. Zwieback mit einer Teigrolle fein zerbröseln. Brösel mit 75–100 g Zucker und der flüssigen Butter mischen. Einen Tortenring (26 cm Ø) auf eine leicht mit Öl bestrichene Tortenplatte legen. Zwiebackmasse einfüllen und andrücken. Ca. 30 Minuten kalt stellen.

2 Kirschen abtropfen, Saft dabei auffangen. Frischkäse, Puderzucker und evtl. Milch kurz cremig rühren. Die Hälfte Frischkäse auf den Zwiebackboden streichen. Kirschen darauf verteilen. Rest Frischkäse darauf streichen. Mit gemahlenen Nüssen bestreuen. 400 g Sahne steif schlagen, dabei Sahnefestiger und 1 Päckchen Vanillin-Zucker einrieseln lassen. Sahne auf die gemahlenen Nüsse streichen. Ca. 30 Minuten kalt stellen.

3 Gusspulver und 1 TL Zucker mischen. Mit ¼ l Kirschsaft verrühren, unter Rühren kurz aufkochen. Sofort auf der Sahne verteilen – so entsteht der Marmor-Effekt. Ca. 4 Stunden kalt stellen.

4 100 g Sahne steif schlagen, dabei 1 Päckchen Vanillin-Zucker einrieseln lassen. Den oberen Tortenrand locker damit bestreichen. Nüsse in Scheibchen schneiden. Zum Schluss die Torte damit und mit Minze verzieren.

Zubereitungszeit ca. 50 Min.
Wartezeit ca. 5 Std.
Stück ca. 390 kcal / 1630 kJ
E 5 g, F 27 g, KH 29 g

Leicht selbst gema

Es gibt mindestens drei gute Gründe, Brot selbst zu backen: Sie wissen genau, was drin ist, es ist preiswert und macht großen Spaß

Röstzwiebeln und gehackte Walnusskerne geben dem Nussbrot mit Röstzwiebeln aus Weizenmehl und Hefe seinen herzhaften Geschmack. Seite 204

Diese Kernige Party-Sonne könnte auf Ihrem nächsten Fest „strahlen“. Sie ist mit Sesam, Kümmel, Mohn, Salz und Sonnenblumenkernen bestreut. Seite 209

Genuss auf italienische Art: Die Kräuter-Ciabatta ist ein Hefe-Weizenbrot mit einer Füllung aus Knoblauch, Kräutern, Zwiebel und Crème fraîche. Seite 210

Roggenbrot mit Sonnenblumenkernen Seite 208

Grundregeln für Brotteig

Weizen- und viele Mischbrote werden mit Hefe zubereitet. Für kerniges Roggenvollkornbrot brauchen Sie Sauerteig (s. rechte Seite).

- Bevor Sie mit der Teigbereitung beginnen, sollten die Zutaten fertig abgemessen sein und Raumtemperatur haben.
- Teig mit beiden Händen kräftig durchkneten. Solange er noch klebrig ist, immer wieder Hände und Arbeitsfläche bemehlen. Der Teig ist durchgearbeitet, wenn er sich leicht von der Arbeitsfläche löst.
- Die ideale Temperatur zum Gehen sind 35–40 °C (evtl. Backofen auf 40 °C heizen). Hefeteig geht ca. 1 Stunde, Sauerteig bis zu 20 Stunden.
- Bevor das Brot geformt wird, den Teig noch einmal 2 Minuten durchkneten. Dabei Nüsse, Rosinen und andere Zutaten unter den Brotteig kneten.
- Damit das Brot eine schöne gleichmäßige Kruste bekommt, vor dem Backen mehrfach schräg einschneiden, flache Brote mit einer Gabel einstechen.
- Teigoberfläche vor dem Backen mit Wasser bestreichen, dann bekommt das Brot eine glänzende Kruste und platzt nicht auf.

EXTRA-TIPPS

- *Stellen Sie eine Tasse Wasser in den Ofen. Der Dampf verzögert die Krustenbildung. So kann der Teig besser aufgehen.*
- *Ob das Brot gar ist, kann man hören. Es klingt hohl, wenn man gegen die Unterseite klopft.*
- *Hefebrote sollten vor dem Anschneiden ca. 4 Stunden, Sauerteigbrote ca. 24 Stunden ruhen. Brötchen und Fladen können Sie dagegen ofenfrisch genießen.*
- *Brot in Keramikbehältern bzw. Brotkästen ohne Luftlöcher aufbewahren oder einfrieren.*

1 *Teig stets gut durchkneten, damit sich die Hefe und das von ihr freigesetzte Kohlendioxid verteilen. Dann geht er prima auf*

2 *Teig zum Brotlaib formen und auf ein leicht bemehltes Backblech legen. Je nach Rezept an der Oberfläche evtl. einschneiden*

3 *Vor dem Backen die Teigoberfläche evtl. mit Wasser bzw. einer Mischung aus 1 TL Salz und 2 TL heißem Wasser bestreichen*

4 *Evtl. Sonnenblumenkerne oder andere Saaten darauf streuen und andrücken. Das Brot in den vorgeheizten Backofen schieben*

Nützliches Zubehör

Auch beim Brotbacken ist das richtige Handwerkszeug Garant für gutes Gelingen und ungetrübten Backspaß. Hier einige Anregungen

BROT GUT IN FORM

Für ungeübte Brotbäcker ist es einfacher, mit Backformen zu arbeiten. Sie sind auch dann nötig, wenn der Teig sehr feucht und leicht klebrig ist. Brotbackschalen aus Naturton, die gewässert werden müssen, sorgen für eine optimale Luftfeuchtigkeit im Backofen und damit für eine schöne Brotkruste. Innen sind sie mit einer Thermoglasur versehen. Sie können aber auch Ihren Tontopf verwenden. Kastenformen aus Schwarzblech sind zum Brotbacken ebenfalls geeignet. Bei Sauerteig-Broten sollten Sie jedoch Spezialformen mit säurebeständiger Beschichtung wählen.

EIN HEISSER STEIN

Freigeschobene Steinofenbrote schmecken wie vom Bäcker, wenn Sie sie auf einem Backstein aus feuerfestem Ton (Schamotte) backen. Der vorgeheizte Stein speichert die Hitze dauerhaft, überträgt sie sofort und gleichmäßig auf die Brotunterseite. So wird es schön knusprig. Eine Glasur macht den Stein pflegeleicht.

BACKAUTOMATEN

Wahre „Heinzelmännchen" sind Brotbackautomaten. Im Gehäuse sitzt eine beschichtete Backform mit Knethaken. Sie müssen nur die Zutaten in der angegebenen Reihenfolge einfüllen und das gewünschte Programm (z. B. für Misch- oder Vollkornbrot) einschalten. Dann knetet das Gerät den Teig – mit Timer auf Wunsch über Nacht –, lässt ihn aufgehen und ausbacken. Da es Backautomaten für kleine und große Brote gibt und die Geräte unterschiedliche Backprogramme haben, sollten Sie sich beraten lassen, welches Modell für Ihre Bedürfnisse am besten geeignet ist.

SAUERTEIG

Zum Backen von Roggen- und Roggenmischbroten brauchen Sie Sauerteig (fermentierten Roggen- oder Weizenteig). Er verleiht dem Brot nicht nur seine lockere Krume, sondern auch den feinsäuerlichen Geschmack und macht es bekömmlicher. Nur mit Hefe zubereitet würde Roggenbrot feucht und klitschig. Sauerteig gibt's frisch vom Bäcker oder abgepackt als Natursauerteig (flüssig) und als Sauerteig-Extrakt (Pulver) in gut sortierten Lebensmittelgeschäften, Reformhäusern, Bio- und Naturkostläden.

TONBACKFORM

In der Brotbackschale aus Ton bleibt Brot innen saftig und erhält außen eine schöne Kruste (Haushaltsgeschäfte)

BACKSTEIN

Freigeschobene Brote gelingen prima auf Backsteinen (gibt's von Backofen-Herstellern im Küchen-Fachhandel)

Nussbrot mit Röstzwiebeln

Zutaten für 1 Brot
(ca. 30 Scheiben):

- **2 Würfel (à 42 g) frische Hefe**
- **1 TL Zucker**
- **500 g dunkles Weizenmehl (Type1050)**
- **500 g Weizenmehl (Type 405)**
- **2 Eier (Gr. M)**
- **½ TL Salz**
- **200 g Walnusskerne**
- **Mehl für die Arbeitsfläche**
- **100 g Röstzwiebeln**

1 Hefe zerbröckeln und mit Zucker in 450 ml lauwarmem Wasser auflösen. Mehle in einer Schüssel mischen und die Hefe-Mischung dazugießen. Eier und das Salz zufügen und alles mit den Knethaken des Handrührgerätes zu einem geschmeidigen Teig verkneten. Zugedeckt an einem warmen Ort ca. 30 Minuten gehen lassen.

2 Walnusskerne fein hacken. Teig auf wenig Mehl nochmals gut durchkneten. Dann Nüsse und Röstzwiebeln gründlich darunter kneten. Teig zu einem länglichen Laib formen und an der Oberseite mehrmals schräg einschneiden. Auf ein leicht bemehltes Backblech legen und ca. 20 Minuten gehen lassen.

3 Im vorgeheizten Backofen (E-Herd: 200 °C/Umluft: 175 °C/Gas: Stufe 3) ca. 50 Minuten backen. Auskühlen lassen. Schmeckt gut mit Camembert und Preiselbeeren.

Zubereitungszeit ca. 2 Std.
Scheibe ca. 170 kcal / 710 kJ
E 6 g, F 4 g, KH 26 g

❄ *lässt sich prima einfrieren*

Sauerkraut-Brot mit Schinkenwürfeln

Zutaten für 2 Brote
(à ca. 12 Scheiben):

- **1 Würfel (42 g) frische Hefe**
- **1 TL Zucker**
- **600 g Vollkorn-Weizenmehl**
- **1 Dose (314 ml) Sauerkraut**
- **evtl. 50 g Schinkenwürfel**
- **1–2 TL Kümmel**
- **2 TL Salz**
- **Backpapier**

1 Hefe zerbröckeln und mit Zucker in 100 ml lauwarmem Wasser auflösen. Mehl in eine Schüssel geben, in die Mitte eine Mulde drücken. Hefe-Mischung hineingießen. Mit etwas Mehl vom Rand zum Vorteig verrühren und zugedeckt an einem warmen Ort ca. 20 Minuten gehen lassen.

2 Sauerkraut gut ausdrücken und grob hacken. Schinken in einer Pfanne ohne Fett anbraten. Sauerkraut und Kümmel ca. 5 Minuten mitdünsten. Abkühlen lassen.

3 Ca. 300 ml lauwarmes Wasser, Sauerkraut und Salz zum Vorteig geben. Mit den Knethaken des Handrührgerätes zum zähen Teig verkneten. Zugedeckt ca. 30 Minuten gehen lassen.

4 Teig nochmals durchkneten, halbieren und 2 runde Laibe formen. Auf einem mit Backpapier ausgelegten Blech ca. 30 Minuten gehen lassen. Dann im vorgeheizten Ofen (E-Herd: 200 °C/Umluft: 175 °C/Gas: Stufe 3) 50–60 Minuten backen (für eine schöne Kruste und damit das Brot nicht austrocknet, eine Schale mit Wasser dazustellen). Brot gut auskühlen lassen. Dazu schmeckt „Obatzda“ (angemachter Camembert).

Zubereitungszeit ca. 2½ Std.
Scheibe ca. 100 kcal / 420 kJ
E 3 g, F 2 g, KH 17 g

❄ *lassen sich prima einfrieren*

Kräuter-Speck-Brot

Zutaten für 1 Brot (ca. 24 Scheiben):

- **375 g Roggenmehl (Type 1150)**
- **125 g Weizen-Vollkornmehl**
- **250 g Weizenmehl (Type 1050)**
- **1 EL Salz**
- **1 Würfel (42 g) frische Hefe**
- **1 TL Zucker**
- **50 g Natursauerteig (Reformhaus)**
- **2 Zwiebeln**
- **75 g durchwachsener geräucherter Speck**
- **je 1 Bund Petersilie, Schnittlauch, Dill**
- **schwarzer Pfeffer, Fett fürs Blech**
- **3 EL Roggenkörner (Reformhaus)**

1 Mehle und Salz in einer Schüssel mischen. Hefe zerbröckeln und mit Zucker in 450 ml lauwarmem Wasser auflösen. Sauerteig zugeben und verrühren. Zum Mehl gießen und alles mit den Knethaken des Handrührgerätes zu einem glatten Teig verkneten. Zugedeckt an einem warmen Ort ca. 30 Minuten gehen lassen.

2 Zwiebeln schälen. Speck und Zwiebeln fein würfeln. Kräuter waschen und fein schneiden. Speck in einer Pfanne knusprig ausbraten. Zwiebelwürfel zufügen, goldgelb dünsten. Etwas abkühlen lassen. Kräuter darunter mischen, alles mit Pfeffer würzen.

3 Die Kräuter-Speck-Mischung gut unter den Teig kneten. Teig zum länglichen Laib formen, längs 1 cm tief einschneiden. 15 Minuten zugedeckt am warmen Ort gehen lassen.

4 Backblech fetten, Laib darauf legen, mit Wasser bestreichen und mit Roggenkörnern bestreuen. Im vorgeheizten Backofen (E-Herd: 250 °C/ Umluft: 225 °C/Gas: Stufe 5) ca. 15 Minuten vorbacken. Bei 200 °C (Umluft: 175 °C/Gas: Stufe 3) weitere ca. 30 Minuten backen. Auskühlen lassen.

Zubereitungszeit ca. 1 ½ Std.
Scheibe ca. 140 kcal / 580 kJ
E 4 g, F 3 g, KH 23 g

❄ *lässt sich prima einfrieren*

Herzhaftes Sechskornbrot

Zutaten für 1 Brot (ca. 25 Scheiben):

- **100 g Gerstenkörner**
- **etwas Fett und Mehl für die Form**
- **½ l Buttermilch**
- **1 EL Salz**
- **75 g Rübensirup**
- **1 Päckchen (7 g) Trockenhefe**
- **250 g dunkles Weizenmehl (Type 1050)**
- **250 g Sechskorn-Mischung, geschrotet (z. B. Weizen, Roggen, Gerste, Hafer, Hirse und Buchweizen mit Kleie)**
- **100 g Sonnenblumenkerne**

1 Gerste waschen und über Nacht in Wasser einweichen.

2 Eine Kastenform (ca. 25 cm lang; 1 ½ l Inhalt) fetten und mit Mehl ausstäuben. Buttermilch, Salz und Sirup lauwarm erwärmen. Hefe erst mit etwas, dann mit der gesamten Buttermilch-Mischung verrühren.

3 Gerste gut abtropfen lassen. Dann mit Mehl, Sechskorn-Mischung und Sonnenblumenkernen mischen. Zur Hefe-Buttermilch geben und alles mit den Knethaken des Handrührgerätes gut durchkneten.

4 Teig in die Form füllen. Im nicht vorgeheizten Ofen (E-Herd: 175 °C/ Umluft: 150 °C/Gas: Stufe 2) ca. 2 ¼ Stunden backen. Auskühlen und stürzen. Dazu passt Katenschinken.

Zubereitungszeit ca. 2¾ Std.
Einweichzeit ca. 12 Std.
Scheibe ca. 120 kcal / 500 kJ
E 4 g, F 3 g, KH 19 g

❄ *lässt sich prima einfrieren*

EXTRA-TIPPS

- *Herzhafte Brotteige können Sie auch mit Möhrenraspeln, Nüssen, Oliven oder getrockneten Tomaten anreichern. In süße Hefebrote (s. Hefegrundtteig Seite 68) passen Trockenfrüchte.*
- *Zum Bestreuen eignen sich: Kürbiskerne, Mohn, Sesam, Sonnenblumenkerne, Reibkäse.*
- *Zum Würzen können Sie mit Anis, Fenchel, Kümmel, Kardamom, Koriander, Oregano und Thymian experimentieren.*

Roggenbrot mit Sonnenblumenkernen

Zutaten für 1 Brot
(ca. 15 Scheiben):

- **250 g Roggen-Vollkornmehl**
- **125 g Weizenmehl (Type 1050)**
- **125 g Roggenmehl (Type 1150)**
- **125 g Sonnenblumenkerne**
- **3 TL Salz**
- **1 Päckchen (7 g) Trockenhefe**
- **1 Packung (15–30 g) Sauerteig-Extrakt (Reformhaus)**
- **1 TL Zucker**
- **Mehl für Arbeitsfläche und Backblech**

1 Mehle, 2/3 Sonnenblumenkerne, 2 TL Salz, Hefe und den Sauerteig-Extrakt mischen. Zucker in 400 ml lauwarmem Wasser auflösen und dazugießen und alles mit den Knethaken des Handrührgerätes zu einem glatten Teig verkneten.

2 Teig auf einer bemehlten Arbeitsfläche mit den Händen gut durchkneten. Zugedeckt an einem warmen Ort ca. 45 Minuten gehen lassen.

3 Teig nochmals durchkneten, zum runden Brotlaib formen und auf ein mit Mehl bestäubtes Backblech legen. Die Teigoberfläche rautenförmig ca. 3 mm tief einschneiden. Weitere ca. 30 Minuten zugedeckt an einem warmen Ort gehen lassen.

4 1 TL Salz in 2 TL heißem Wasser auflösen und die Teigoberfläche damit bestreichen. Rest Sonnenblumenkerne darauf streuen und leicht andrücken. Im vorgeheizten Backofen (E-Herd: 225 °C/Umluft: 200 °C/Gas: Stufe 4) ca. 10 Minuten vorbacken. Bei 200 °C (Umluft: 175 °C/Gas: Stufe 3) weitere ca. 40 Minuten backen. Dann auskühlen lassen.

Zubereitungszeit ca. 2½ Std.
Scheibe ca. 160 kcal / 670 kJ
E 6 g, F 3 g, KH 26 g

❄ *lässt sich prima einfrieren*

Kernige Party-Sonne

Zutaten für ca. 20 Brötchen:

- **500 g Weizen-Vollkornmehl**
- **1 Päckchen (7 g) Trockenhefe**
- **1 TL Zucker**
- **2 TL Salz**
- **Mehl für die Arbeitsfläche**
- **2 EL Mohn**
- **2 EL Sesam**
- **3 EL Kümmel**
- **4 EL Sonnenblumenkerne**
- **1 EL grobes Salz**
- **Backpapier**

1 Mehl und Trockenhefe in einer Schüssel mischen. Zucker, Salz und ca. 350 ml lauwarmes Wasser dazugeben und alles mit den Knethaken des Handrührgerätes zu einem glatten Teig verkneten. Zugedeckt am warmen Ort ca. 30 Minuten gehen lassen.

2 Teig auf wenig Mehl mit den Händen gut durchkneten. Danach ca. 20 Brötchen daraus formen. Jeweils mit etwas Wasser bestreichen. Mit Mohn, Sesam, Kümmel, Sonnenblumenkernen und grobem Salz bestreuen, etwas andrücken.

3 Brötchen auf einem mit Backpapier ausgelegten Backblech zu einer Sonne zusammensetzen. Weitere ca. 20 Minuten gehen lassen.

4 Die Brötchen im vorgeheizten Backofen (E-Herd: 200 °C/Umluft: 175 °C/Gas: Stufe 3) ca. 40 Minuten backen. Auskühlen lassen.

Zubereitungszeit ca. 2 Std.
Stück ca. 190 kcal / 790 kJ
E 7 g, F 2 g, KH 35 g

❄ *lässt sich prima einfrieren*

Italienische Kräuter-Ciabatta

Zutaten für 1 Brot (ca. 25 Scheiben):

- **⅛ l Milch**
- **½ Würfel (ca. 21 g) frische Hefe**
- **1 TL Zucker**
- **475 g + etwas Weizenmehl**
- **Salz, Pfeffer**
- **3 EL + 1 TL Öl (z. B. Olivenöl)**
- **1 mittelgroße Zwiebel**
- **2–3 Knoblauchzehen**
- **2 Bund Petersilie, 1 Bund Dill**
- **1 Bund Schnittlauch**
- **1 Töpfchen Basilikum**
- **1 Ei (Gr. M), 1 EL (15 g) Crème fraîche**
- **Backpapier**

1 Milch und ⅛ l Wasser erwärmen. Hefe zerbröckeln, mit Zucker darin auflösen. 475 g Mehl und ca. 2 TL Salz mischen. 2 EL Öl und Hefemilch zufügen. Alles mit den Knethaken des Handrührgerätes glatt verkneten (Der Teig ist weich!). Zugedeckt am warmen Ort ca. 1 Stunde gehen lassen.

2 Zwiebel und Knoblauch schälen. Beides fein hacken. In 1 TL heißem Öl andünsten. Kräuter waschen und fein hacken. Mit Zwiebel und Knoblauch, 1 EL Öl, Ei und Crème fraîche verrühren. Mit Salz und Pfeffer würzen.

3 Teig mit bemehlten Händen durchkneten und auf wenig Mehl zum Rechteck (ca. 30 x 40 cm) ausrollen. Mit der Kräuterpaste bestreichen, dabei rundherum einen ca. 2 cm breiten Rand frei lassen. Den Teig von der schmalen Seite her aufrollen. Mit der „Naht" nach unten auf ein mit Backpapier ausgelegtes Backblech legen. Zugedeckt weitere ca. 40 Minuten gehen lassen.

4 Brot im vorgeheizten Backofen (E-Herd: 225 °C/Umluft: 200 °C/ Gas: Stufe 4) ca. 15 Minuten vorbacken. Bei 200 °C (Umluft: 175 °C/ Gas: Stufe 3) weitere 30–35 Minuten backen. Brot auskühlen lassen.

Zubereitungszeit ca. 2¾ Std.
Scheibe ca. 80 kcal / 330 kJ
E 2 g, F 2 g, KH 14 g

❄ *lässt sich prima einfrieren*

Knusprige Haselnuss-Baguettes

Zutaten für 3 Brote
(à ca. 20 Scheiben):

- **750 g Roggenvollkornmehl**
- **1 Würfel (42 g) frische Hefe**
- **1 TL Zucker, 2 TL Salz**
- **100 g Natursauerteig (Reformhaus)**
- **150 g Haselnusskerne**
- **etwas Mehl für die Arbeitsfläche**
- **1 Eigelb, 100 g Haselnussblättchen**
- **Backpapier**

1 Mehl in eine Schüssel geben. In die Mitte eine Mulde drücken. Hefe zerbröckeln, mit 100 ml lauwarmem Wasser und Zucker verrühren. In die Mulde gießen. Mit etwas von dem Mehl zum Vorteig verrühren. Zugedeckt am warmen Ort ca. 15 Minuten gehen lassen.

2 Salz, Sauerteig, Haselnusskerne und 400 ml lauwarmes Wasser zum Mehl geben. Zum geschmeidigen Teig verkneten. Ca. 20 Minuten gehen lassen.

3 Teig auf wenig Mehl durchkneten. In 3 Portionen teilen. Jeweils zu ca. 30 cm langen Broten formen. Ca. 15 Minuten gehen lassen. Eigelb und etwas Wasser verquirlen. Brote damit bestreichen. Mit Nüssen bestreuen.

4 Backblech mit Backpapier auslegen. Brote darauf im heißen Backofen (E-Herd: 225 °C/Umluft: 200 °C/Gas: Stufe 4) ca. 45 Minuten backen. Nach ca. 25 Minuten Brote abdecken. Auskühlen lassen. Dazu schmeckt gewürzte Butter.

Zubereitungszeit ca. 1¾ Std.
Scheibe ca. 70 kcal / 290 kJ
E 2 g, F 3 g, KH 8 g

❄ *lassen sich prima einfrieren*

Kunstwerke zum

Kleine Geschenke erhalten die Freundschaft – vor allem, wenn sie selbst gebacken und mit viel Fantasie verziert sind. Da weiß der Empfänger sofort: Das kommt von Herzen!

Verschenken

Sahniger Mandarinen-Falter Seite 218

Die Küken mit Himbeersahne sind fast zu schade zum Aufessen. Das niedliche Federvieh lässt sich aus Brandteig mit wenigen Handgriffen aufs Blech spritzen. Seite 217

Schoko-Blaubeer-Kahn, das passende Präsent für große Freizeit-Kapitäne oder kleine Captain-Blaubär-Fans: Basis für das Boot ist ein Kastenkuchen mit Heidelbeeren. Seite 222

1x1 des Verzierens

Dekorieren mit Kuvertüre

1 Kuvertüre, die es in 3 Sorten gibt, ist die Basis für feine Schoko-Überzüge und dekorative Ornamente: Kuvertüre grob hacken. In einer Metallschüssel im heißen Wasserbad unter Rühren schmelzen

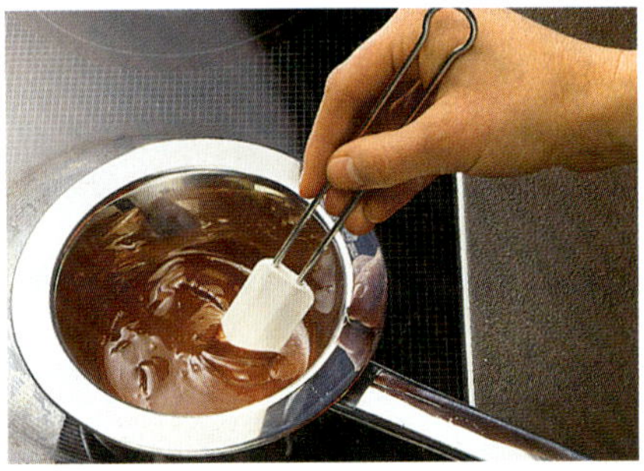

2 Evtl. abkühlen lassen, wieder erhitzen, bis sie zäh fließt. So erhält sie Glanz. Über den Kuchen gießen. Gebäck hin und her bewegen, damit sich der Guss verteilt, oder mit dem Paletten-Messer verstreichen

3 Schoko-Deko selbst gemacht: Motive mit einer Spritztüte (gekauft) auf Backpapier spritzen. Trocknen und vorsichtig ablösen

EXTRA-TIPPS

- Sie können die Kuvertüre auch dünn auf Backpapier streichen und kurz bevor sie ganz fest ist, mit kleinen scharfkantigen Ausstechformen Blüten, Herzen oder andere Motive ausstechen.
- Oder Sie spritzen die Kuvertüre direkt aufs Gebäck, z. B. als Muster oder als Gesicht wie bei den Hasen auf Seite 220.

Malen mit Zuckerguss

1 Glasur zum Aufstreichen aus 200 g Puderzucker und ca. 3 EL Wasser, Saft oder Likör anrühren. Soll sie als feine Zuckerschrift gespritzt werden, mit ganz wenig Flüssigkeit zum festen Brei rühren

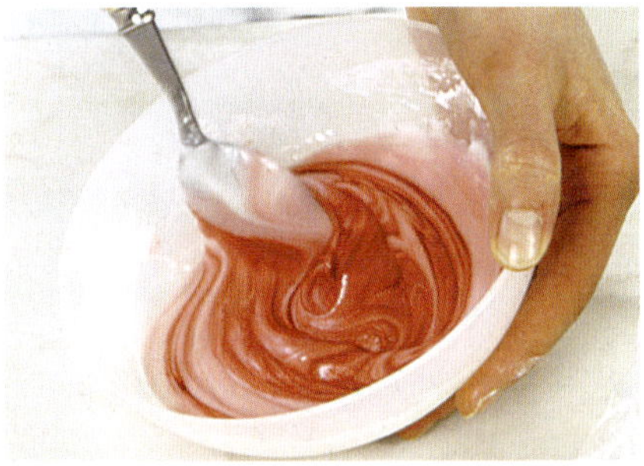

2 Zum Tönen gibt es Speisefarbe in Rot, Grün, Gelb und Blau. Die anderen Farben erhalten Sie durch Mischen. Als natürliche Färbemittel bieten sich Kakao, Eigelb, Liköre und Frucht-Sirup an

3 Einen kleinen Gefrierbeutel zu ⅓ mit Guss füllen und eine Ecke abschneiden. Je kleiner das Loch, umso feiner die Schrift

EXTRA-TIPPS

- Puderzucker vor dem Anrühren sieben, damit keine Klümpchen entstehen.
- Spritztüte nicht zu dicht (Abstand mind. 1 cm) über das Gebäck halten, dann geht das „Zeichnen" gleichmäßiger.
- Für sehr festen Spritzguss 1 frisches Eiweiß steif schlagen, dabei ca. 200 g Puderzucker einrieseln.

Verzieren mit Marzipan

1 Jeweils 2 Teile geraspelte Marzipan-Rohmasse mit 1 Teil Puderzucker (z. B. 100 g Marzipan, 50 g Puderzucker) gut verkneten. So lässt sich die Masse leichter ausrollen oder zu kleinen Figuren formen

2 Die verknetete Marzipanmasse können Sie wie Zuckerguss mit Speisefarbe oder natürlichen Farben tönen. Wichtig: Masse anschließend so lange kneten, bis sie gleichmäßig durchgefärbt ist

3 Marzipan zwischen 2 Lagen Klarsichtfolie oder auf etwas Puderzucker ausrollen. Blüten, Herzen etc. ausstechen

EXTRA-TIPP

Marzipan können Sie auch modellieren, z. B. zu Herzen für die Küsschen-Torte (Seite 219). Oder zu einer Rose: Marzipan zur Rolle formen. 5 Scheiben abschneiden, 1 davon zum kegelförmigen Blütenstempel formen. 4 Scheiben als Blätter zwischen Folie dünn ausrollen. Nacheinander um den Stempel legen, andrücken.

Gutschein-Kuchen

Zutaten für ca. 24 Stücke:

- **Fett fürs Blech**
- **225 g weiche Butter/Margarine**
- **1 Prise Salz**
- **225 g Zucker**
- **1 Päckchen Vanillin-Zucker**
- **5 Eier + 1 frisches Eiweiß (Gr. M)**
- **325 g Mehl**
- **1½ gestrichener TL Backpulver**
- **100 g Kokosraspel**
- **4 EL Milch**
- **2 EL weißer Rum**
- **125–150 g Puderzucker**
- **gelbe Speisefarbe**
- **Süßigkeiten (z. B. blaue Jelly Bellys, Gummifische, Rolos etc.) zum Verzieren**
- **Zuckerschrift**
- **1 kleiner Gefrierbeutel**

1 Backblech (ca. 35 x 40 cm) fetten. Fett, Salz, Zucker und Vanillin-Zucker cremig rühren. 5 Eier einzeln darunter rühren. Mehl, Backpulver und Kokosraspel mischen und im Wechsel mit der Milch und dem Rum darunter rühren.

2 Teig auf das Backblech streichen. Im vorgeheizten Backofen (E-Herd: 200 °C/Umluft: 175 °C/Gas: Stufe 3) 18–20 Minuten backen. Den Kuchen auskühlen lassen.

3 1 Eiweiß und Puderzucker cremig schlagen. 2 EL davon mit Speisefarbe gelb färben. Übrigen Guss in einen Gefrierbeutel füllen, eine kleine Ecke abschneiden und Wellen auf den Kuchen spritzen. Mit dem gelben Guss eine Sonne auf den Kuchen malen. Kuchen nach Belieben mit Süßigkeiten verzieren (mit Zuckerguss aufkleben), mit Zuckerschrift beschriften und verzieren. Den Guss trocknen lassen.

Zubereitungszeit ca. 45 Min.
(ohne Wartezeit)
Stück ca. 230 kcal / 960 kJ
E 3 g, F 12 g, KH 25 g

EXTRA-TIPP

Anstelle der Gummifische können Sie auch kleine Fische aus farbigem Marzipan ausstechen und auflegen (s. linke Seite).

Erdbeer-Quark-Käfer

Zutaten für 8–10 Stücke:

- **2 Eier (Gr. M), 1 Prise Salz**
- **75 g + 50 g Zucker**
- **50 g Mehl**
- **25 g Speisestärke**
- **1 TL Backpulver**
- **1 gehäufter EL Kakao**
- **300 g Erdbeeren**
- **300 g + 100 g Schlagsahne**
- **1 Packung Cremepulver „Käse-Sahne-Tortencreme" (für 700 ml Flüssigkeit)**
- **500 g Magerquark**
- **2 Päckchen Vanillin-Zucker**
- **2 EL Zitronensaft**
- **Schokoladenplättchen und Minze zum Verzieren, Backpapier**

1 Springform (24 cm Ø) am Boden mit Backpapier auslegen. Eier, Salz und 75 g Zucker mind. 8 Minuten schaumig schlagen. Mehl, Stärke, Backpulver und Kakao darauf sieben und unterheben. In die Form füllen. Im vorgeheizten Backofen (E-Herd: 175 °C/Umluft: 150 °C/Gas: Stufe 2) ca. 15 Minuten backen. Aus der Form lösen und auskühlen lassen.

2 Erdbeeren waschen, putzen und, bis auf 4 zum Verzieren, pürieren. 300 g Sahne steif schlagen. Tortencreme und 200 ml Wasser in eine fettfreie hohe Schüssel geben und mit den Schneebesen des Handrührgerätes ca. 3 Minuten schaumig schlagen.

3 Quark in 4 Portionen darunter rühren. 50 g Zucker, Vanillin-Zucker, Zitronensaft und Erdbeerpüree darunter rühren. Sahne darunter heben. Masse in eine runde Schüssel (ca. 1½ l Inhalt; 24 cm Ø) füllen. Tortenboden auf die Erdbeercreme legen. Mind. 3 Stunden kalt stellen.

4 Schüssel kurz in heißes Wasser tauchen, Käfer stürzen. 100 g Sahne steif schlagen. Käfer mit Sahne, Schokoplättchen, übrigen Erdbeeren und Minze verzieren.

Zubereitungszeit ca. 1 Std.
Wartezeit mind. 4 Std.
Stück ca. 370 kcal / 1550 kJ
E 12 g, F 14 g, KH 46 g

Süße Küken mit Himbeersahne

Zutaten für ca.10 Stück:

- 100 g Butter/Margarine
- 1 Prise Salz
- 250 g Mehl
- 5 Eier (Gr. M)
- 300 g TK-Himbeeren
- 4 Blatt weiße Gelatine
- 4 EL Zucker
- 400 g Schlagsahne
- ca. 2 EL Mandelstifte
- Puderzucker zum Bestäuben
- Backpapier, Holzspießchen

1 ¼ l Wasser, Fett und Salz aufkochen. Mehl auf einmal zufügen und mit einem Kochlöffel so lange rühren, bis sich der Teig als Kloß vom Topfboden löst und sich dort ein weißer Film bildet. Vom Herd ziehen. Sofort 1 Ei mit den Knethaken des Handrührgerätes unter den heißen Teig kneten. Ca. 10 Minuten abkühlen lassen. 4 Eier einzeln (!) gut darunter kneten.

2 1–2 Backbleche mit Backpapier auslegen. Darauf mit genügend Abstand ca. 10 Ovale (ca. 8 cm lang, 6 cm breit) zeichnen. Gut ¾ Teig in einen Spritzbeutel mit Sterntülle füllen. Auf die Ovale längs einen Streifen spritzen. Links und rechts einen kürzeren Streifen und darauf je einen länglichen Tuff als Flügel spritzen. Auf den mittleren Streifen am Ende einen Tuff als Schwänzchen spritzen.

3 Rest Teig in einen Spritzbeutel mit großer Lochtülle füllen. Ca. 10 Tuffs für die Köpfe auf die Bleche spritzen. Im vorgeheizten Ofen (E-Herd: 225 °C/ Umluft: 200 °C/Gas: Stufe 4) 20–25 Minuten backen. Küken-Körper sofort mit der Schere aufschneiden. Auskühlen.

4 Himbeeren auftauen. Gelatine kalt einweichen. Himbeeren und Zucker pürieren, durch ein Sieb streichen. Gelatine ausdrücken, bei milder Hitze auflösen. 3 EL Püree einrühren, dann unter übriges Püree rühren. Kalt stellen, bis es zu gelieren beginnt. Sahne steif schlagen und darunter heben.

5 Küken mit Himbeersahne füllen. Mandeln als Schnäbel in die Köpfe stecken. Köpfe mit Holzspießchen am Rumpf befestigen. Mit Puderzucker bestäuben.

Zubereitungszeit ca. 1¾ Std.
Stück ca. 380 kcal / 1590 kJ
E 8 g, F 26 g, KH 25 g

Sahniger Mandarinen-Falter

Zutaten für ca. 12 Stücke:

- **2 Eier (Gr. M), 190 g + 1 TL Zucker**
- **1 Päckchen Vanillin-Zucker, 1 Pr. Salz**
- **70 g Mehl, 70 g Speisestärke**
- **3 gestrichene TL Backpulver**
- **3 Dosen (à 314 ml) Mandarinen**
- **400 g Magerquark**
- **abgeriebene Schale und 3 EL Saft von 1 unbehandelten Zitrone**
- **450–500 g Schlagsahne**
- **3 Päckchen Sahnefestiger**
- **1 Päckchen klarer Tortenguss**
- **½ Kiwi, 2 Mikado-Sticks mit Schokolade, Backpapier**

1 Springform (26 cm Ø) am Boden mit Backpapier auslegen. Eier trennen. Eiweiß steif schlagen, dabei 40 g Zucker einrieseln. Eigelb, 3 EL lauwarmes Wasser, 75 g Zucker, Vanillin-Zucker und Salz ca. 5 Minuten schaumig schlagen. Mehl, Stärke und Backpulver mischen, darauf sieben, mit Eischnee darunter heben. In die Form streichen. Im heißen Ofen (E-Herd: 175 °C/Umluft: 150 °C/Gas: Stufe 2) ca. 30 Minuten backen. Auskühlen.

2 Mandarinen abtropfen, Saft dabei auffangen. Biskuit 1 x waagerecht durchschneiden. Quark, 75 g Zucker, Zitronenschale und -saft verrühren. Sahne steif schlagen, dabei Sahnefestiger einrieseln lassen. Unter den Quark heben. 1. Boden mit ⅓ Quark-Creme bestreichen. 2. Boden darauf legen.

3 Für die Schmetterlings-Form: Torte senkrecht halbieren. Beide Hälften mit übriger Creme einstreichen. Auf einer großen Tortenplatte mit den Rundungen zum Schmetterling aneinander setzen.

4 Mandarinen trockentupfen, dicht an dicht auf den Flügeln verteilen (evtl. bleiben einige übrig), dabei in der Mitte 2–3 cm für die Kiwi freilassen. Gusspulver und 1 TL Zucker mischen, mit ¼ l Mandarinensaft verrühren, unter Rühren aufkochen. Auf den Mandarinen verteilen. Falter ca. 2 Stunden kalt stellen.

5 Kiwi schälen, längs halbieren. Falter kurz vorm Servieren mit Kiwi als Körper, mit Sticks als Fühler verzieren.

Zubereitungszeit ca. 1 ½ Std.
Wartezeit ca. 3 Std.
Stück ca. 310 kcal / 1300 kJ
E 8 g, F 13 g, KH 38 g

Küsschen-Torte für Freunde

Zutaten für ca. 16 Stücke:

- **Fett für die Form**
- **1 Packung (250 g; 30 Stück) Schoko-Nuss-Pralinen, z. B. „Ferrero Küsschen" (ersatzw. 150 g Vollmilch-Schokolade + 100 g Haselnusskerne)**
- **175 g weiche Butter/Margarine**
- **120 g + 1–2 EL Zucker**
- **1 Päckchen Vanillin-Zucker**
- **1 Prise Salz, 3 Eier (Gr. M)**
- **75 g + 100 g gemahlene Haselnüsse**
- **250 g Mehl, 3 TL Backpulver**
- **4–5 EL Milch, 500 g Schlagsahne**
- **1 Päckchen Soßenpulver „Vanille" (ohne Kochen; für ¼ l Flüssigkeit)**
- **50 g Vollmilch-Kuvertüre**
- **evtl. rote Weingummi-Herzen zum Verzieren, 1 kleiner Gefrierbeutel**

1 Springform (26 cm Ø) fetten. Die Pralinen, bis auf 8 Stück, grob hacken. Fett, 120 g Zucker, Vanillin-Zucker und Salz cremig rühren. Eier einzeln darunter rühren. 75 g Nüsse, Mehl und Backpulver mischen. Im Wechsel mit der Milch darunter rühren. Die gehackten Pralinen unter den Teig heben.

2 Teig in die Springform streichen. Im vorgeheizten Backofen (E-Herd: 175 °C/Umluft: 150 °C/Gas: Stufe 2) ca. 45 Minuten backen. Auskühlen.

3 Boden 1x waagerecht halbieren. Sahne steif schlagen, dabei 1–2 EL Zucker und Soßenpulver einrieseln lassen. 100 g gemahlene Nüsse darunter heben. Hälfte der Nuss-Sahne auf den unteren Boden streichen. Zweiten Boden darauf setzen und die übrige Nuss-Sahne darauf streichen. Torte ca. 1 Stunde kalt stellen.

4 Kuvertüre hacken und im heißen Wasserbad schmelzen. In einen Gefrierbeutel füllen, eine kleine Ecke abschneiden. Ein großes Herz auf die Torte spritzen und trocknen lassen. Rest Pralinen halbieren. Küsschen-Torte mit Pralinen-Hälften und evtl mit Weingummi-Herzen verzieren.

Zubereitungszeit ca. 1¾ Std.
Wartezeit ca. 3½ Std.
Stück ca. 410 kcal / 1720 kJ
E 6 g, F 29 g, KH 28 g

Häschen-Amerikaner

Zutaten für ca. 12 Stück:

- **100 g weiche Butter/Margarine**
- **100 g Zucker**
- **1 Päckchen Vanillin-Zucker**
- **1 Prise Salz**
- **2 Eier (Gr. M)**
- **250 g Mehl**
- **1 Päckchen Puddingpulver „Vanille" (zum Kochen; für ½ l Milch)**
- **1 ½ TL Backpulver**
- **3–4 EL Milch**
- **200 g + 40 g + 1 EL Puderzucker**
- **4 EL Zitronensaft**
- **½ Beutel dunkle Kuchenglasur oder 50 g dunkle Kuvertüre**
- **100 g Marzipan-Rohmasse**
- **Backpapier**

1 Fett, Zucker, Vanillin-Zucker und Salz mit den Schneebesen des Handrührgerätes cremig rühren. Eier nacheinander darunter rühren. Mehl, Puddingpulver und Backpulver mischen und im Wechsel mit der Milch portionsweise darunter rühren.

2 Backblech mit Backpapier auslegen und mit einem Esslöffel ca. 12 runde Teighäufchen mit jeweils ca. 4 cm Abstand darauf setzen. Im vorgeheizten Backofen (E-Herd: 200 °C/ Umluft: 175 °C/Gas: Stufe 3) 15–20 Minuten goldbraun backen. Auf einem Kuchengitter auskühlen lassen.

3 200 g Puderzucker mit Zitronensaft zu einem Guss verrühren. 4 EL davon abnehmen, abdecken, zur Seite stellen. Flache Seiten der Amerikaner mit übrigem Guss bestreichen und trocknen lassen. Beutel mit Kuchenglasur ca. 10 Minuten in heißes Wasser stellen. Eine kleine Ecke abschneiden. Hälfte der Glasur in eine Schale füllen. (Oder Kuvertüre hacken und im heißen Wasserbad schmelzen.)

4 Marzipan grob reiben. Mit 40 g Puderzucker verkneten und auf 1 EL Puderzucker ausrollen. Daraus mit einem Messer ca. 24 Ohren ausschneiden. Ohren mit etwas Guss auf die Amerikaner kleben. Aus der dunklen Glasur mit einem Pinsel Augen, Nase und Mund malen. Ohren mit Guss und restlicher Glasur verzieren. Trocknen lassen.

Zubereitungszeit ca. 1 ½ Std.
Stück ca. 360 kcal / 1510 kJ
E 5 g, F 13 g, KH 53 g

Schoko-Blaubeer-Kahn

Zutaten für ca. 20 Stücke:

- **Fett und Paniermehl für die Form**
- **250 g weiche Butter/Margarine**
- **250 g Zucker**
- **1 Päckchen Vanillin-Zucker**
- **1 Prise Salz**
- **4 Eier (Gr. M)**
- **300 g + 2 EL Mehl**
- **½ Päckchen Backpulver**
- **1 Packung (300 g) TK-Heidel-(Blau)beeren**
- **3 Beutel (à 100 g) dunkle Kuchenglasur**
- **Liebesperlen, Schokolinsen etc. zum Verzieren**
- **Holzspieße und buntes Papier für die Segel**

1 Eine Kastenform (25 cm lang, ca. 1,5 l) fetten und mit Paniermehl ausstreuen. Fett, Zucker, Vanillin-Zucker und Salz cremig rühren. Eier einzeln darunter rühren. 300 g Mehl und Backpulver mischen, portionsweise kurz darunter rühren.

2 Heidelbeeren unaufgetaut mit 2 EL Mehl bestäuben und unter den Teig heben. Teig in die Form füllen. Im vorgeheizten Backofen (E-Herd: 175 °C/Umluft: 150 °C/Gas: Stufe 2) ca. 1½ Stunden backen. Kuchen ca. 10 Minuten in der Form ruhen lassen. Stürzen und auf einem Kuchengitter auskühlen lassen.

3 2 Dreiecke (je ca. 10 cm lang) an einem Ende des Kuchens keilförmig abschneiden und zur Seite legen.

4 Kuchenglasur im Beutel ca. 10 Minuten in heißes Wasser stellen. Dreiecke mit den Schnittflächen gegeneinander zum Quader zusammensetzen, mit etwas Glasur auf dem Kastenkuchen als Kajüte festkleben. Kuchen mit Rest Glasur einstreichen. Mit den Süßigkeiten verzieren. Trocknen lassen. Segel aus Holzspießen und Papier hineinstecken.

Zubereitungszeit ca. 2 Std. (ohne Wartezeit)
Stück ca. 300 kcal / 1260 kJ
E 4 g, F 16 g, KH 33 g

EXTRA-TIPP

Anstelle von Kuchenglasur können Sie auch 300 g dunkle Kuvertüre nehmen (s. Seite 214).

Knuffiger Party-Bär

Zutaten für ca. 10 Stücke:

- **750 g Mehl**
- **2 Päckchen (à 7 g) Trockenhefe**
- **75 g Butter/Margarine**
- **375 ml Milch**
- **75 g Zucker**
- **1 Ei + 1 Eigelb (Gr. M)**
- **1 Prise Salz**
- **Rosinen und je 3 EL Sesam und Mohn zum Verzieren**
- **Backpapier**

1 Mehl und Trockenhefe in einer Schüssel mischen. Fett schmelzen und Milch zugießen. Lauwarmes Milch-Fett-Gemisch, Zucker, 1 Ei und Salz zufügen. Alles zu einem geschmeidigen Teig verkneten und zugedeckt an einem warmen Ort ca. 20 Minuten gehen lassen.

2 Teig nochmals gut durchkneten. Für den Kopf ca. ⅓ davon zu einem großen flachen Oval formen. Mit einem kleinen Messer Schnauze und Nasenansatz einritzen. Restlichen Teig in 13 Stücke teilen – davon 4 etwas größere – und zu Kugeln formen. Die 7 kleineren Kugeln auf einem mit Backpapier ausgelegten Backblech zum Rumpf des Bären zusammensetzen. Kopf anfügen. Die 4 größeren Kugeln als Beine ansetzen. Die restlichen beiden Kugeln als Ohren an den Kopf setzen. 15 Minuten gehen lassen.

3 Den Bär mit 1 verquirlten Eigelb bestreichen. Mit Rosinen, Sesam und Mohn verzieren. Im vorgeheizten Backofen (E-Herd: 175 °C/Umluft: 150 °C/Gas: Stufe 2) 20–25 Minuten goldbraun backen.

Zubereitungszeit ca. 45 Min.
Stück ca. 440 kcal / 1840 kJ
E 12 g, F 13 g, KH 65 g

❄ *lässt sich prima einfrieren*

Eine Sünde wert:

Haben Sie auch eine Schwäche für Marzipan-Konfekt, Trüffel & Co.? Mit unserer Pralinen-Schule können Sie die süßen Verführer problemlos selbst zaubern

Edle Pralinés

Lebkuchen-Trüffel, Kirschcreme-Herzen, Cointreau-Sterne Seite 230

Zwei köstliche Pralinen, die selbst Anfänger ohne große Schwierigkeiten zubereiten können: Mokka-Schoko-Ecken und Keks-Mandel-Splitter mit Pistazien. Seite 228

Ein Geschenk, das von Herzen kommt. Mit liebevoll hergestellten Cappuccino-Trüffeln und Marzipan-Nuss-Rauten werden Sie sicher einen Volltreffer landen. Seite 229

Pralinen-Schule

Rund ums Konfekt

- Besonders einfach ist die Pralinen-Herstellung mit vorgefertigten Halbschalen und Hohlkugeln aus Schokolade. Auf stabilen Paletten im Versandhandel erhältlich (s. Seite 4).
- Alle Zutaten, vor allem Eier, müssen frisch sein.
- Stets hochwertige Schokolade mit hohem Kakaobutter-Anteil (z. B. Kuvertüre) verwenden.
- Kuvertüre zunächst schmelzen, dann temperieren, z. B. so: 2/3 der gehackten Kuvertüre im heißen Wasserbad schmelzen. Sie darf nie über 40 °C warm werden (evtl. mit Zuckerthermometer arbeiten). Herausnehmen, Rest Kuvertüre portionsweise einrühren, bis die Masse dickflüssig wird. Dann wieder im Wasserbad auf 32 °C temperieren. Zur Probe Löffel hineintauchen, antrocknen lassen. Die Kuvertüre muss schnell erstarren und matt glänzen.
- So viel Kuvertüre schmelzen, dass sich die letzten Pralinen noch problemlos tauchen lassen.

Pralinen-Set mit Abtropf-Gitter, Spiralgabel für Konfektkugeln und Gabel für eckige Pralinen

Hohlkugeln füllen

1 Obere Schutzhülle abnehmen. Füllung mit einem Spritzbeutel mit kleiner Lochtülle in die Hohlkugeln spritzen

2 Die Einfüll-Öffnung danach mit etwas flüssiger Kuvertüre verschließen. Vor dem Überziehen ganz fest werden lassen

3 Kugeln evtl. mit der Spiralgabel in die flüssige Kuvertüre tauchen. Am besten auf dem Pralinen-Gitter abtropfen lassen

Halbschalen füllen

1 Füllung bis knapp unter den Rand in die Schoko-Halbschalen spritzen

2 Evtl. überschüssige Creme mit einem Teigschaber abstreifen

3 Die Halbschalen je nach Rezept evtl. mit Kuvertüre verschließen

4 Schalen nie von unten, sondern oben seitlich am Rand aus der Hülle drücken

EXTRA-TIPPS

- *Zum Verzieren von Konfekt eignen sich neben Kuvertüre: Kristall- und Puderzucker, Kakaopulver, Schokostreusel, Nüsse, kandierte Früchte, kandierte Veilchen, Mokka-Schoko-Bohnen oder Gebäck-Schmuck. Die Verzierung sollte geschmacklich immer zum Inhalt passen.*
- *Kühl und trocken gelagert, am besten in Glas-, Blech- oder Plastikdosen verpackt mit Zwischenlagen aus Pergamentpapier, halten sich Trüffel max. 1 Woche, Konfekt ca. 10 Tage.*

Marzipan-Mandel-Konfekt

Zutaten für ca. 40 Pralinen:

- **400 g Halbbitter-Kuvertüre**
- **4 mittelgroße Orangen (à ca. 150 g)**
- **50 g Marzipan-Rohmasse**
- **2 EL Grand Marnier (Orangenlikör)**
- **100 g weiche Butter**
- **1 Ei (Gr. M)**
- **50 g Zucker**
- **1–2 EL Mandelblättchen**
- **ca. 40 Alupralinenförmchen (3 cm Ø, 8 g Inhalt), Backpapier**

1 Kuvertüre grob hacken. Ca. ⅔ im heißen Wasserbad schmelzen. Herausnehmen, restliche Kuvertüre darin schmelzen und glatt rühren. Die Kuvertüre darf nicht mehr warm sein, evtl. unter Rühren abkühlen lassen.

2 Kuvertüre in die Alupralinenförmchen gießen, ca. 1 Minute anziehen lassen, kopfüber auf ein mit Backpapier unterlegtes Pralinen-Gitter setzen, abtropfen und trocknen lassen.

3 Orangen auspressen, ergibt ca. 400 ml Saft. Saft in einen Topf geben, bis auf 3 EL einkochen. Marzipan grob reiben. Mit Orangenlikör in einer Schüssel mit dem Handrührgerät verrühren. Die Butter zufügen, mit den Schneebesen des Handrührgerätes schaumig schlagen. Den reduzierten Orangensaft darunter schlagen.

4 Ei mit Zucker im heißen Wasserbad aufschlagen, bis sich der Zucker gelöst hat. Anschließend kalt schlagen, bis eine feste Creme entstanden ist. Butter-Masse mit der Ei-Creme verrühren, evtl. durch ein Sieb streichen. Butter-Creme in einen Spritzbeutel mit mittlerer Lochtülle geben. Die vorbereiteten Pralinenförmchen damit füllen. Kühl stellen.

5 Mandeln in einer heißen Pfanne ohne Fett goldbraun rösten. Herausnehmen, auskühlen lassen. Konfekt damit verzieren. Kühl aufbewahren.

Zubereitungszeit ca. 1¼ Std.
(ohne Wartezeit)
Stück ca. 70 kcal / 290 kJ
E 1 g, F 5 g, KH 5 g

Keks-Mandel-Splitter

Zutaten für ca. 25 Stück:

- **50 g Mandelstifte**
- **125 g Halbbitter-Kuvertüre**
- **10 g weißes Plattenfett (z. B. Palmin)**
- **1 Packung (100 g) Cigarettes Russes (zarte Waffelröllchen)**
- **ca. 1 EL Pistazienkerne**
- **ca. 50 g weiße Kuvertüre**
- **2 Gefrierbeutel**
- **Backpapier**

1 Mandeln ohne Fett rösten und auskühlen lassen. Kuvertüre und weißes Fett grob hacken, zusammen im heißen Wasserbad schmelzen, dann etwas abkühlen. Cigarettes Russes in einen Gefrierbeutel geben, mit der Teigrolle fein zerbröseln. Mit Mandeln und flüssiger Kuvertüre mischen. Mit 2 Löffeln Stangen (5–6 cm) auf Backpapier setzen und gut trocknen lassen.

2 Die Pistazien fein hacken. Weiße Kuvertüre grob hacken und im heißen Wasserbad schmelzen. In einen Gefrierbeutel füllen, eine kleine Ecke abschneiden. Stangen mit Kuvertüre-Streifen und Pistazien verzieren. Trocknen lassen.

Zubereitungszeit ca. 1 Std.
Wartezeit ca. 3 Std.
Stück ca. 60 kcal / 250 kJ
E 1 g, F 4 g, KH 5 g

Mokka-Schoko-Ecken

Zutaten für ca. 100 Stück:

- **Öl für die Alufolie**
- **100 g Mokka-Schokolade**
- **250 g Zartbitter-Schokolade**
- **200 g weiche Butter**
- **2 Würfel (50 g) weißes Plattenfett (z. B. Palmin)**
- **100 g Puderzucker**
- **3 EL Kaffeelikör, 1–2 TL Kakao**
- **ca. 100 g Mokka-Schoko-Bohnen zum Verzieren**
- **Alufolie, Pralinen-Manschetten**

1 Eine flache Form (ca. 16 x 26 cm) mit Alufolie auslegen und mit Öl bestreichen. Beide Schokoladensorten hacken und im heißen Wasserbad schmelzen. Ca. 10 Minuten abkühlen.

2 Butter, weiches weißes Fett und Puderzucker mit den Schneebesen des Handrührgerätes ca. 10 Minuten cremig rühren. Erst flüssige Schokolade löffelweise, dann Kaffeelikör tröpfchenweise darunter schlagen. Mokka-Masse in die Form füllen und glatt streichen. Über Nacht kalt stellen.

3 Mokka-Masse aus der Form stürzen und bei Raumtemperatur ca. 30 Minuten stehen lassen. In Würfel (ca. 2 cm) schneiden. Mit Kakao bestäuben und mit je 1 Mokka-Bohne verzieren. In Manschetten setzen. Kühl lagern.

Zubereitungszeit ca. 1 Std.
Wartezeit ca. 12 Std.
Stück ca. 50 kcal / 210 kJ
E 0 g, F 4 g, KH 3 g

Cappuccino-Trüffel

Zutaten für 80–90 Stück:

- 600 g Halbbitter-Kuvertüre
- 600 g Vollmilch-Kuvertüre
- 2½ EL Espresso-Pulver (Instant)
- 325 g Schlagsahne
- 100 g Butter, 100 g weißes Plattenfett (z. B. Palmin)
- 1–2 TL Puderzucker
- Klarsichtfolie, Backpapier

1 Eine eckige, flache Auflaufform (ca. 18 x 32 cm) mit Klarsichtfolie auslegen. Je 300 g Halbbitter- und Vollmilch-Kuvertüre grob hacken, zusammen im heißen Wasserbad schmelzen, etwas abkühlen. Espresso-Pulver und Sahne erhitzen (nicht kochen!). Butter und weißes Fett in Stückchen unter Rühren darin schmelzen. Lauwarm abkühlen. Geschmolzene Kuvertüre gut darunter rühren. In die Form gießen. Auskühlen lassen. Ca. 12 Stunden zugedeckt kalt stellen.

2 Stürzen und in ca. 2 cm große Würfel schneiden. Teller mit Backpapier auslegen. Würfel mit kühlen Händen rasch zu Kugeln formen. Auf den Teller legen. Mind. 1 Stunde kalt stellen.

3 Rest Kuvertüre hacken, im heißen Wasserbad schmelzen. Kugeln auf einer Gabel hineintauchen, abtropfen und trocknen lassen. Mit Puderzucker bestäuben. Kühl lagern.

Zubereitungszeit ca. 1¾ Std.
Wartezeit mind. 13 Std.
Stück ca. 110 kcal / 460 kJ
E 1 g, F 8 g, KH 7 g

Marzipan-Nuss-Rauten

Zutaten für ca. 50 Stück:

- 500 g Marzipan-Rohmasse
- 100 g + 12 Walnusskernhälften
- 50 g + 250 g Halbbitter- oder Vollmilch-Kuvertüre
- 1 frisches Eiweiß (Gr. M)
- 26 Mandelkerne (ohne Haut)
- 75 g Zucker
- Backpapier

1 Marzipan grob reiben. 100 g Walnüsse sehr fein hacken und darunter kneten. Auf Backpapier zum Rechteck (16 x 20 cm) ausrollen.

2 50 g Kuvertüre hacken, im heißen Wasserbad schmelzen. Auf das Marzipan streichen und ca. 3 Stunden trocknen lassen.

3 12 Walnusshälften halbieren. Das Eiweiß verquirlen. Nüsse und Mandeln hineintauchen, auf Küchenpapier etwas abtropfen lassen. Im Zucker wenden, trocknen lassen.

4 Marzipanplatte mit der Schokoseite nach unten stürzen. Backpapier abziehen. Platte erst in ca. 2 cm breite Streifen, dann in Rauten schneiden. Rest Kuvertüre grob hacken und schmelzen. Rauten auf einer Gabel hineintauchen und abtropfen lassen. Auf ein Gitter setzen, antrocknen lassen. Mit Nüssen und Mandeln verzieren. Trocknen lassen. Kühl lagern.

Zubereitungszeit ca. 1 Std.
Wartezeit ca. 4 Std.
Stück ca. 130 kcal / 540 kJ
E 2 g, F 8 g, KH 11 g

HERZ ZUM VERSCHENKEN

125 g Kuvertüre auflösen und ca. ½ cm dick in eine mit Klarsichtfolie ausgelegte herzförmige Backform (ca. 15 cm Ø) gießen. Trocknen lassen. Stürzen, Folie abziehen. Oder Kuvertüre auf Backpapier streichen. Kurz bevor sie fest ist, mit einer Schablone und einem Messer ein Herz ausschneiden. Pralinen mit etwas flüssiger Kuvertüre „aufkleben“.

Lebkuchen-
Trüffel
Cointreau-
Sterne
Kirschcreme-
Herzen

Lebkuchen-Trüffel

Zutaten für ca. 63 Stück:

- **40 g gehackte Mandeln**
- **150 g Schlagsahne**
- **100 g weiche Butter**
- **1½ TL Lebkuchen-Gewürz**
- **225 g + 75 g Vollmilch-Kuvertüre**
- **1 Palette (63 Stück) Vollmilch-Pralinen-Hohlkugeln (s. Tipps S. 226)**
- **300 g Halbbitter-Kuvertüre**
- **300 g weiße Kuvertüre**

1 Mandeln feiner hacken, rösten, auskühlen. Sahne erhitzen (nicht kochen!). Butter in Flöckchen und Gewürz unterrühren. 225 g Vollmilch-Kuvertüre hacken, unter Rühren darin schmelzen. Mandeln unterrühren. Auskühlen, dabei öfter umrühren. Evtl. kurz kalt stellen, bis die Masse dickflüssig ist.

2 In einen Spritzbeutel mit mittlerer Lochtülle füllen (Tülle dabei zuhalten). Bis knapp unter den Rand in die Kugeln spritzen. Über Nacht kühlen.

3 75 g Vollmilch-Kuvertüre hacken, im heißen Wasserbad schmelzen. In die Öffnungen streichen und ca. 30 Minuten kühlen.

4 Rest Kuvertüre hacken, getrennt schmelzen. Kugeln auf der Gabel in weiße oder dunkle Kuvertüre tauchen, abtropfen. Evtl. auf ein Pralinen-Gitter setzen. Je etwas von der anderen Kuvertüre darüber sprenkeln, ca. 4 Minuten antrocknen lassen. Auf dem Gitter drehen, bis die Oberfläche „igelig" ist. Trocknen, kühl lagern.

Zubereitungszeit ca. 2 Std.
Wartezeit ca. 13 Std.
Stück ca. 120 kcal / 500 kJ
E 1 g, F 8 g, KH 9 g

Kirschcreme-Herzen

Zutaten für ca. 56 Stück:

- **400 g Marzipan-Rohmasse**
- **10 EL (100 ml) Kirschlikör**
- **1 Palette (56 Stück) Zartbitter-Herz-Halbschalen (s. Tipps S. 226)**
- **125 g Halbbitter-Kuvertüre**
- **50 g weiße Kuvertüre**
- **evtl. Goldperlen zum Verzieren**
- **2 kleine Gefrierbeutel**

1 Marzipan grob reiben. Mit Likör mit dem Handrührgerät verrühren. In einen Spritzbeutel mit kleiner Lochtülle füllen. Herzen damit bis knapp unter den Rand füllen, glatt streichen. 12 Stunden kühlen.

2 Halbbitter-Kuvertüre hacken, im heißen Wasserbad schmelzen. In den Gefrierbeutel füllen, eine kleine Ecke abschneiden. Herzen damit verschließen. Ca. 1 Stunde kühlen.

3 Weiße Kuvertüre hacken, schmelzen. In einen Gefrierbeutel füllen, eine kleine Ecke abschneiden. Herzen damit und mit Perlen verzieren. Trocknen und kühl lagern.

Zubereitungszeit ca. 1¼ Std.
Wartezeit ca. 13 Std.
Stück ca. 70 kcal / 290 kJ
E 1 g, F 4 g, KH 7 g

Cointreau-Sterne

Zutaten für ca. 56 Stück:

- **300 g weiße Kuvertüre**
- **175 g weiche Butter**
- **30 g flüssiger Honig**
- **Mark von ½ Vanilleschote**
- **5 EL (50 ml) Orangenlikör**
- **evtl. 1–2 kandierte Orangenscheiben**
- **30 g Orangeat**
- **1 Palette (56 Stück) Vollmilch-Stern-Halbschalen (s. Tipps S. 226)**
- **gemahlene Pistazien zum Verzieren**

1 Kuvertüre hacken und im heißen Wasserbad schmelzen, etwas abkühlen. Butter, Honig und Vanillemark cremig rühren. Flüssige Kuvertüre nach und nach sowie Likör unterrühren. Masse ca. 25 Minuten kühlen, bis sie dickcremig ist.

2 Orangenscheiben in feine Streifen schneiden. Trüffelmasse kurz aufschlagen, Orangeat sehr fein hacken, unterheben. In einen Spritzbeutel mit mittlerer Sterntülle füllen. Mit kühlen Händen Tuffs in die Sterne spritzen. Mit Orangenstreifen usw. verzieren. Mind. 2 Std. kalt stellen. Kühl lagern.

Zubereitungszeit ca. 1 Std.
Wartezeit ca. 3 Std.
Stück ca. 90 kcal / 370 kJ
E 1 g, F 6 g, KH 7 g

Französische
Orangen-Trüffel
Knusprige
Florentiner
Kleine
Mozartkugeln
Königsberger
Marzipan
Schoko-
Mint-Pralinen

Französische Orangen-Trüffel

Zutaten für ca. 56 Stück:

- 200 g Schlagsahne
- 100 g Halbbitter-Kuvertüre
- 1 EL Orangenlikör
- 1 Palette (56 Stück) weiße Schokoladen-Stern-Schalen
- Orangeat zum Verzieren

1 Sahne erhitzen. Kuvertüre grob hacken und darin schmelzen. Likör unterrühren. Auskühlen lassen. Über Nacht zugedeckt kalt stellen.

2 Schoko-Sahne mit den Schneebesen des Handrührgerätes kurz aufschlagen. In einen Spritzbeutel mit Sterntülle füllen und kleine Tupfen in die Stern-Schalen spritzen. Dann mit Orangeat verzieren. Kühl stellen.

Zubereitungszeit ca. 25 Min.
Wartezeit ca. 12 Std.
Stück ca. 40 kcal / 160 kJ
E 0 g, F 3 g, KH 3 g

Knusprige Florentiner

Zutaten für ca. 40 Stück:

- 70 g Cocktailkirschen
- 100 g Schlagsahne
- 50 g Honig, 2 EL (30 g) Zucker
- 2 EL (20 g) Mehl
- 200 g Mandelblättchen
- 200 g Halbbitter-Kuvertüre, Backpapier

1 Kirschen in Spalten schneiden. Sahne, Honig, Zucker und Mehl unter Rühren kurz aufkochen. Topf vom Herd ziehen. Kirschen und Mandeln unterziehen.

2 Backblech mit Backpapier auslegen. Mit einem Esslöffel ca. 40 kleine Mandelhäufchen darauf setzen. Im vorgeheizten Backofen (E-Herd: 175 °C/Umluft: 150 °C/Gas: Stufe 2) ca. 20 Minuten goldbraun backen.

3 Kuvertüre grob hacken, im heißen Wasserbad schmelzen. Florentiner auf der Unterseite damit bestreichen. Trocknen lassen.

Zubereitungszeit ca. 1 Std.
Stück ca. 80 kcal / 330 kJ
E 2 g, F 4 g, KH 7 g

Kleine Mozartkugeln

Zutaten für ca. 63 Stück:

- 250 g Marzipan-Rohmasse
- 60 g + 20 g Pistazienkerne
- ca. 3 EL Rosenwasser (gibt`s in der Apotheke)
- 1 Palette (63 Stück) Vollmilch-Hohlkugeln
- 125 g Nuss-Nougat (schnittfest)
- 300 g Vollmilch-Kuvertüre
- evtl. goldene Zuckerperlen
- 1 Gefrierbeutel

1 Marzipan grob raspeln. 60 g Pistazien fein mahlen. Mit Marzipan und Rosenwasser cremig rühren. In einen Spritzbeutel mit kleiner Lochtülle füllen. Kugeln bis zur Hälfte damit füllen.

2 Nougat im heißen Wasserbad schmelzen, in einen Gefrierbeutel füllen, eine kleine Ecke abschneiden. Auf das Marzipan spritzen, glatt streichen. 1–2 Stunden kühl stellen.

3 Kuvertüre hacken, im heißen Wasserbad schmelzen und abkühlen lassen. 20 g Pistazien vierteln. Kuvertüre wieder erhitzen. Kugeln hineintauchen. Auf einem Gitter abtropfen lassen. Pistazienviertel und Zuckerperlen in die feuchte Schokolade setzen. Trocknen lassen.

Zubereitungszeit ca. 1½ Std.
Wartezeit ca. 2 Std.
Stück ca. 70 kcal / 290 kJ
E 1 g, F 3 g, KH 8 g

Königsberger Marzipan

Zutaten für ca. 24 Stück:

- 200 g Marzipan-Rohmasse
- 100 g + 4 EL Puderzucker
- 2 EL Rosenwasser (gibt's in der Apotheke)
- 25 g bunte Belegkirschen
- 2 EL Aprikosen-Konfitüre
- 50 g Halbbitter-Kuvertüre
- 1 EL Zitronensaft
- einige Mandelstifte zum Verzieren
- 1 Holzspießchen

1 Marzipan grob reiben. Mit 100 g Puderzucker und 1 EL Rosenwasser verkneten. 1 EL Puderzucker auf die Arbeitsfläche sieben. Marzipan darauf ca. ½ cm dick ausrollen. Herzen und Kreise (ca. 3,5 cm Ø) ausstechen. Aus der Hälfte mit kleineren Förmchen die Mitte ausstechen. Reste wieder verkneten und so lange ausstechen, bis alles verbraucht ist.

2 Ränder der ganzen Herzen und Kreise mit 1 EL Rosenwasser bepinseln. Ausgestochene Formen darauf legen und mit einem Holzspießchen kleine Kerben in die Ränder drücken. Marzipan unter dem heißen Grill ca. 2 Minuten bräunen. Auskühlen lassen.

3 Belegkirschen klein schneiden. Konfitüre erhitzen, durch ein Sieb streichen. Kuvertüre hacken, im heißen Wasserbad schmelzen. 3 EL Puderzucker und Zitronensaft verrühren. Konfekt mit Konfitüre, Guss oder Kuvertüre füllen und mit Kirschen oder Mandelstiften verzieren.

Zubereitungszeit ca. 1½ Std.
Stück ca. 80 kcal / 330 kJ
E 1 g, F 3 g, KH 11 g

Schoko-Mint-Pralinen

Zutaten für ca. 56 Stück:

- 1 frisches Eiweiß, 2–3 TL Zitronensaft
- 600 g Puderzucker
- 3–4 EL grüner Pfefferminzlikör
- 2–3 Tropfen Pfefferminzöl (gibt's in der Apotheke)
- 1 Palette (56 Stück) ovale Zartbitter-Schalen
- 150 g Halbbitter-Kuvertüre
- 1 Gefrierbeutel

1 Eiweiß verquirlen. Saft, Puderzucker, Likör und Minzöl zugeben. Mit dem Handrührgerät kurz verrühren.

2 Masse in einen Spritzbeutel mit Lochtülle füllen. In die Schoko-Schalen spritzen. Über Nacht kühl stellen und trocknen lassen.

3 Kuvertüre hacken, im heißen Wasserbad schmelzen. In einen Gefrierbeutel füllen, eine kleine Ecke abschneiden. Spiralförmig auf die Pralinen spritzen. Kühl stellen.

Zubereitungszeit ca. 40 Min.
Wartezeit ca. 12 Std.
Stück ca. 80 kcal / 330 kJ
E 1 g, F 2 g, KH 14 g

Tipps & Tricks von Back-Experten

Torten & Kuchen perfekt „auf Eis“ gelegt – wir sagen Ihnen, wie's gemacht wird. Dazu: praktische Ratschläge, wie Sie auch brenzlige Situationen meistern

TEIGE UND FERTIGE KUCHEN EINFRIEREN

Viele rohe Teige und Backwaren können Sie prima einfrieren, alles bleibt über Monate frisch. Aber es gibt auch Ausnahmen: Selbst gebackenes Eiweiß-, Blätterteig- und Brandteiggebäck verträgt den Kälteschlaf im Allgemeinen nicht so gut. Hier einige praktische Tipps:

- Rohen Teig entweder in flachen Platten einfrieren oder gleich in eine gefettete Alu-Backform füllen, die es fertig zu kaufen gibt. Ob mit oder ohne Form, den Teig dicht in Alu- bzw. Gefrierfolie verpacken. Nur bei Hefeteig darf die Verpackung nicht zu eng anliegen, da sich der Teig im Gefriergerät noch etwas ausdehnt.
- Fettgebäck immer ohne Zuckerguss oder Puderzucker einfrieren.

- Gebäck am besten gleich in Portionen teilen und in extrastarke Alufolie oder Gefrierbeutel bzw. Gefrierdosen verpacken. Sahnestücke auf stabile Kunststoff-Tabletts setzen.
- Kuchen, die später aufgebacken werden, nicht zu braun backen. Evtl. abdecken. Lauwarm einfrieren.
- Wenn man Plattenkuchen auf eine Alu-Grillpfanne legt, hat das Gebäck eine feste Unterlage, auf der man es später bei Bedarf aufbacken kann.

- Buttercreme- und Sahneschnitten bzw. Torten mit Verzierungen zunächst 2 Stunden auf einer Platte vorfrieren. Mehrere Holzstäbchen zwischen die Tuffs stecken und mit Folie abdecken, damit die Deko nicht beschädigt wird. Vorsichtig in Folie oder Gefrierdosen verpacken und vollständig einfrieren.
- Torten ohne Tortenguss einfrieren. Er wird trübe bzw. wässrig.
- Wenn man nur 1–2 Stücke zusammen verpackt, lässt sich bei Bedarf schnell ein bunter Kuchen-Teller zusammenstellen. Und Stücke tauen schneller auf als ganze Torten!
- Brot und Brötchen portionsweise in Gefrierbeutel verpackt einfrieren.

WAS HÄLT SICH WIE LANGE IM KÄLTESCHLAF?

FERTIGE KUCHEN	
Biskuit mit Sahnefüllung	2–3 Monate
Brot	1–3 Monate
Buttercreme-Schnitten	1–2 Monate
Hefe-Obstkuchen	2–3 Monate
Käsekuchen	2-3 Monate
Obstkuchen, gedeckt	2–3 Monate
Quark-Sahneschnitten	2–3 Monate
Nuss-Rührkuchen	3–4 Monate
Rührteig-Kuchen	4–6 Monate
ROHE TEIGE	
Blätterteig	4–6 Monate
Hefeteig	bis 2 Monate
Mürbeteig	2–3 Monate
Quark-Öl-Teig	4–6 Monate
Rührteig	2–3 Monate

Nützlich: Blechkuchen auf Alu-Grillpfannen einfrieren. Dann haben sie eine stabile Unterlage

KLEINE PANNENHILFE

Wenn der Napfkuchen trotz Einfetten nicht aus der Form will, einfach ein feuchtes Tuch darüber legen. Dadurch lässt sich das Gebäck meist rasch und mühelos lösen.

Ist der Rührteigkuchen mal zu dunkel geraten, die verbrannten Stellen vorsichtig mit einer Reibe abraspeln. Den Kuchen dann dick mit Kuvertüre oder Zuckerguss überziehen.

Wenn die Sahne nicht steif wird, waren evtl. Sahne, Raum oder Schüssel zu warm oder der Zucker wurde zu früh zugefügt. Schlagen sofort einstellen, bevor die Sahne gerinnt. Sahne in eine Metallschüssel umfüllen, im Gefrierfach oder in Eiswasser abkühlen. Dann langsam weiterschlagen.

Ist die Biskuittorte in der Mitte höher, kann man dies ausgleichen, indem man die oberste Biskuitplatte umdreht. So verschwindet die Wölbung einfach in der Creme- bzw. Sahneschicht.

Ist der Biskuitboden an einer Stelle durchgebrochen, Bruchstellen mit etwas Eiweiß bestreichen, vorsichtig zusammendrücken.

Zu fester Zuckerguss lässt sich mit einigen Tropfen Wasser wieder verdünnen. Gibt man gleich beim Anrühren eine Prise Backpulver unter die Glasur, bleibt sie länger streich- bzw. spritzfähig.

Für Buttercreme müssen alle Zutaten Zimmertemperatur haben, sonst gerinnt sie. Ist das Malheur passiert, etwas flüssiges Butterschmalz einrühren oder im warmen Wasserbad glatt rühren.

Geht Hefeteig mal nicht auf, Backpulver unterkneten und den Teig sofort backen.

Wenn der Tortenguss fehlt: Konfitüre erwärmen, durch ein Sieb passieren und Früchte damit bestreichen.

RICHTIG AUFTAUEN

TEIG: Zunächst bei Raumtemperatur (+ 20 °C) unverpackt einige Stunden auftauen lassen. Blätter- und Mürbeteig können weiter verarbeitet werden, sobald sie sich ausrollen lassen. Hefeteig muss nach dem Auftauen nochmals gehen. Teige wie gewohnt backen.

FERTIGES GEBÄCK: Creme- und Sahneschnitten vor dem Auftauen aus der Verpackung nehmen und auf eine Tortenplatte setzen. Solange sie noch gefroren sind, ist die Gefahr einer Beschädigung nicht so groß. Im Kühlschrank auftauen lassen – nur wenn es schnell gehen soll bei Zimmertemperatur oder – falls vorhanden – im Umluft-Backofen mit Auftau-Stufe (Gebläse ohne Heizung).

Trockenes Gebäck lässt man in der Verpackung ca. 2 Stunden bei Raumtemperatur antauen. Rühr- und Hefekuchen brauchen bei Zimmertemperatur je nach Größe 3–5 Stunden. Oder das Gebäck im Backofen bei 100 °C 20–50 Minuten auftauen lassen. Dann bei 200 °C noch 5–10 Minuten aufbacken. Bei Verwendung der Mikrowelle unbedingt Hersteller-Angaben beachten!

Tortenböden antauen lassen. Falls Sie mit saftigem Obst belegt werden sollen, mit Paniermehl bestreuen, mit Oblaten belegen oder mit Konfitüre bzw. Kuvertüre bestreichen, damit nichts durchweicht. TK-Früchte unaufgetaut darauf verteilen und mit heißem Tortenguss überziehen.

Torten und Kuchen lassen sich gut in angetautem Zustand schneiden.

Fettgebäck evtl. bei ca. 175 °C im Backofen aufbacken. Dann mit Guss bestreichen, in Zucker wälzen oder mit Puderzucker bestäuben.

Gefrorene Brötchen im Backofen bei ca. 175 °C 10–15 Minuten aufbacken.

Einmal aufgetaute Kuchen nicht wieder einfrieren. Gebäck, das aus eingefrorenem rohen Teig gebacken wurde, darf wieder in den Kälteschlaf. Ausnahme: Blätterteig.

GEBÄCK AUFBEWAHREN

- *Gebäck vor dem Verpacken gut auskühlen und Glasuren trocknen lassen.*
- *Butter- & Sandgebäck in abgedeckten Porzellan- oder Glasgefäßen kühl aufbewahren, knusprige Plätzchen und Makronen in gut schließenden Blechdosen. Zwischen jede Lage ein Stück Pergamentpapier legen.*
- *Nach Sorten getrennt (vor allem Gewürz-Plätzchen) aufheben.*
- *Pfeffer- und Lebkuchen werden weich, wenn man sie einige Tage an der Luft stehen lässt und dann in Blechdosen oder Steinguttöpfe verpackt. Ein Stück Apfel oder eine Scheibe Brot dazugeben, Deckel nur locker auflegen.*
- *Stollen und Früchtekuchen halten sich in dicke Alufolie gewickelt ca. 4 Wochen, Englischer Früchtekuchen, Königskuchen und Sandkuchen mehrere Tage. Kühl lagern.*

Rezept-Register

A

B

C

E

F

G

H

J

K

Rezept-Register

T

V

W

Z

Sach-Register